中山出版
ZHONGSHAN PUBLISHING
香山承文脉　好书读百年

香瓣上的晶莹

中山市东区教育科研成果论文集

中山市东区教育事务指导中心　编

SPM

南方出版传媒

广东人民出版社

·广州·

图书在版编目（CIP）数据

香瓣上的晶莹：中山市东区教育科研成果论文集 /中山市东区教育事务指导中心编. — 广州：广东人民出版社，2019.8

ISBN 978-7-218-13820-6

Ⅰ.①香… Ⅱ.①中… Ⅲ.①教育科学—科学研究—文集 Ⅳ.①G40-03

中国版本图书馆CIP数据核字(2019)第181847号

XIANGBAN SHANG DE JINGYING
——ZHONGSHAN SHI DONGQU JIAOYU KEYAN CHENGGUO LUNWEN JI

香瓣上的晶莹
——中山市东区教育科研成果论文集

中山市东区教育事务指导中心　编

版权所有　翻印必究

出　版　人：肖风华

责任编辑：李锐锋　吕斯敏
装帧设计：陈宝玉

统　　筹：广东人民出版社中山出版有限公司
执　　行：王　忠
地　　址：中山市中山五路 1 号中山日报社 8 楼（邮编：528403）
电　　话：（0760）89882926　　（0760）89882925

出版发行：广东人民出版社
地　　址：广东省广州市海珠区新港西路204号2号楼（邮编：510300）
电　　话：（020）85716809（总编室）
传　　真：（020）85716872
网　　址：http://www.gdpph.com
印　　刷：广州市岭美文化科技有限公司
开　　本：787mm×1092mm　1/16
印　　张：21.5　　字　　数：334千
版　　次：2019年8月第1版　2019年8月第1次印刷
定　　价：48.00元

编委会

编委会主任：郭卫华

编委会副主任：邓 华

编　　　委：何明锋　郑彩丽　熊海敏　许 岚　张本康

　　　　　　陈 侃　林小舟　范柳娟　林华志　欧淑霞

　　　　　　郑凤姚　黄志煊　何建明

前　言

　　东区是中山市政治、经济、文化的中心，是中共中山市委和中山市人民政府的所在地。一直以来，在历届党工委、办事处和上级教育行政部门的正确领导下，东区高度重视教育、关心教育、尊重教育，把教育的发展摆在东区经济社会发展的优先战略地位上，把教育作为头号民生工程，努力塑造东区特色品牌；牢固树立"科研兴教，科研兴校"的思想，着力推进教育的优先发展、均衡发展、内涵发展和学生的全面发展，全区教育水平和综合实力不断迈上新台阶。东区连续13年荣获中山市"教学质量评价先进镇区"一等奖，连续多年获中山市"推进素质教育评估"一等奖。

　　东区以习近平新时代中国特色社会主义思想为指导，以培养学生核心素养为重点，以教师专业化成长为基础，以学科建设为中心，以教育科研为先导，紧密围绕建设高质量、高水平、优质均衡的现代化教育强区这一目标，注重构建教研训一体化的研修机制，提高实效，服务于师生成长和学校发展，促进学校教育协调可持续发展。

　　教育科研是当今学校教育适应社会发展的必然选择，是学校走内涵发展之路，实现持续发展和不断提高教育教学质量的不竭动力。近年来，东区教师积极参加教育科研，人人热爱教育科研，形成以名教师为骨干的研究型、高素质的教师队伍，在国家级、省级、市级教学论文评选和科研成果申报中成绩显著。为总结近年来东区教育教学和教育科研成果，中山市东区教育事务指导中心精选荣获市级一等奖以上教育科研论文 60 篇，编辑出版《香瓣上的晶莹——中山市东区教育科研成果论文集》，旨在营造良好教育科研氛围，提高教师理论素养，更新教育理念，强化教育科研意识，构建以课题研究为抓手的教师培训发展平台，推动东区教育的全面发展。

今后，我们将认真学习习近平新时代中国特色社会主义思想，坚持科教兴国战略和人才强国战略，推进素质教育，强化教育科研对学校发展的引领作用，促进东区教育全面发展，为实现中华民族伟大复兴而努力奋斗。

编者

2019 年 8 月

目　录

获国家级奖项论文

（4篇）

第一部分

巧设科学观察之路　培育学生发现思维

东区雍景园小学　詹海洲

【摘要】著名教育家陶行知先生曾积极倡导，培养孩子首先应该解放孩子，解放孩子的头脑、双手、眼睛、嘴巴以及时间和空间。学生的头脑不仅是一个需要被填充的容器，更应是一个需要被点燃的火把，教师的责任就是去点燃火把。而这个火把的中心燃料就是科学观察。在数学课堂教学中，教师应通过创设一切有利于学生自行观察的教学场景去启发学生，让学生拥有科学观察的眼睛、科学观察的心灵，真正做到教师点科学观察之火，照学生发现之路。

【关键词】观察　动手能力　想象　发现思维

观察在学生的智力发展中占有重要地位。观察可以汲取知识，而知识可以在观察中活跃起来，知识借助观察"进入周转"，像工具在劳动中得到运用一样。如果说复习是学习之母，那么观察就是思考和识记知识之母。一个有观察力的学生，绝不会是学业成绩落后或者文理不通的学生。教师如果善于帮助学生利用已掌握的知识来进行一次又一次新的观察，他就能使学生的"旧"知识变得愈加牢固。

在低年级，观察对于儿童之必不可少，正如阳光、空气、水分对于植物一样。为学生观察物体创造和提供不同的问题情境，可以起到非常好的示范效果，并且加深学生对问题的理解。但是应该注意，呈现问题的方式应该多样化、儿童化、活泼化，这样不仅能充分调动学生的积极性，而且可以时时刻刻抓紧学生的注意力，使教学的效果得到有效保证。

一、在抽象定义中融入观察，培育发现思维

只有充满激情和趣味的课堂，才能让学生真正懂得课堂教学的意义，也才能真正享受课堂教学！在趣味中观察是一种心理享受，是求知的金钥匙，是升华学生热情的通天捷径。

笔者曾在区课堂教学大赛《周长的认识》引入事先让孩子们设计的一个小品，兴味盎然的气氛一直延续到整节课堂的教学。似乎有一种"山雨初霁，万物为之一新"的效果。

师：生命在于运动。生命不息，运动不止。在学校，广阔漂亮的塑料场可以让我们尽情地挥洒自我风采。现在我们班飞来两只很可爱的小动物，它们也是很喜欢运动的。它们是谁呢？

生1：挥着双翅，边飞边唱：今天天气好晴朗，处处好风光……

生2：也是挥着双翅飞翔着上讲台。

生1：唉哟，唉哟！哪个石头这么硬啊呀！好痛哦！（两人撞倒在地上）

生2：我什么时候变成硬石头了？撞我后还骂我，看我怎么收拾你。（气呼呼地起来）

（竟发现）原来是你啊，七星瓢虫妹妹。（很高兴）

生1：（两人手拉手，边转边说）好姐姐，不见则已，一见就给我那么硬的见面礼。我哪受得了啊呀。

生2：好了，我们不比硬了，我们比比谁跑得快好吗？

生1：好吧好吧。整天飞啊飞啊，翅膀都要飞断了。可在这里怎么跑呢？（四周看了看）

生2：（突然飞下两片叶子）叫：有了有了。（俯下身子捡起来）你围着它的周围跑一圈，我围着它跑一圈。看谁先跑完。（用手比划叶子演示）

生1：好，各就各位。（做跑一圈的姿势）哦！我先跑完了，你输了。服不服？

生2：不公平，是我没分好。我跑得比你多，我的叶子比你大。你看你看！

（拿着叶子给它看）再来。

生1：不服就不服呗，哪来那么多理由啊呀！

（不停地争啊争啊）

师：好了好了，你们这两只小虫子先别争了，难得一见，不要伤了合气啊？

（然后让学生说说自己所观所感）

周长的定义寓于发现的表演之中，学生在欣赏中观察到，两只七星瓢虫争吵的原因就是两片叶子一周的大小不同。从而很顺利地产生了周长的概念。课堂教学是一门艺术，艺术形式多样。目的就是给予人民大众美的享受和艺术的熏陶。既然说课堂教学也是一门艺术，那我们也该走出自我，展现多样的形式，真正做到让学生更好、更快掌握知识。

二、在形象图形畅想中观察，培育发现思维

所谓畅想，就是敞开思路，毫无拘束的想象。古今中外人士一直强调想象对于人类的重要性。形容想象甚至到了"人类没有想象，如同鸟儿失去了翅膀"的程度。可是很多数学课程却在很多地方无情地扼杀了学生观察的思维，致使学生的思维僵化、呆板。在数学活动课"找规律"中，笔者采用一系列形象图形，让学生在畅想中观察。这无疑又给数学课堂注入了一股活跃思维的清风。

请你猜猜我是谁？

1. ☺☺☹☺☹☺☹……

第20个是谁？

2. ☺☺☺☺☺☺☺☺……

第20个是谁？

3. 前20个笑脸中红色有几个？黄色的呢？

4. 第20只狗是什么怎样看着你的呢？

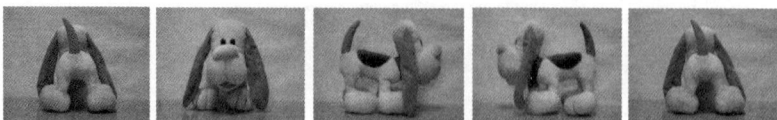

| 1 | 2 | 3 | 4 | 5 |

5. 下面躺姿多样的狗，第 20 只又会是什么姿态呢？

在课堂教学过程中，教师如何做到打破传统的教学模式？教师和学生如何进行角色的转化？教师应实实在在把课堂让位于学生，让学生在课堂的天地里，充分施展自己的才华，让学生成为要学、会学的主人翁？《在形象图形畅想中观察》这个课例确实值得我们参考和反思。

三、在动手操作中观察，培育发现思维

据现代心理学研究结果表明：人具有自我学习的天然倾向，具有独立自主学习的巨大潜能。让学生在探索、发现、体验和解决问题的过程中掌握学习的方法，培养学生终身学习的习惯，挖掘每一个学生的学习潜能，培养他们主动获取新知识、利用知识进行发现的能力，是我们教学的一个目标。那么，让学生在课堂中自己动手，在动在玩中自我观察和发现数学问题与规律呢？

下面是笔者在《可能性》中设计的学生在动手中观察的课例。

活动 1：抛硬币。

（1）识别硬币。

（2）合作抛币。

①教师示范抛币，学生猜硬币哪面朝上。

教师和大家先来玩一次，教师抛、大家猜。

②学生合作抛币，看看有什么结果。

游戏规则是同桌两人合作，一人抛币、一人猜（轮流进行），每抛币一次都要先猜一猜，再看一看硬币落地后哪面朝上？可以找空地进行。游戏开始。

（3）反馈：同学们静下来回忆一下，刚才我们抛了这么多次，你们看到硬币落地后是什么情况？

活动 2：摸球。

看，这是什么？（纸盒）

（1）（摇一摇盒子）知道里面有什么吗？（球）

（指盒子标签）对！里面有 3 个白球和 3 个黄球（检查一下）。

师：老师还想跟你们玩一次，行吗？我摸、你们猜，猜摸出来的是什么颜色的球，看谁猜得对！（师生互动摸球）

（2）学生摸球活动。你们也想这样摸一摸、猜一猜吗？

老师给每组同学都准备了一个纸盒，每个纸盒里装的都是 3 个白球和 3 个黄球。摸之前，我们首先得交代几条游戏规则：第一，摸的时候眼睛不能看；第二，每人连续摸 4 次，摸出来之前小组其他成员先猜：摸出来的是什么颜色的球，再展示给大家看一看；把摸出来的球放回去搅一搅，再摸第二次。

游戏开始。

（3）交流。

同学们摸了这么多次球，也猜了这么多次，我想问问大家，你们每次都猜对了吗？

师：怎么这么多同学都没有全猜对呢？是什么原因呢？四人小组讨论一下，想想是什么原因。

（给学生充分交流的时间。）

师：老师还有几个问题问问大家。

可能从这个纸盒中摸到红球吗？（不可能）可能从这个纸盒中摸到黑球吗？（不可能）可能从这个纸盒中摸到除白球和黄球以外其他颜色的球吗？（不可能）

为什么？

（4）再次摸球。（盒子里都是白球）

这里还有一个盒子，里面装的也是 6 个球。

师：这回我们换一个玩法，我请一个小朋友来摸球，老师来猜。谁愿意和老师玩？（多次猜白球）

（教师注意观察学生的反映：是不是有不满。）

师：怎么了，你们想说什么？（里面都是白球）

师：很多同学都说对了，老师的确知道里面装的都是白球。所以，摸出一个（一定）是白球。

如果盒里装的是 6 个黄球呢？（摸出一个，一定是黄球）

（板书：一定）

让学生在猜在玩的过程中观察、发现、体验和解决问题，靠趣味挖掘每一个学生的学习潜能，培养他们主动获取新知识、利用知识进行发现的能力，是我们教学的一个目标。教师应根据数学新课程标准的要求，改变传统的只注重知识传授的教学行为，充分发挥学生主体的学习作用。在猜、在玩中激发学生的兴趣和动机，使学生产生"疑而不解，又欲解之"的强烈欲望。使"要我学"转变为"我要学"，将课堂还给学生，培育孩子的发现思维，这是新课改的重要一环。在实施新课程改革的过程中，如果不能体现这一本质特征，课改只是一种形式上的课改，没有抓住根本也就不能说已成功实现了新课程的改革。

参考文献

[1] 兰本达等. 小学数学教育的探究研讨教学法. 人民教育出版社，1983：中文版序言.

（本文 2012 年获中国发明协会中小学创造教育分会论文类评比二等奖）

古诗词教学中的朗读技巧
——以《"醉"人稼轩》为例

东区柏苑小学　赵郭皓

【摘要】古诗词教学中，朗读指导作为非常重要的教学方法，被教师们广泛运用。但是，教师在执教过程中发现，在对学生朗读指导的过程中，若教师思路不清晰，目标不明确，手段较为单一，易造成学生对古诗词的朗读产生抵触情绪。笔者以《"醉"人稼轩》课例为例，以"五读"法对学生的古诗词朗读进行指导。

【关键词】古诗词教学　朗读指导　五读法

　　笔者近日为全国古诗文教学大赛准备课例《"醉"人稼轩》时，数次备课，几经删改，在推翻了之前思路的同时，也对古诗词教学过程中的朗读指导有了一丝清晰的认识。现仅针对辛弃疾的《破阵子·为陈同甫赋壮词以寄之》，以本人执教《"醉"人稼轩》一课为例，分享本人所总结出的古诗词教学中朗读指导的方法与注意事项。

一、古诗词教学中朗读指导的作用

　　《义务教育语文课程标准（2011 年版）》第二部分"课程目标"中提到："诵读儿歌、儿童诗和浅近的古诗，展开想象，获得初步的情感体验，感受语言的优美。（第一学段）""诵读优秀诗文，注意在诵读过程中体验情感，展开想象，领悟诗文大意。（第二学段）""诵读优秀诗文，注意通过语调、韵律、节奏等体味作品的内容和情感。背诵优秀诗文60篇（段）。（第三学段）"由此可以看出，朗读指导在古诗词教学过程中占有极为重要的作用。若朗读指导到位，学生在学习过程中更容易学习到古诗词作为韵文所独具特色的语调、韵律、节奏，同时实现熟读成诵，帮助学生记诵优秀诗文。更重要的是，"以读促悟"的方法可帮助学生理解诗文大意，想象文字画面，体验诗文情感。

《破阵子·为陈同甫赋壮词以寄之》是课外诗文的补充，笔者以六年级学生为教学主体，旨在通过充分的朗读指导，实现学生在课堂教学中正确、有节奏地诵读诗词，并通过对诗词韵律的体验，感知古诗词的韵律之美。同时，借助多种形式的朗读，帮助学生想象诗词所描写的画面，并体验作者的感情。

二、古诗词教学中朗读指导"五读"法探索

笔者通过总结教学经验，提炼出"五读法"。

1. 一读正确

在朗读指导教学过程中，最为基础的是指导学生将诗词的字音读准确。《破阵子·为陈同甫赋壮词以寄之》一词中有个别字词较为难读，比如"甫（fǔ）、挑（tiǎo）、麾（huī）、炙（zhì）、塞（sài）、的卢（dí lú）、了（liǎo）"等字，一方面作为生僻字，需要学生认识，也有一部分是多音字，在朗读时需要特别注意。在教学过程中，也可以通过猜字音、读注释的方法对学生的朗读进行正音。

2. 二读流利

朗读指导时，如果学生的朗读是断续的、不熟练的，那么所谓的读出情感是无从谈起的。因此，在朗读指导中第二个基础是指导学生将古诗词的句子读流利。本诗中"八百里分麾下炙，五十弦翻塞外声"句和"马作的卢飞快，弓如霹雳弦惊"句，因为其句式与现代汉语有所不同，存在倒装的语序，因此成为学生朗读中的一个小难点。在实际教学过程中，要特别指导学生将这两句大声地多读几遍。力求在之后的朗读指导时学生能够流畅地读出来。

3. 三读节奏

古诗词是具有节奏的文学艺术形式，因此在朗读指导时要指导学生对每句诗词的节奏准确地读出来。本诗节奏应为"醉里／挑灯／看剑，梦回／吹角

/ 连营。八百里分 / 麾下炙，五十弦翻 / 塞外声，沙场 / 秋点兵。马作 / 的卢 / 飞快，弓如 / 霹雳 / 弦惊。了却 / 君王 / 天下事，赢得 / 生前 / 身后名。可怜 / 白发生"。在教学中，可使用拍手打节拍的方式，帮助学生将古诗词的节奏具象化。学生在一边拍手一边诵读的过程中，以感性感知的方式了解诗词节奏。

4. 四读特色

所谓读出特色，其实具体指向的是古诗词的韵律。词作为可以歌唱的文学体式，具有非常严格的格律要求。《破阵子》这一词牌"属龟兹部，秦王（李世民）所制，舞用二千人，皆画衣甲，执旗箭。外藩镇春衣犒军设乐，亦舞此曲，兼马军引入场，尤壮观也"。该词为三平韵，全词平仄韵律清晰。更重要的是，《破阵子·为陈同甫赋壮词以寄之》一词更是《破阵子》这一词牌名的定格词。其平仄韵律非常符合词牌本身的要求。

根据学生实际情况，在诗词韵律的学习中，教师应重点教学"平长仄短"这一内容。在教学过程中，指导学生将一声二声的字读长音，将三声四声的字读短音，以此帮助学生初步感知古诗词的韵律，尝试在格律之中感受词牌名所带来的壮怀激烈之感。

5. 五读诗眼

在教学过程中，为了帮助学生更好地理解诗词的内容，通过以读促悟的方式，指导学生找出诗眼所在，并以诗眼为核心，体悟作者的情感表达。《破阵子·为陈同甫赋壮词以寄之》的教学过程中，通过带领学生对每一诗句进行研读，找出学生自认为的诗眼："醉、梦、秋、了却、可怜"等内容，经过充分的讨论，对诗眼所表达的含义和作者的情感进行剖析，最终达成基本共识。

三、古诗词教学中朗读指导的注意事项

在古诗词教学过程中，朗读指导作为非常重要的内容，一直受到教师们的关注。但在具体的指导过程中需要注意以下几点：

1. 朗读指导需要正确

很多时候，教师在朗读指导过程中会出现知识性错误，将字音、断句等内容读错后，更是会影响学生的正常学习。因此，在教授古诗词之前，教师应该广泛查找相应资料，确保自己教授的内容是准确无误的。对于在学界存

疑的内容,教师则需要根据语文课程标准和语文教材的内容进行内容的选择。

2. 朗读指导需要互动

在实际观课过程中会发现,个别老师会使用多媒体进行范读。这样的朗读指导缺乏与学生的互动,对学生实际情况没有精准的把握,最终导致教学效果的打折。因此,建议在教授古诗词过程中,教师应加强朗读指导的互动性,以师生交流、生生交流、个人展示、群体诵读等丰富的形式,为学生提供更多的朗读平台,指导学生更加有效的开展朗读活动。

3. 朗读指导需要技巧

在日常评课议课活动中,经常听到要把古诗词读出感情。本人并不赞同这样的表述方式。因为这样的目标表达其实是无法有效地指导学生在朗读方面有所进步。因此,本人更建议教师多关注朗读技巧,通过可以具体指导和学习的朗读技巧,带动学生感知作者的情感,并将这样的情感通过音量、音高、气息长短等方式表达出来。

(本文 2012 年获第三届全国中小学汉语古诗文课堂教学大赛二等奖)

新媒体影视制作校本课程
促校园电视台的发展

东区水云轩小学　吴锦开

【摘要】在新时代下，新媒体以铺天盖地之势加速传统媒体转型，而校园电视台也不能幸免。基于平板、手机等移动设备已经具备了摄、采、编、发布等一体化功能，教师可利用平板电脑在信息技术课堂开展普及影视制作校本课程体系。课程体系采用四个相关影视的应用软件，内容由浅入深，涉及影视制作的编、导、摄、制等内容，让更多学生掌握影视制作技术，提升学生的媒介素养，推动校园电视台的发展。

【关键词】移动设备　新媒体　校园电视

校园电视是学校宣传的主阵地，一直以来，学校都很重视校园电视的建设，在场地、硬件建设、教师、学生配备都下了很大力度。可是，随着时代的发展，特别是新时代的到来，电视媒体向两极发展：一路是传统媒体，向着高清、4K 方面发展，航拍、稳定拍摄的普及使用，使视频的质量有质的飞跃；另一路是朝着其于互联网的新媒体方向发展，以其资源优势、内容优势、时效优势、互动优势与高度的参与感这些优点，以铺天盖地之势加速传统媒体升级和战略转型。

一、传统媒体运作的校园电视台存在的问题

1.设备更新缓慢

电视台的摄像设备更新换代快，价格高，更新不容易。场地设备变旧老化，其他的播放设备和线路经过几年时间的使用，故障百出，影响了校园电视台的质量和运作。更新设备可不是一件容易的事。这是好多学校会遇到的状况。

2.电视台工作人员更新换代缓慢

很多学校校园电视的负责教师往往是兼职，这大大制约了教师的主观能动性。另外，学生工作人员要不停地更新换代。以小学为例，学生四年级开始进入校园电视台工作，通过培训到五年级才开始上手，六年级开始熟悉独立使用和运作就毕业了，教师又得重新培训新队员。

3.节目产量受限

校园电视节目由于制作时间较长，工作分工明确，参与人员众多，出一个作品往往要耗费大量的人力、物力、精力。在小学里更是不容易，学生的水平限制，教师身兼数职，也无暇去发展校园电视台。

二、开展基于平板电脑的新媒体影视制作校本课程

随着新时代的到来，新媒体的硬件与软件的不断发展，校园电视台的变革呼声越来越高。为此，我们尝试开展基于平板电脑的新媒体影视制作校本课程，让每一个学生都能接受影视制作的教育。

对于新媒体的定义很多，联合国教科文组织对新媒体的定义："以数字技术为基础，以网络为载体进行信息传播的媒介。"美国《连线》杂志对新媒体的定义："所有人对所有人的传播。"

这两个定义反映了：相对于传统媒体而言，新媒体有两个最核心的改变，一是传播媒介由传统媒介变成了基于互联网的新媒介，二是传播者由权威媒介组织变成了所有人。

1.须具备智慧教室和平板电脑（手机）的硬件条件

（1）新时代下，作为移动设备的手机、平板电脑的功能越来越强大。现在的手机、平板电脑不仅仅是一台手机，它还是一台照相机、摄像机、电脑……它集合了我们身边的好多种设备。它的摄像功能使我们随时随地可以摄制影

像素材。

（2）新时代下，配套移动设备的影视制作软件功能越来越好。因为平板电脑（手机）它具体了电脑的功能，渐渐地相应的软件（App）也越来越强大。配套的软件如光影魔术手、美图秀秀之类的有类似 Photoshop 功能的软件。移动设备性更好一些的还可以安装美摄、小影之类的非线性编辑软件，这些 App 功能齐备，素材资源丰富，使用简单，使用者甚至是小学生好也可以轻易地制作影视后期。

基于以上两点，可以说：只要有一台手机或一台平板，就相当于具备一套集摄、采、编、播一体化的移动视频工作站了。现在好多家庭都基本上具备至少一台以上这样的手机，为课后制作新媒体视频的实践提供了坚实的应用环境。

（3）新时代下，智慧教室配备越来越多。智慧教室最基本的组成是平板电脑、WIFI、一体化互动教学平台。足够数量的平板电脑，让课堂上学生可以人手一机，全体学生都能有机会学习影视制作技术，并且可以互动交流学习。高速的 WIFI 环境让学生在学习过程中及时有效地获取网络的视频制作资源。一体化教学平台，提供师生学习、互动展示的机会。智慧教室为普及影视制作教学提供了很好的课程教学环境。

2. 循序渐进，形成体系

只有利用好信息技课来开展新媒体影视制作教学，才是真正普及的有效途径。信息技术课，一学期只有 18 课时，根据本校学生特点，对教材进行优化，每学期可以节省出珍贵的三课时来开展校本课程。三年级到六年级可以开展基于平板电脑的新媒体影视制作校本课程，教师根据影视制作的特点，分别选用了四个平板 App 软件：Sc 光影魔术手、波影客和美摄做实验。由于课时的限制，内容循序渐进，又形成课程体系。

（1）故事板基础课程：Scratch Jr（三年级下学期 5 课时）。

ScratchJr 是图形化编程软件，用它可以添加角色，设置背景，再用编程指令编写故事。它还可以转换 5 个场景，使故事更加精彩。教学时结合英语的 3W（Who/Where/What）模式来开展教学。让孩子知道 Who 就是添加角色，Where 就是添加背景（多于两个背景还要添加场景），重点是 What，孩子要用程序来完成故事情节。

（2）摄影基础课程：光影魔术手平板版（四年级上学期3课时）。

光影魔术手有电脑版和平板版两个版本。它的电脑版在四年级上学期的教材上已经有了，顺势而为，平板版可作为电脑版的延伸。电脑版的"相册"功能跟电脑版差不多用法，但它比电脑版优胜在于有相机功能。学生拍完照后可以进入"相册"界面对相片进行美化，这样大大激发学生的学习兴趣。借此机会，教师可对学生进行摄影基本技能的教学：摄影的角度（仰拍、平拍、俯拍）、位置（正面、侧面、背面）、光线的采用（顺光、逆光、侧光）、景别（远景、全景、中景、近景、特写、大特写），由于设备的限制，在教学时需要更多的参考照片作辅助。

（3）动画编导课程：皮影客App（四年级下学期、五年级上学期各3课时）。

皮影客是一款帮助普通人快速制作动画的软件产品。它将动画制作的过程模块化，分为场景、分镜、人物、动作、对话等不同的模块，用户只需要通过简单的操作将这些模块相组合，结合背景音乐和配音就可以制作一个动画。

由于皮影客有大量的主题、形象、道具和气泡提供，学生主要的工作就是编导，把故事剧情想好就可以开始制作作品。学生在学习时兴趣特别浓，他们没有想到自己可以在一节课内做出一个像模像样的动画作品。我校有一个五年级女生制作水平特别高，制作了两部作品参加比赛，获得了奖励。

（4）影视编导实践课程：美摄（五年级下学期、六年级上学期各三课时）。

美摄App在业内率先推出用户可自定义视频时长的全高清视频编辑模式，让用户随时随地能够拍摄、制作出具有专业且高水准的原创内容作品。

它是新媒体影视制作实操的环节。由于有前面三个课程的基础，学生已经有影视编导、摄录的基础和音效制作的初步技术，所以开展起来较业容易，重点是后期编辑的培训。

学生熟练使用这个软件后，制作更好的影视作品就必须要团队合作，把各个环节的分工理清楚就可以开展创作作品。在学生制作的过程里，教师可将制作技术好的学生作为校园电视台的储备人才。

3. 注意内容的健康和正面

我们也不得不承认新媒体的三大不足：缺乏严谨性；缺乏深刻性；缺乏权威感。学生在学习制作新媒体作品时可能会出现一些具有年代特征但又不符合主流思想的作品。所以在开展新媒体影视制作的同时，思想教育引导必不可少。

（1）在摄录素材时要引导学生对个人权利的尊重

影视作品在拍摄素材的过程中少不了拍摄人的肖像，自然而然牵涉到人的肖像权问题。在用光影魔术手的拍照片和用美摄拍别人的视频的时候都要求学生先要有礼貌地征询别人，得到别人的同意下才可以拍摄。别人同意拍摄，就应该发挥自己的技术，拍出最美的效果。同时也要求学生在给别人相片进行特技处理的时候，不能丑化，而应美化。

（2）在编辑视频文字时要注意语言文字的文明使用

学生容易受到其他的自媒体影响，在使用文字时多会出现网络用语，有些甚至出现脏话。所以在教学过程中要强烈要求学生文明使用语言文字。

（3）在作品发布前必须有教师或家长的审核机制

在学生制作作品时教师应对学生的主题有要求，强调是正能量，也请家长配合，对作品加以审查。一般的作品不发布，家长与教师审查没问题后，才能让学生对外发布。教师和学生应对作品的思想内容、表现方式加以引导。

（4）榜样作品要大力宣传

好的作品不只是制作的技术，还要有健康的主题内容。这些优秀可以多在校园电视内播放，让其他孩子们有参考。

在小学里普及新媒体影视制作，作为传统校园电视的有力延伸，高端节目与普及节目相互补充，让更多人学会校园电视制作，提升学生的媒界素养，让更多的学生参与制作影视节目，有利于校园电视的发展。

参考文献

[1] 匡文波 . "新媒体"概念辨析 [J]. 国际新闻界，2008（6）：66-69.

[2] 蒋宏，徐剑 . 新媒体导论 [M]. 上海：上海交通大学出版社 .2006.

（本论文获中央电化教育馆 2018 年第十五届全国中小学校园影视论文类评比三等奖）

从《夸父逐日》看文本解读的切入

东区远洋学校　张惠敏

【摘要】 文章以《夸父逐日》为例，阐述了文本解读时切入的四个角度，无论如何解读，都应在适度的原则基础上。

【关键词】 文本角度　不过度解读

　　文本解读是阅读教学中确定教学内容、选择教学方法的基础工作，也是学生学习语文的重要理由。语文教学情境中的文本解读，是服务于教学的文本解读，引导学生学习文本，理解创作者"为什么这样写"。因此，教师的教学解读要尊重文本，尊重学生，在课堂教学中老老实实引导学生在文本中走几个来回。

　　《语文课程标准》也指出："阅读是教师、学生、文本之间对话的过程。"文本的教学解读是教师备课上课的首要工作，教师对文本的教学解读是否科学有序，是否选择了恰当合理的切入口，直接关乎课堂效率。

　　《夸父逐日》这则神话故事见于《山海经·海外北经》，原文如下：

夸父逐日

　　夸父与日逐走，入日；渴，欲得饮，饮于河、渭；河、渭不足，北饮大泽。未至，道渴而死。弃其杖，化为邓林。

这则神话短小精悍，意蕴深刻。如何将短小的文章发挥出文本的教学教育价值，是教师思考的关键。

一、文本切入的角度

1. 矛盾的切入点

文本中的矛盾点，一定是激发学生兴趣的落脚点。

夸父为什么喝水？因为夸父口渴，而夸父"渴，欲得饮"的原因不外乎是长久的奔跑消耗，以及"入日"。"入日"可以看出夸父已经追赶到了太阳落下的地方，说明离太阳很近了，猛烈的炙烤消耗。

坚持不懈地跑离太阳越来越近，意味着夸父离自己的目标越来越近了，这样问题就来了，因为离太阳越来越近的夸父永远无法追到太阳，反而是离太阳越近生命终结得越快。那么生命都已经终结了，追逐太阳的目标又从何谈起呢？

2. 感情的切入点

从全文来看，似乎并没有主人公的情感显现。但如果我们顺着夸父的举动，在以上矛盾点的基础上推究一下，文章的情感价值便会显现出来。

在追逐的过程中，即便是远古时代的夸父应该可以感受到自己离太阳越近，生命的结束便会加快。可是，他依然不停地奔跑。为什么？因为，他是快乐的，在奋斗和追逐目标的过程中，无论付出什么，哪怕是生命的代价夸父也是快乐的，他会认为他的奔跑和死亡都是有价值有意义的。

那推广开来，人生的过程不就是一个为了目标而不断奋斗的过程吗？这样，必然会是快乐的人生。

3. 正反辩证点

夸父这个神话人物，作为部落首领，为了给部族留下太阳谋福利，不惜和太阳竞赛跑步，要追到太阳。可是，要追到太阳就要有比太阳快的速度，正像夸父，"未至，道渴而死"。还没有接近太阳就付出了生命的代价，一切所作的都是徒劳。那夸父在现今的有些人看来就是不自量力的代表。

那么，夸父是否应该"逐日"呢？

追溯到远古时代，人类开始探索自然，征服自然，并为之身体力行。夸父渴死了，但是"弃其杖，化为邓林"。因此，夸父并没有失败，就像那个化为精卫鸟填海的女娃一样，夸父的精神化作了桃林留给了后来者，为后来的光明和真理的寻求者及大自然竞胜者解除口渴，以完成他未达到的志愿。夸父死了，但他给后人留下的不是悲哀的印象，而是一种振奋的感情，激励后人继续与大自然一比高下，激励着后人去寻求光明和真理。因此，人们常以"夸父逐日"和"夸父追日"比喻人有宏大的志向或巨大的力量和气魄。这也是神话在本质上所具有的积极意义。

4. 抓住"空白点"

想象是创作的必备条件。但文本中的"空白"，正是阅读者解读时发挥想象的地方。

《夸父逐日》中就留有了许多空白。在不了解神话的创作背景时，学生不禁会问夸父长什么样子？为什么要逐日？夸父是怎么跑的，动作如何？作为巨人，他又会如何喝水？逐日过程中遇到了哪些困难？夸父临死前是怎么想的？这些都可以通过想象加入人物的外貌描写、动作描写、神态描写、心理描写。"弃其杖，化为邓林"，山林变成了什么样？也可以运用到环境描写。

二、遵从不过度解读的原则

这篇神话在讲授中还可以从神话、科学与文学，以及背景时代和现今时代对比等角度来切入，但无论如何切入，在挖掘作品内涵时，一定要做到不过度解读。

文学作品的意义往往是多重的，不确定的，变动不居的。一段本文的真正意义的发现永远没有止境，是一个与历史本身相同的无限过程。因此，不同历史时期的读者参与对话，同一部本文也会生出不同的意义。语文课程丰富的人文内涵对学生精神领域的影响是深广的，因此，教师应引导学生准确把握文本的价值取向，引导学生多方面多角度多层面地理解文本。但一篇作品在解读时，尤其是面对学生在解读时，万不可过度解读。

《夸父逐日》中的部族首领夸父是为了整个部族的利益敢于向太阳发起挑战，但也没有必要上升到心系人民、不畏强权的道德层面。

《孙绍振如是解读作品》中，肯定了《夸父逐日》等寓言、神话蕴含着民族的精神密码，因此解读文本的人文价值的过程可以充满批判，但绝不能颠覆。

"夸父追逐太阳，出于何种动机，这个神话并未交代，估计无非是抱着观测太阳、制服太阳的宏大志愿"，正因为此，和众多学者一样，这位巨人追日，"是一曲力量与勇敢的赞歌"。但这样的夸父似乎也可被理解成不自量力、并不聪明的鲁莽人物。

参考文献

[1] 孙绍振. 孙绍振如是解读作品. 福建教育出版社，2007.

[2] 冯天瑜. 上古神话纵横谈. 上海文艺出版社，1983.

（本文 2017 年获教育部"十三五"科研规划全国重点课题论文类评比三等奖）

获省级奖项论文

（24篇）

第二部分

让"小组合作学习"走进初中数学课堂

东区初级中学　梁忠明

【摘要】《义务教育数学课程标准（2011版）》中明确把培养"敢于发表自己的想法、勇于质疑、敢于创新，养成认真勤奋、独立思考、合作交流等学习习惯"作为数学第三学段情感态度方面的课程总目标。通过近两年的实践探索，我们构建了"小组合作学习"的五要素：科学组建合作学习小组、明定小组合作学习目标、精心设计"学—导—议—练—测"五位一体"导学案"、灵动组织小组合作学习过程、重视小组合作学习评价。

【关键词】小组合作学习　五要素　启智课堂

一、开展"小组合作学习"的实践背景

我校是一所处于中山市城乡交汇处的初级中学，近年来，在全校师生用时间和汗水的打拼下取得了一些成绩，可这种打拼的可持续发展随着生源的变化遇到了新的挑战。另外，教师在教学过程中以知识为中心，重结果轻过程，淡化规律和方法的探究，学生的主体性得不到体现，在新的教学理念下，学生的能力、情感、态度和价值观的培养如何落实？因此，以新课标理念为指引，为了改变课堂教学现状，构建课堂教学的新模式、新方法，把课堂的时间和空间还给学生，让学生在课堂学习中真正找到自信、找到成功、启迪智慧，

全面提高教学质量，让学校发展可持续并实现超越，我校于 2013 年 9 月开始开展以"小组合作学习"的课堂模式进行理论研究和实践探究。笔者 结合以往曾主持的《初中数学"小组合作学习"课堂探究》（广东省小课题，课题编号：GDXKT2695）课题研究，和全校老师一起积极进行相关的探索。

二、开展"小组合作学习"初期的困惑

首先，有部分学生缺乏合作意识。教师在数学课上开展小组活动时，时常会出现讨论"冷场"的现象，教师布置合作学习任务后，小组成员之间既不商量，也不讨论，要么自己看书，要么做与之无关的事，并没有真正参与"合作"。小组合作的优势完全没有发挥出来，使合作变成了"单干"，成为个别同学表演的"独舞"，合作经常流于形式。

其次，合作学习不够深入。在课堂上，学生由于对数学中的公式、定理等数学背景了解不深，在课堂讨论时无话可说，或者小组成员想到哪说到哪，相互之间缺乏思想交流，致使小组合作学习活动目的不明确，效果不佳。

最后，学生的参与度不均衡。小组合作会给学生更多的参与学习活动的机会，但是，由于组员之间的数学基础相差太大，且学生的语言表达能力也有很大的差异，这样，数学基础较好、语言表达流畅的同学往往参与度较高，他们发言的机会往往较多，代表小组汇报的次数也较多；而那些数学基础不理想、语言表达能力弱的同学参与度往往较低，在数学小组合作中，他们多习惯于当听众，很少、甚至从不发表个人意见，在情感态度这个维度的培养很难落实。

三、开展"小组合作学习"的理论基础

山东省教育科学研究所所长王坦是我国现代合作学习较早的研究员，他认为："合作学习的基础理论依据是现代教育社会学、社会心理学、认知心理学、现代教育技术，以在课堂上创建和使用人际交流为着眼点，以任务设计来导学，以全体学生互相合作来调动学生参与，在传统班级授课制的大环境下，主要以小组活动来组织教学，评价方式变为小组总成绩为标准，以大幅度提高学生的学业成绩，改善学习的课堂氛围，积极促进学生的认知、感情，构建启智的课堂教学的教学策略。"

四、数学课堂教学中"小组合作学习"的实施策略

（一）科学组建合作学习小组

"小组合作学习"要求小组成员之间要进行合理分工，明确各自的责任，并相互配合，以达到共同进步的目的，这就要求我们在进行"小组合作学习"教学前要进行学习小组的组建、合理安排好学生的座位。

1.层级管理

实施以数学老师管理科代表，科代表管理各小组长，各小组长管理各小组员的管理模式。

2.选好组长

教师分组时，要充分尊重学生，遵照学生的自愿，将学生搭配成若干学习小组，每个小组中安排数学基础好、中、差的学生互相搭配，性格外向与内向学生互相搭配，男女学生互相搭配，使学生优势互补，形成良好人际关系，促进个性健康发展。以笔者现在所教的八（2）班为例：全班有40人，以5人为一组，分为8个小组；每个小组确定一位成绩较好、责任心强、有组织管理能力并且在小组内有一定威信的学生担任组长，管理本组全部事务，让每一个组长真正成为自己实施启智课堂的好帮手。

（二）明确小组合作学习的目标

小组合作活动的目标，总的来说，有两个：一是人际交往目标，二是知识性目标。

在小组合作活动中，人际交往目标始终伴随着每一次的活动，是合作中的常态目标，具体包括：鼓励同伴参与，学会倾听别人的见解；学会表达自己的见解；提出质疑或批评，澄清或接纳不同的观点；总结问题的解决途径，形成小组发言意见。

知识性目标则是小组合作活动中的动态目标，活动的内容随着它的内容而确定。知识性目标的指向比人际交往目标要明确和直接，是为我们日常教学所熟悉的，如：掌握一个概念、公式、定理或性质；学会一种运算；能解开一种方程（组）或不等式；会应用数学知识解决简单实际问题等。

在实践中应两者并行，不偏废人际交往目标。例如我在教学常量和变量的概念的教学中，我制定了以下的学习目标：

（1）人际交往目标：经历常量与变量概念的自我建构过程，学会与人合作交流的一些方法态度：鼓励与尊重，自信与谦虚，表达与倾听，质疑与辨析，归纳与阐述等。

（2）知识性目标：掌握常量与变量的概念。

在学习过程中，人际交往目标与知识性目标通过以下活动，并行达成：

活动1：接触新概念

①针对圆面积计算公式 $s=\pi r^2$，小组内四人分别取四个不同的半径值，计算相应的圆的面积，几何画板演示相应的变化过程。

②交流各自计算的四个结果，比较异同；倾听他人结果并汇报自己的结果。

③讨论造成彼此结果相同或不同的原因；鼓励他人参与，并倾听他人总结得是否正确，提出质疑或批评，寻求一致理解。

④分析在计算半径不同的圆的面积的过程中，哪些量在改变，哪些量不变？鼓励他人参与，并倾听他人总结的结论是否正确，提出质疑或批评，寻求一致理解，形成小组意见。

活动2：建立新概念

①独立思考，将前面活动中已知的信息与定义联系起来，自主尝试概括概念。

②倾听他人对概念的理解并阐述自己的理解。

③组内交流，解读课本中的科学概念。

④互相举例，加强对概念的理解；鼓励他人参与，并倾听他人的举例是否正确，提出质疑或批评，辨析概念，形成对概念的理解。

通过这样的活动设计，我们可以看到内外因的和谐作用，双重目标的并行达成，我认为这样的合作活动是有效的。

（三）精心设计"学—导—议—练—测"五位一体"导学案"

为了更好地让学生主动参与课堂活动，我们尝试开展以"学—导—议—练—测"五位一体"导学案"教学模式。其核心思想是以导为主，充分挖掘学生的潜能，突出学生的主体性，帮助学生真正学会学习，培养学生合作交流、敢于创新、阳光自信的素质，构建以"目标导议、活动导练、评估导结"课堂教学模式。"课堂"模式以活动为载体，立足于学生能力的提高，力求创建自主、合作、探究性新型学习方式，建立平等、民主、互动式新型师生关系。"导学案"是教师课堂教学主要载体，是学生课前预习、课中讨论、课后反思的蓝本，故要求编制时力求精简、重点突出、问题明确、导向性强，是提高课堂效率的关键。

（四）灵动组织小组合作学习

1. 小组成员自主学习

小组成员先自主完成导学案中"学—导"两部分的学习任务，以提前一天布置为主，引导学生以课本为蓝本，适当借助参考资料，鼓励借助网络资源辅助（微视频），自主思考、总结规律、记录好解决不了的问题，为课堂"议—练"发言做准备。

2. 小组成员间的互查互督

课前小组成员相互检查导学案"学—导"部分完成情况，互相督促。通过互查互督让小组所有成员都能完成自学部分的学习任务。

3. 小组内部的合作探究"议"

各组由一人汇报自学或独立思考的内容，其他成员必须认真听，听完后可以补充发表见解。最后，还应将各自遇到的问题提供给全组成员讨论，对达成共识和未能解决的问题分别进行归纳整理，推举代表并准备大组活动时的发言稿：准备展示导学案的答案；提出组内解决不了的问题；提出新问题、新想法。

4. 小组间的交流展示

在课堂上各小组代表按组探究、交流的结果发言，展示导学案等学习任务的答案、提出需要讨论解决的问题。

以笔者在《求函数自变量取值范围》中的教学为例：

求下列函数解析式中自变量的取值范围：

（1）$y=2x-5$

（2）n 边形的内角和公式 $S =（n-2）1800$。

笔者先让全体学生独立完成，再分小组互相探讨得到小组的共同答案，接着由各小组选代表发言并展示答案，并让其他小组进行评价、补充、答疑或提出不同的意见、新观点、新方法，最终形成明确的答案。在此过程中，教师要对重点、难点的问题进行点拨、引导、概括与总结，形成准确、精炼的文字表述，便于全体同学理解。函数解析式中自变量的取值范围：（1）若函数解析式是整式，其取值范围是全体实数；（2）若函数解析式是分式，其取值范围应使分母不等于零；（3）若函数解析式是偶次根式，其取值范围应使被开方数为非负实数；（4）同时含有分式、二次根式时，函数自变量的取值范围是满足它们成立的条件的公共解；（5）对实际问题还有满足实际问题有意义。

5. 课堂反馈中的小组合作

在课堂最后的反馈小测中，笔者采用组内批改的方式当堂批改。在规定的时间内，小组内的每位同学先独立完成，教师在巡视的过程中重点对科代表和各小组长的解答情况进行面批，完成后的小组由各小组长组织各组员进行组内面批并作出即时的辅导、督促更正，最后向教师反馈组内成员掌握的情况。教师根据各小组的反馈情况，有针对性地作重点评讲。这样既重点突出，又能在课堂上多点开花，让每位同学在课堂上都有收获，感受学习的快乐。真正实现分层教学、因材施教，培养同学们互助的精神和共进的思想。

（五）重视小组合作学习的评价

一个科学合理的激励评价制度的建立，能调动情绪，激发动机，培养兴趣，为学生的学习提供良好的心理条件。为了更好地鼓励学生对课堂小组合作学习的参与，教师采用过程评价和总结评价相结合的量化评价，即每个小组的课堂表现分＋周测小组综合成绩进步奖励分＋当周小组成员德育操行奖励分＋当周活动奖励分＝总分；并建立周、月、期优秀小组评选奖励机制，学校分别对以上获奖小组给予表彰奖励。

在课堂教学中，教师及时对各小组展示的成果的科学性给予总结和评价，以调动学生学习积极性，巩固小组合作学习成果。教师在组织小组合作学习中采取了评分、积分的方法。评价以个人与小组相结合，评价小组为主的原则。为了鼓励学生的积极性，倡导团队精神，鞭策学习小组整体过关，防止小组学习中山现的"边缘化"的情况。每节课，教师都对学生自学、小组互查、小组交流合作后的导学案完成情况进行评价，统计每组的得分，由科代表或教师填写《小组学习积分表》。积分落后小组不得评为先进，课后采取相关措施督促优组帮落后组，组内优生帮落后生，促使每个小组都进行反思，保证全员达标、共同发展。这样，慢慢营造出小组内互助合作，小组间你追我赶的氛围，形成了小组合作学习的良性循环。

五、研究成果与反思

1. 初步形成有东初特色的"启智课堂"

通过近两年的实践研究，笔者认为"小组合作学习"要真正走进课堂的五要素是：科学组建合作学习小组、确定小组合作学习目标、精心设计"学—导—议—练—测"五位一体"导学案"、灵动组织小组合作学习过程、重视小组合作学习评价。

在日常教学中，教师要重视引导学生从生活实践中、从自己感兴趣的内容中学习数学，并运用所学的数学知识解决常见的实际问题，把数学的学习过程变成学生实践、探究、应用的过程。将学习的主动权交还给学生，充分相信学生，让学生自主活动，课堂应成为学生启迪智慧的乐园，边实践，边总结，逐渐形成"以导为主、突出主体、平等合作、共同进步"的课堂理念，构建了"学—导—议—练—测"五位一体的"小组合作学习"课堂教学的一般模式，为其他学科提供参考，为学校提升教学质量打开一扇窗。

2. 学生学习的主动性、学习品质明显增强

通过近两年的努力，学生学习的主体性、主动性得到了较好的发挥，从课内到课外，从校内到校外，从收集、整理、描述信息，建立模型，到解决数学问题，全方位突出了学生的主体地位。学生在学习过程中自我探究、主动参与、合作学习，充分展示了学习的主动性。学生学习数学的兴趣不断提高，数学成绩也得到了明显进步。2014、2015 年市期末统测各年级数学学科综合评价成绩连续两年超 70% 的同学达到市评价"B"级以上，位居中山市前列。学生还从合作学习中形成了与人交流、换位思考、与人分享的良好品格，为将来走出社会打下良好基础。

3. 教师的综合素质得到提高

教师们在探索初中数学"自主合作学习"课堂教学模式的研究实践中，既提高了课堂教学的效益，也提高了自身科研素质。通过系列研讨活动、到省内外名校跟岗学习、参加专题讲座的学习等，教师们在理论素养、教学理念、教学设计、课堂能力等方面得到了明显提高，有多位教师在省市区的课堂教学比赛、各类论文比赛中获奖，加速了由"苦干型"向"科研型"的转变，

为学校的可持续发展奠定了基础。

4. 未尽的展望

实践中积极反思，思考中认真改进，改进中不断提升，不禁自问，对"数学课堂中的小组合作学习"这一个领域的研究，我们还可以做什么？犹记得2014 年 12 月，笔者在山东省昌乐二中曾观摩过的一节初三数学展示课，同行所展示的以"小组合作学习"为平台的"梯形中位线"的作业讲评课，学生有序的交流、规范的板书、活跃的思维、自信的展示等令我至今难忘。诚然，课堂中可开展合作学习的领域还有很多，如概念课、复习课、综合实践课等不同类型的课，如何设计问题才能让课堂更高效？又如：如何让学困生在课堂上积极参与有效的讨论？还有很多待我们去实践、总结、探索。

总之，"小组合作学习"是数学课堂教学中的一种正在探讨和尝试的教学模式，我们将不断更新教学观念，结合教学实际，努力探索适合学生发展的、启智的"小组合作学习"教学模式，让"小组合作学习"真正走进我们的数学课堂。

参考文献

[1] 中华人民共和国教育部. 义务教育数学课程标准（2011 版）[M]. 北京：北京师范大学出版社，2011.

[2] 万昱. 课堂回归学生主体，引导学生自主学习 [J]. 中学数学研究，2014（3）下：21-22.

[3] 王炜煜. 以"讲学稿"为载体，构建初中数学有效课堂教学模式 [J] 中学数学研究，2014（11）下：23-24.

（本文荣获 2015 年广东省中学数学教学优秀论文评选特等奖）

以雏鹰争章创新实践活动构建育人新模式

东区水云轩小学　曾文珍

【摘要】水云轩小学以"队员发展为本，塑造健康人格，培育美好人性，奠基幸福人生"为原则，结合教育改革需要、时代发展特色、中山本土文化以及学校教育实际大力开展"雏鹰争章"活动，大胆创新"雏鹰争章"活动的模式，建立了具有中山精神和校本特色的雏鹰争章体系。并以争章活动为载体，引领队员争做"四好少年"，让队员健康快乐成长。

【关键词】雏鹰争章　实践活动　育人模式

"雏鹰争章"活动是我校少先队组织立足于新时期少年儿童综合素质培养而开展的一项基础性、长期性和系统性工程。"雏鹰争章"活动的全过程分为定章、争章、考章、颁奖、护章五个阶段；雏鹰争章活动素材有《水云轩小学雏鹰争章标准》《水云轩小学雏鹰争章储蓄本》、雏鹰印章、雏鹰奖章、争章明星奖状（十款类型）、伟人故里中山章（水晶座）。

一、校本红领巾争章活动的构成与创新模式

定章——学校少工委严格按照新版《雏鹰争章手册（必修章）》的标准，结合学校的教育实际，制定了符合我校队情、学情、校情的《水云轩小学雏鹰争章标准》，引导队员在快乐实践的基础上走向自主学习和自主发展。基

本章目有生活小能手章、学习小主人章、文明小标兵章、父母小帮手章、才艺小明星章、快乐小义工章、阳光小少年章、环保小卫士章、红领巾小领袖章和运动小健将章共 10 枚奖章。在六年时间内，队员集齐十项特色奖章，可获学校最高荣誉奖——"伟人故里中山章"。

争章——少工委设计了《水云轩小学雏鹰争章储蓄本》，人手一册，包含队员在学习、生活、自护自救、行为习惯、文明礼仪、道德品质、心理健康、家庭教育等方面。队员努力践行并达到标准要求，就可获得雏鹰印章一枚，积蓄起来的雏鹰印章可于每个月月底到年级大队部兑换雏鹰奖章（实物章）。

考章（基础章）——在辅导员的指导下队委制定考章的流程，利用班队会课和每周五"德育谈话"定好每一阶段考章的内容和检查时间。考章步骤：第一，家长考核并签名；第二，当值小队长检查并签名；第三，当值中队长、副中队检查考核并签名；最后由中队辅导员考章。

考章（特色章）——为了帮助队员发现自己潜在的天赋和找到兴趣所在，探索争章活动也延伸到了校外，营造学校、家庭、社会"三结合"的活动框架，形成争章活动的社会化活动体系和评价机制。学校少工委制定了四种兴趣章争章途径。第一种是队员在校外培训机构参加兴趣学习活动时的成绩证明，由中队长考章；第二种是队员参加学校举办的红领巾小社团，由学校相关辅导员考章；第三种是队员自主参加雏鹰小天地活动，积极展示才艺与特长，由大队委考章；第四种是在每学期举行的雏鹰争章嘉年华活动中，校内外辅导员、家长、青年志愿者、队干现场考章。

基础考章由家庭、小队、中队监督；考章进度为每周 1—2 枚雏鹰印章，每学期 1 枚特色奖章；签章人员为小队长、家长、中队长、中队辅导员。

兴趣章考章办法：校外争章基地考章；学校专业课任辅导员老师考章；雏鹰小天地自主展示考章；雏鹰争章嘉年华集中考章。

颁章——队员根据争章要求，在学习生活、自护自救、行为习惯、文明礼仪、道德品质、心理健康、家庭教育等素质教育方面认真执行《水云轩小学特色章争章标准》，并达到相关标准要求，就可获得由中队辅导员颁发的一枚雏鹰印章，每周五颁发一次。每月最后一周由各年段的大队委组织开展雏鹰奖章兑换活动。学期末，由各个中队独立统计章数，评出学校"雏鹰之星"的候选队员，最后由年级全体队员投票选出本年级的学校"十佳雏鹰之星"。

护章——要提升争章实效就一定要加强护章教育。各大队开展"特色中队角设计比赛"，在中队角设置"争章明星栏"，将中队的"争章"明星事迹和照片张贴其中，树立榜样，促使队员在学习上形成你追我赶、创先争优的氛围。在课余时间，各中队抢抓时间开展"十分钟队会"，分享争章的心得体会。为表彰先进，树立典型，学校少工委每年在"建队日"前夕专门召开表彰大会，表彰一大批雏鹰争章先进集体和优秀个人，并在校园最显眼的地方设置"雏鹰之星"事迹宣传栏，扩大争章的影响力，进一步巩固"雏鹰争章"在队员和辅导员老师心中的地位。

二、校本红领巾争章活动的创新体现与育人成效

1. 建立了一套适应本校实际的争章模式，丰富争章内涵

在开展争章的进程中，学校少工委紧密结合省少工委"南粤少年雏鹰行动"的要求与目标和本校的实际建立了灵活的争章模式，即定章—争章—考章—颁奖—护章。模式基于校本和人本，具有可操作性、本土性、趣味性、前瞻性和创造性。争章的内容丰富多彩，争章的过程易于操作，争章的途径富有实践性，回归了教育的本真，引领了人的发展，有利于激发队员的潜能。其中"伟人故里中山章"的设立更是成为了全体队员的发展规标，成为水云轩小学少先队工作立足本土的诠释。

2. 探索出实施"南粤少年雏鹰行动"的有效途径

我校的争章活动实行全员参与机制，涵盖了学校教育的所有方面，所有老师都是争章辅导员，所有队员都是争章主体，同时采用"雏鹰争章储蓄本"，结合举办雏鹰争章嘉年华系列活动等有效载体和方法手段，有力地整合、落实和深化了省少工委的"南粤少年雏鹰行动"。为了实现争章活动效果最大化，学校少工委在每年"元旦""六一"前后开展了一系列队员们喜闻乐见的独具特色的考章分享活动，以体验为途径，让队员感受节日喜乐祥和氛围的同时，又充分展示才艺，锻炼能力，张扬个性。

3. 创新了家庭、学校共同育人的新模式

影响队员思想的因素除了辅导员老师的日常教学辅导之外，还有家庭教育和社会环境等。雏鹰争章活动创造性地发展了法制校长、亲子义工等新型家校德育合作载体，有力地整合了社会资源，让家长、社区都参与其中，形

成了"雏鹰争章"活动社会化发展体系。

4. 焕发出"体验教育"的魅力和活力

在推进"雏鹰争章"活动过程中,我校组织了"红领巾演讲沙龙""红领巾拍卖行""雏鹰争章嘉年华"等形式多样的少先队活动,有效地创新了体验教育的模式和载体,把少先队活动融入教学、德育等方面,凸显了少先队作为少年儿童主体性组织在学校教育中的重要作用,构建了有效的育人激励机制、德智共生的育人模式,深受辅导员、队员们和家长的欢迎,促进了队员们各个方面的长足发展!

5. 引领了全市"雏鹰争章"活动的发展方向

我校"雏鹰争章"活动立足于新时期社会对学生各方面素质的要求和学生的心理发展规律,在章目设置、争章模式等方面进行了大胆创新,走出了一条适合本地区、本学校实际的新路子。由于成绩突出,时任团省委少年部陈莉莉部长专程到校调研该项工作并高度肯定了我校的"雏鹰争章"活动,宣称此创新育人模式开创了新时期全省工作新路径;中山市少工委也在我校召开了全市"雏鹰争章"现场会,面向全市 300 多所小学推广我校经验。

6. 开发了"雏鹰争章"活动服务学校教学工作的功能

"雏鹰争章"活动是体验教育的载体,隶属于德育的范畴。我校"雏鹰争章"活动通过设立与学科密切相关的"学习小主人""才艺小明星""体育小健将"的章目,有效地调动了学生主动学习、快乐学习的积极性。科任教师在参与"雏鹰争章"活动的过程中也体会到了本活动对于激发学生的学习动机,保持学生的学习兴趣的强大推动力,将全力支持和积极参与其中,从而实现学校德育与学科教学的有效融会和互助。

7. 完善了学校对学生的评价体系

当前,学校对于学生的评价体系偏向于等级化和比较化,实质上是人为地将学生划分为不同阶层,进而区别对待,容易造成教育不公现象。我校"雏鹰争章"活动通过一系列涵盖学生各方面发展要求的章目设置,并且通过人人可参与、人人争达标的形式,关注学生个体的体验和感受、激发学生自主发展的热情、增强学生自我发展的信心、关注学生成长的独特性和尊重学生的个体差异,并在这个过程中逐步养成学生健康的思想品德和良好的行为习惯。

8.服务了小学新课程改革发展的形势

新课改强调形成积极主动的学习态度，倡导学生主动参与，勤于动手。我校"雏鹰争章"活动的原则和宗旨与新课改是高度吻合的。学生们参与争章的过程，也是一个体验和学习的过程、培养参与意识和动手能力的过程。同时也令学生在争章过程中培养搜集和处理信息的能力、获取新知识的能力、分析和解决问题的能力以及交流与合作的能力。

参考文献

[1] 王丽曼.将"雏鹰争章"活动有效融入品德课堂[J].教学月刊小学版（综合），2012（05）：17-18.

[2] 元琴.上海少先队雏鹰争章活动的历史研究[J].上海青年管理干部学院学报，2011（04）：42-44.

[3] 马旭龙.中国少先队与美国童子军教育活动比较研究[D].云南师范大学，2017.

[4] 唐喆萍.家长参与雏鹰争章活动的研究[D].华东师范大学，2017.

（本项目荣获 2017 年广东省中小学德育科研成果一等奖）

在小学中开展德性教育的探索与实践研究

东区远洋学校　黄志煊

【摘要】《在小学教育中开展德性教育的实践与探索》是我校进行的省级课题。该课题从教育哲学层面思考：更好地把握教育规律和学生成长规律，创设适合学生生理、心理发展的生态环境，使学生的生命力日益发达、强壮，使其潜能得到充分挖掘与拓展。

【关键字】德性教育　探索　实践

一、尊重学生人格——学生渴望成长是本能

尊重是爱的具体表现形式，是建立师生感情的基础。在教育中，学生的情感得到了尊重，他们的潜能才能得到充分释放。教师脑中一定要呈现大写的"人"字，要深刻认识到每个学生是大自然中各不相同、独一无二的杰作。

1. 目中有人———一花一世界

正视个体差异的客观存在，尊重个性，因材施教，是当代教育的基本理念。淡化"学科考试只为评比"的功利色彩，观照到学生各方面素质，着眼于学生的终身持续发展，使制度成为诱发学生潜能的助推器。让每位学生在学习过程中感受到人文的温暖，感受到制度的关怀。如每学年开展"文明好少年"评比的同时，给教师树立平等的育人观念，同时在学生中开展"最受学生喜欢"

的老师、保安叔叔、清洁阿姨等评比，让师生在互相促进的评比环境中共荣共生。让学生感受到平等、民主，感受到学习与成长的快乐。

2. 适应学生———一叶一果实

教师教学职责就是为学生创造适合实践的机会，不断引领学生进入新的发展区，让学生在快乐学习中持续进步。教师在教学上要避免出现学生的愿望被老师的欲望捆绑的现象，把大爱无痕、大道至简、大智若愚、大成若缺的教学理念融贯在教学之中，为学生搭建才智涌流、德才共生、心灵飞翔的德性成长平台。如各科教师在布置作业时，应分层安排作业，将作业分为必做部分和选做部分，让优秀的学生做得充实，让后进的学生做得轻松，让每位学生学出尊严、学出快乐；在课堂提问中，教师应依据学生能力对不同水平的学生作出的回答作出恰当肯定，而不能以划一的标准作评价。

二、关注学生需求——学生兴趣不同是必然

衡量一所学校推行"教育民主"的一个重要标尺：看它在多大的程度、多广的范围内为学生的自由发展提供可能性。学校要合理安排学习内容和学习时间，在课堂教学之外要给学生选择权，让学生可以根据个人需要选择所要学习的内容，让选择成为学生自主发展的一种学习习惯，让尊重成为保护和引领每一个学生积极发展的导向。关键在于教师要恰当处理课堂教学和校本课程、第二课堂、社团活动的关系。

1. 社团活动——千江有水千江月

学校创建了适应学生发展需要的社团活动，不断丰富学生的课余生活，发展学生的特长，提高学生的综合素质，充分满足学生的兴趣诉求。弥补了在常规课堂教学的不足，使学生的学习自主性得到了充分的发挥。我校社团分为服务型社团、专业型社团二类，不同社团在学生自我教育和兴趣拓展中起着各不相同的作用，有效促进了学生的自我管理、自我教育、自我发展。

2. 校本课程——领异标新二月花

我校把校本课程的生命力定位为以学校特色为经、以学生兴趣为纬，结合学校"传承与创新并重、德行与智趣共生"的办学特色，通过对学生学习兴趣的广泛调研，确定校本课程的开发目标和项目。主要分为五类：武术类、艺术类、心理类、品德类、文学类，开发出《武德训》《健智篇》《践行篇》《诗

教篇》《书法》《古筝》《悦心篇》《美德篇》《漫画集》等多种校本教材，使校本课程与国本教材相得益彰，形成引领学生全面协调发展的生态课程体系，促进学生的全面发展和优势发展。

三、关爱学生生命——学生心灵稚嫩是现实

关爱是教育的基础，只有在关爱中成长的小孩才会懂得感恩并把爱传递下去，让生命臻于完美，让稚嫩的心灵逐渐走向成熟。教师的任务就是要将博大的师爱贯注到教学的各个环节之中，对学生不分彼此，全员关爱。

1. 校园生活——顺木之天致其性

校园是学生身心和谐、持续、健康发展的摇篮。为了让学生拥有快乐、平安的校园生活，学校对学生的衣、食、住、行、坐、拉、防等方面都给予了全面观照。"衣"指确保校服的各项检测指标符合国家学生装标准，含棉量在 50% 以上。"食"指每天为学生提供营养配制的午膳，每周五由全校各班轮流安排家长到校跟随学生一起试餐，菜式每月轮换，并面向学生进行满意情况调查，对存在问题进行及时改进；并对学生使用的直饮水器坚持每学期进行水质检测一次。"住"指为每天留校参加午托的学生尽量安排合适的午休地方，确保卫生和通风质量，并按要求安装课室照明电器。"行"指主动联系公安交警部门对学校门前的公路设施进行完善，设立了减速带、转弯镜、禁行标志等。"坐"指对学生桌椅进行分层配置，使每个班级的桌椅都分三层，让每个学生都能根据自己的身高选择适宜的座位就座。"拉"指优化厕所文化，在洗手间每个厕位都放置柔软的纸巾和清香扑鼻的洗手液，让学生拥有舒适的环境如厕环境。"防"指坚持每天对学生开展晨检，每学年对学生进行一次体检，确保把学生疾病预防和保健工作落到实处。全力为学生构建一个温馨典雅、平安舒适的生活乐园和成长家园。

2. 家校联袂——此是桃源仙境界

我校构建了学校、社会、家庭三位一体的育人网络，打破传统孤军作战的格局，整合各方教育力量，构建了一个以学生为中心，教师、家长、社会相互联动的育人架构，为孩子成长创造了一个绿色的生态人文环境。学校制定了《水云轩小学家长须知十三条》和《水云轩小学学生在家要求》，要求家长配合学校做好家庭教育工作，明确学生在家的学习生活要求。每学期通

过召开家长会、举办家长学校、开展亲子义工活动、开展修身学堂、评选优秀家长等方式，加强家校联系，提高家庭教育水平。

（本项目荣获 2015 年广东省中小学教育创新成果二等奖）

驻校社工在初中德育工作中的本土化应用研究

东区松苑中学　林培浩

【摘要】驻校社工将社会工作专业的原则、方法及技巧运用到学校中，关注校园中有需要的学生，通过个案辅导、小组工作或团体辅导等方式，协助学生发展潜能，解决其个人、家庭、人际关系和学业问题，调适其偏差行为，让学生更好地适应社会。根据学校社会工作的"预防性、发展性和治疗性独特服务功能"，驻校社工开发了"群体性预防性、群体发展性和个案治疗性辅导"等三大系列社工服务特色项目，让驻校社工在初中德育工作中发挥有益补充作用。

【关键词】驻校社工　初中德育　本土化应用研究

近年来，在社会转型加剧与家庭教育发展滞后的背景下，学生在学业、人际交往和适应社会生活能力等方面容易出现问题，尤其是处于青春叛逆期的初中生，更容易出现各种不良行为。特别是在寒暑假教师放假期间，一些学生因家庭教育与监护缺失，容易结交不良青年，产生一些安全问题，甚至违法犯罪行为，因此，寒暑假学生安全管理一直是学校德育的短板和难点。

长期以来，德育工作被视为"灭火器""消防队""高级保姆"。社会问题的复杂化，也让在校学生的教育、管理、服务面临多样化的需求和调整。学生的成长只有得到家庭、学生、社会三方的相互合作和支持，才能满足当前青少年成长的多样化需求。

为此，我们需要转变教育观念，借助和整合校外教育服务力量，增强初中德育工作的预防、预警和干预功能，让学生快乐学习，健康成长。

2011 年，源于帮扶几位重点关注的问题学生，在东区教育事务指导中心的指导与支持下，东区松苑中学在全市率先引入驻校社工服务项目。

一、驻校社工的独特优势

驻校社工是指长期进驻学校为师生和家长开展专业助人服务的专职社会工作师，他们会将社会工作专业的原则、方法及技巧运用到学校中，关注校园中有需要的学生，通过个案辅导、小组工作或团体辅导等方式，协助学生发展潜能，解决其个人、家庭、人际关系和学业问题，让学生调适其偏差行为，更好地适应社会。

1. 服务优势

驻校社工非学校教师，不参与学校常规教学与管理。他们年轻亲和，与学生容易结成自由、平等的朋友关系。学生常以"哥哥"或"姐姐"称呼驻校社工，有话会主动向驻校社工诉说。

因此，驻校社工更容易了解一些学生不能或不愿对家长或教师说的事（如师生冲突、亲子沟通、青春期困惑甚至轻生念头等），可能会比老师、家长更早发现学生的问题。这样既可及时干预学生的心理危机，还能减少对学生的伤害。

其次，寒暑假期间，教师放假，但驻校社工会照常上班。因此驻校社工会开展寒暑假正面文化工作坊活动，促进亲子沟通，通过家访或活动等形式持续跟踪及辅导重点关注的问题学生，有助减少寒暑假德育管理盲点。

在放学期间或节假日，驻校社工开展外展社会工作服务，巡视校园周边公园、小卖部或活动场所，主动介入学生群体开展服务，也有助于减少校外教育盲点。

2. 专业优势

社会工作是一项专业助人的社会职业行为，不是义工。驻校社工以其"助人自助"的价值观，平等对待这些有困难的学生，以社会工作独有的角度融入学生群体，并采用个别辅导、小组活动等专业方法去帮助学生，促进学生在校园生活和校外生活的良性转变,并开展正面成长教育,减少不良事件的发生。

驻校社工可发挥其职业优势和专业助人的技能优势,运用社会工作的基本理论、原则和方法开展专业助人活动,联结学校、家庭、社区资源,帮助学生解决困难,调适其偏差行为,满足学生教育服务的多样化需求,有助于解决学校德育存在的问题。

二、驻校社工的角色和定位

学校认为驻校社工的工作不应与学校德育同质化,驻校社工更不可能代替学校的德育工作,学校应重在建立协调合作工作机制,为驻校社工搭建服务平台,让驻校社工发挥专业助人的职业优势,在初中德育中发挥有益补充作用。

根据学校社会工作的"预防、发展及治疗"等三大功能,我们相应探索并开发了"群体性预防性、群体发展性和个案治疗性辅导"等三大系列社工服务特色项目:

1. 群体预防性社工服务项目

根据学校社会工作的预防性工作理念,我们整合驻校社工、心理教师和班主任等教育资源,探索构建初中生心理成长支持体系,建立较完善的校园心理危机"预防""预警"工作机制,有利于及时发现和处理学生问题。主要做法有:

(1)新建驻校社工室并经常开放,搭建驻校社工与学生的日常交流沟通桥梁。

(2)创新性增设班级心理社工委员,搭建教育服务网络。

(3)创办社工报《成长》,发挥社会工作的预防教育功能。

《成长》报的刊头均印有驻校社工热线、QQ号码、紧急联络电话等,有助于建立心理危机紧急求助机制。

2. 群体发展性生命工程教育社工服务项目

2014年,驻校社工室项目启动,开发和实施了"生命工程"服务项目,拟通过运用专业的社会工作手法,为学生们提供预防、发展及治疗性的服务,为有需要的学生提供跟进服务,构建学校、家庭、社会社区的大德育体系教育。

（1）针对在校学生服务的"正面成长"校本计划暨班主任预约菜单式活动课程服务。

（2）针对寒暑假学生辅导的"正面文化"工作坊活动项目。

（3）针对特殊学生个案及家庭和素质专项教育的"Life Project"专案计划暨东区松苑中学"都市变形记"中山、广西两地学生交流互换计划。

3. 个案治疗性辅导社工服务项目：运用个案管理方法转化后进生。

学生个案来源：一是学生或家长上门求助；二是班主任或任课老师的转介。三是驻校社工通过外展社会工作服务主动介入。

接案后，驻校社工要为案主（个案服务对象）建立档案，将案主的性格、特征、主要问题、家庭背景等整理成基本资料，并归档保存。接着，根据学生的心理特征和行为问题，设计介入计划，经与社工督导和德育主任交流后开展专业助人服务，缓解和疏导学生的情绪，矫正其不良行为。

三、驻校社工在初中德育中发挥着有益补充作用

松苑中学近五年实践表明，驻校社工介入学校德育工作后，根据学校德育的薄弱时段，如寒暑假、节假日的校外教育、青春期性教育和个案辅导等，开展了互补性社工服务，让更多的学生得到关注，体现了"快乐学习健康成长"的育人理念。

作为学校、家庭和社会教育等系统的沟通桥梁，驻校社工还充当社会工作的"资源链接者"角色，协助学校教师解决学生问题。

驻校社工和心理健康教师合力构建了学生心理成长支持体系，建立了较完善的校园心理危机"预防、预警和干预"工作机制，满足了学生教育服务的多样化需求，有利于关注更多学生，有助于消除校外教育盲点，也减轻了班主任的工作压力，在我校德育中发挥着有益补充作用。

（本文系《广东省2018年度教育创新成果奖》的成果报告摘述，课题研究成果荣获广东省2018年度教育创新成果二等奖）

小学语文综合性学习博物馆课程的实践探索

东区朗晴小学　刘珺

【摘要】 随着时代的进步，博物馆的功能从保存文物发展为教育的推广。一座博物馆就是一个国家、一座城市的历史，它能为学生提供很多优质的教学教育资源，但这些资源大多未被利用，实在可惜。笔者尝试依托和利用博物馆丰厚的资源，结合小学语文综合性的学习内容、方式等，通过引导学生对博物馆及其陈列物进行参观、学习、了解，用行动进行课程实践探索，以丰富学生的知识储备，拓宽其认知视野，提升其综合能力。

【关键词】 语文综合性学习　博物馆　课程

一、课程背景

《义务教育语文课程标准》（2011 版）中明确提出：语文课程应开发与之相适应的课程资源，以拓宽学生的视野。2017 年 8 月教育部印发的《中小学德育工作指南》要求各学科与综合实践活动课紧密结合，开展社会实践。《基础教育课程改革纲要》提出，教师应积极开发并合理利用校内外各种课程资源，广泛地利用校外的博物馆等各种社会资源。基于以上课程标准要求与教育部的文件精神，笔者尝试依托和利用博物馆丰厚的资源开展研究。

二、课程目标

本课程实践是以儿童语文综合能力素养教育提升为目标而开展的行动研究，以小学语文的综合性学习角度切入，尝试与多个学科融合并开设课程。结合学生的知识结构和认知规律，在本土博物馆资源的情境下，以每学期一次课程，"一馆三课时"的课程模式为依托进行实践操作，构建"小学语文综合性学习博物馆课程"的课程体系，并生成课程。

"小学语文综合性学习博物馆课程"的目标是：感知到博物馆参观是了解知识、文化、历史的一种好途径；激发小学生利用博物馆资源进行综合性学习的兴趣；丰富和拓宽学生的知识和视野；培养学生的自主、合作、实践、探究、创新、表达等方面能力，从而提升儿童的综合素养。

三、课程内容与规划

1.课程内容选择的依据

目前，我国有超过3000座博物馆，随着社会的发展，博物馆的数量、展品的质量、展览活动和形式、内涵与功能都有巨大的飞跃。哪些博物馆资源适合广东中山小学阶段的孩子开展语文综合性活动呢？通过图书馆书籍翻阅、网络查阅、实地踩点等方式，在博物馆研学地点和内容的甄选上，考虑了3个因素：（1）根据学生年级、年龄的特点和研学组织的可操作性，依据距离和车程，从近到远，从市内到市外的基本趋向。（2）根据博物馆的种类、规模、特色和课程的丰富性，甄选了从中山—广东省内—省外博物馆作为研学地点和内容。（3）根据学生所在年级、年龄的兴趣点、探究点与适合程度进行编排。

2.课程内容的规划

小学1—6年级12个学期博物馆研学的地点和内容，应坚持与课程内容训练点相契合的原则，进行课程体系规划统筹。课程原则是统一规划性与自选拓展性博物馆研学内容相结合，具体如下：

各年段博物馆研学的训练点	年级	学期	规划性博物馆研学地点
1.引导学生感知博物馆的建筑外形，明晰博物馆类型、艺术展览类型、常设展馆。2.引导学习按照顺序参观展馆与观察展品。3.学习用绘画、口头、简单文字表达见闻。	一年级	上	中山市收音机博物馆
		下	厨邦酱油文化博物馆
	二年级	上	香山商业文化博物馆
		下	广东省科技馆

（续上表）

各年段博物馆研学的训练点	年级	学期	规划性博物馆研学地点
1.引导学生感知博物馆展品的地方特色。2.引导学习、寻找并观察镇馆之宝。3.引导倾听导览员解说，边听边理解，能用书面与口头结合的方式表达见闻。	三年级	上	佛山南海博物馆
		下	东莞市博物馆
	四年级	上	香港文化博物馆
		下	广东省博物馆
1.引导学生通过自主学习收集资料等方式，浏览博物馆官方网站，了解相关展览与展品的信息。2.引导学习、观察不同类型的展品，能深入探究喜欢的艺术品，学习历史、文化知识。3.学习用书面与口头结合的方式表达自己的观察所得，尝试写简单的研究报告。	五年级	上	南越王博物馆
		下	广州艺术博物馆
	六年级	上	陈家祠堂
		下	南海一号博物馆

拓展性研学地点推荐：中山玖悟斋博物馆、中山市漫画馆、广州博物馆、湖北省博物馆、中国台北博物馆、景德镇博物馆、湖南省博物馆、厦门博物馆、上海博物馆、国家博物馆等。

四、课程的实施

1."一馆三课"的教学模式

"一馆三课"的教学模式指一个博物馆的学习一共采取"引子课→现场参观课→分享课"三个课时来完成。

引子课是在带孩子们参观博物馆之前开展的第一次课程，其主要目的是让孩子初识博物馆，激发其兴趣。一般采取图片、视频、倾听、故事等方式。同时每位同学配发由教师自主开发的每个博物馆（1—6年级共12本）的《研学手册》进行辅助教学。

现场参观由集体听讲解和分小组探究两种形式组成。在分组探究环节，教师可以和孩子们一起探究博物馆的研究兴趣点，例如：西汉南越王博物馆主要展示南越王墓原址及其出土文物。博物馆以古墓为中心，是岭南现代建筑的一个辉煌代表，了解南越王历史，探秘其墓葬之谜。教师引导孩子确定小组研究点，如：（1）永生之梦；（2）葬玉；（3）墓葬之谜；（4）殉葬人；（5）吃货赵眜；（6）南越智慧；（7）南越舶来品；（8）南越传奇；（9）玉衣之谜；（10）钟鸣鼎食；（11）美玉无言；（12）南越风俗。

分享课以小组确定的研究方式开展，分享形式可以多样化，如 PPT、手抄报、观后感、游记、解说词、漫画连载、演讲、家庭分享会、音乐相册、视频分享等。

2. 课程活动

（1）每学期至少开展一次 3 个课时的课程，按课程内容体系完成小学语文综合性学习博物馆课程，可以根据班级需要调整或者拓展。

（2）充分调动校外资源，邀请家长或博物馆馆长、志愿讲解员等专家来校上课。

（3）开展特色活动。如观看《国家宝藏》文博节目，征集文物宝藏卡、文博探秘手抄报、观后感；观看《如果国宝会说话》文博节目，征集"我是国宝讲解员"音频视频等。

五、课程的评价

课程评价体系包括课程评价、活动评价、学生学习情况评价三方面内容。课程评价采取学生、教师、家长问卷调查以及教师和学生访谈法相结合的方式，双向而深入地对课程的实施进行分析。活动评价采取学生对课程活动的自主评价，明确孩子们对活动的真实体验。学生学习情况评价取自教师对学生研学活动的观察记录和对学生作品的分析，让教师了解其在活动中的学习状态、学习行为、学习能力。

六、课程的成效

通过回收《小学语文综合性学习博物馆评价方案》的调查问卷、访谈表、活动评价表等，学校进行统计、分析、报告显示，此课程取得了显著的成效，学生的综合能力得到了显著提升。

1. 学习兴趣的唤醒

博物馆有着丰富的资源，学生亲临参与，充分调动视觉、听觉、触觉等各感官，充分激发兴趣。除了学校的博物馆课程之外，有些家长和孩子们还利用节假日自主开展博物馆研学的活动，可见学生们渐渐喜欢上了博物馆研学的方式。

2. 综合能力的提升

学生们在博物馆研学这种愉悦的氛围下增长了见识、陶冶了情操，形成了正确的价值观。在学习博物馆参观方法的基础上，更通过综合性学习，提升了孩子们的观察、表达、思考、合作、探究、沟通的能力。

3. 文化的积淀和传承

通过博物馆研学，学生真切地感受到中国文化的历史悠久、博大精深。一次次近距离地观察，一次次用心地倾听，一次次深入的探究，就在这学习的过程中，学生们积淀和传承中国传统文化，增强了文化自信。

（本项目 2018 年获广东省中小学教育创新成果二等奖）

课件色彩搭配问题的分析与解决

东区远洋学校　周丽媛

【摘要】　本文首先通过调研及查阅相关文献，分析信息化环境下的课件使用现状。从学生角度分析，存在以下问题：课件色彩缺乏对比与协调；色彩的运用难以突出主体；色彩情感与课件内容难以协调等。从教师角度分析，存在以下疑惑：如何全面地获取课件色彩知识；如何快速得到符合搭配原则的色彩；如何在考虑色彩因素后高效制作课件等。其次，提出了一个构建课件色彩咨询系统的解决方案，对该系统的模型确立、各个功能模块的实现相关技术与配色算法进行了深入研究。最后详细叙述了该系统中各功能的实现过程。

【关键词】课件色彩　色彩咨询系统　ADO

随着计算机网络教育的广泛应用，课件已普及课堂教学。精巧的页面设计和合理的色彩搭配可以将课件中较为抽象、枯燥的教学内容转化为形象、生动、富有艺术感染力的内容，从而创造一个轻松愉快的学习环境。色彩是各类课件界面构图的重要组成部分，对于生动地表达主题思想、传播教学内容、吸引学生注意、烘托和渲染教学气氛、抒发感情均具有独特的作用。

通过教学实践发现，现今无论是公开课、示范课、观摩课还是常态课，课件已成为教师们广泛应用的教学手段。但在与诸位教师交谈关于课件色彩应用技巧时，他们普遍感到困惑。国际 CAI 界有一句关于课件设计的名言：课件设计一半是科学，一半是艺术。鲁斯·斯瓦策在《创造力的科学》中也指出：经由感觉获得的信息的比例"视觉占78%，听觉占13%，触觉占3%，嗅觉占3%，味觉占3%"。纽约大学的心理教育学家詹里姆·布鲁诺（Jerome Burner）通过研究发现，人类的记忆10%来自于听觉，30%来自于阅读，80%则是通过视觉和实践获得。而人们在感受这些信息时，首先引起视觉共鸣的是它们的外在色彩。

课件的设计可理解为一种平面效果的设计，在平面图上，色彩的冲击力可谓是最强的。而在我们的调查中，也发现色彩对于课件整体效果的影响最大。但在现实中，由于一些教师缺乏色彩美学和色彩心理学的相关知识，本来一些课件的内容非常好，但可能由于色彩搭配不科学，在使用中容易导致学生心情压抑、注意力不集中、容易形成视觉疲劳等问题，这直接影响了教学效果。基于此，笔者提出了构建课件咨询系统的解决方案。

一、课件咨询系统的核心思想

课件色彩咨询系统的核心思想是一个辅助性质的系统，为教师制作课件提供更便利、更快捷的色彩参考环境。多媒体应用软件的创作工具用来帮助应用开发人员提高开发工作效率，它们大体上都是一些应用程序生成器，它将各种媒体素材按照超文本节点和链结构的形式进行组织，形成多媒体应用系统。Authorware、Powerpoint、Flash、Director、Multimedia Tool Book等都是比较有名的多媒体创作工具。从这个定义出发，本研究设计的软件不是取代现有的各种课件制作软件，而是辅助课件制作者进行色彩设计，用户可以通过系统获取色彩知识、也可以根据实际需要，通过色彩咨询获取可选色彩参考。当然，系统提供与现有多媒体应用软件的接口，用户可以通过接口进行课件制作。

本系统的设计思路是：建立一个通用的色彩组合平台，实现内容和结构的分离，使它适用于制作各个学科的课件。由于目前国内的色彩咨询体系还没有建设成熟，而且也没有相关的色彩咨询软件参考，因此，在现有的条件下，完成一个真正意义上的色彩咨询系统是具有相当难度的。课件的控制结构在系统中完成，它能够将教师编辑好的文本内容自动生成树形列表，将教师准备好的素材内容自动生成课件，使得素材具有高度的重用性和共享性。课件色彩格式规范统一，便于分工协作，从而提高课件的开发效率。用模块化设计便于在课件中引入多种多媒体素材，对于各种色彩素材文件分别设计相应的页面模块，并根据素材类型自动生成页面及页面框架，增强了课件的表现力。

课件色彩咨询系统好比是一间没有放东西的空房子，教师在这个平台上开发课件，不需要专业知识，不需要编写任何的程序，甚至不需要进行程序打包，只需要将多媒体素材按照简单的操作步骤进行操作，就可以将各种类型的素材引入到系统中，实现一个内容丰富、生动活泼的多媒体课件的快速开发。这套系统不仅给教师提供了创作空间，而且使得课件的维护也很方便。

二、系统开发环境

本系统采用 SQL Server 作为后台数据库。在这个数据库中包含了若干张表，且这些表之间存在着一定的关系。前台的用户交互界面 C/S 模式下的客户端以及后台管理员程序使用面向对象的可视化编程工具 Delphi 进行编写。

Delphi 与 SQL Server 结合较好，其自带的数据库工具软件 SQL Explorer 支持数据库的浏览、表结构浏览、SQL 语句执行、事务处理和存储过程等。通过配置 ODBC 数据源，执行 SQL 语句，能够很好地实现对 SQL Server 中数据表的添加、修改、删除和存取。

在 Delphi 中使用 SQL 语言非常方便，本系统主要通过 TADOQuery 组件来使用 SQL 语言（图 1）。设计程序时，在该组件的属性对话框中选择 SQL 属性，单击带省略号的按钮，就可以打开 String List Editor 对话框，然后便可以在对话框中添加 SQL 语句。

图1　用户通过ADO访问数据库流程图

三、系统关键技术

1. ADO 技术

ADO 技术，它是由微软公司提出来的处理关系型数据库和非关系型数据库的新技术，是基于微软公司的被称为 OLEDB 的数据访问模式。本系统主要用到 ADO 面板中的 3 个主要组件（图 2）：

图 2　系统 ADO 组件

① ADOConnection 组件：它主要用于建立数据库的连接。本系统先用 ADOConnection.Open 方法连接数据库，再用 ADOConnection.Connected 属性判断是否连接成功。

② ADOQuery 组件：它是通过 SQL 语言来提取数据的，它连接数据库的方式和 ADOConnectio 组件的方式一样。

③ ADOCommand 组件：这个组件主要用于运行一些 SQL 的命令，它可以和支持数据集的组件一起来使用，也可以直接从一个基表中提取一个数据集。

2. 用 ADO 操纵数据库

在使用 ADO 操纵数据库时，主要采取如下的步骤和方法：

①打开数据库。首先需要创建数据库连接对象（Connection），然后调用该对象的 Open 方法即可打开数据库。

②操作数据库数据。在数据库打开之后，通过 Connection、Command 对象执行 SQL 命令，使用该对象的各种方法就可以进行数据库数据的查询、定位以及增加、删除和修改。

③关闭数据库。使用上面创建的数据库连接对象的 Close 方法就可以完成数据库的关闭。

四、系统的实现

1. 用户登录

用户登录窗体为了增加系统的安全性而采用的用户角色判断，不同权限的用户进入到相应的操作界面进行相应的操作。该模块引用窗体和单元的声明为 EDM 和 EMAIN，主要通过 ADOConn 动态连接到数据库，用 FormShow( ) 和 LoginClick( ) 方法函数实现。

2. 课件色彩知识检测

用户在系统主窗体 EMAIN 的主菜单 MainMenu1 中选择色彩检测，弹出该模块对应的窗体，也就进入了试题检测模块，用户可以通过该模块进行色彩知识检测，在试题测试与评价中得到课件色彩知识的强化。该模块在 Unit 单元引用列表中引用 DB、ADODB 和 Buttons 等，通过 ADOQuery 查询数据库，过程实现涉及的事件有 Click( )， GetQuestion( ) 和 FormCreate( )。

3. 课件色彩知识查询

用户在系统主菜单中选择知识查询后，系统就会弹出相应窗体 TESEARCH，进入关于课件色彩知识的查询模块，从而进行课件色彩的理论咨询。

本窗体框架中用到了 DBGrid、DBEdit 和 DBMemo 等组件，DataSource 属性设置为 DataSource1，DataSet 指定为 ADOQuery1，通过 ADOQuery 控件操纵数据库。

4. 课件色彩决策支持

用户通过 EMAIN 的主菜单 MainMenu1 可进入课件色彩决策支持模块。该模块是系统最为复杂的一个模块，根据 2.2 节色调理论与色彩心理学理论，首先在数据库中存放了大量模板图片资源，这些资源分别针对学科、色彩心理进行了分类和 HSL 量化，当用户调用某个模板图片时，系统根据 RGB 和 HSL 转换运算，显示相应 RGB 值到 Image4 编辑框，再根据配色算法给出标题与内容色调参考。用户也可以在窗体右边进行配色管理，如通过标题色调对应的 Button3 和内容色调对应的 Button4 进行配色，单击评分按钮 BitBtn1 可以进行色彩决策。

5. 用户管理

窗体 TEUSER 用到 Delphi 中的 DBGrid、DBEdit、DBComboBox 和 DBNavigator 组件，将组件 DataSource 设置为 DataSource1，DataSource1 的 DataSet 设置为 ADOQuery1，然后将 ADOQuery1 的 connection 属性设置为 DM.ADOConn 从而与数据库表建立连接。过程实现涉及的事件有 Click( )，

FormCreate ( ) 和 DBEdit2Change ( ) 等，关键技术代码如下：

```
procedure TTEUSER.BitBtn3Click(Sender： TObject); // 撤销
begin
DBNavigator1.BtnClick(nbCancel);
end;
procedure TTEUSER.BitBtn2Click(Sender： TObject); // 保存数据
begin
DBNavigator1.BtnClick(nbPost);
end;
procedure TTEUSER.FormCreate(Sender： TObject); // 动态创建窗口
begin
ADOQuery1.Open;
end;
```

管理员用户通过此模块进行系统用户信息的管理，根据提示填写相应的信息后点击保存即可添加新用户并设置相应权限，点击撤销可以清除输入信息，点击返回进入主界面。

6. 题库管理

TECHOOSE 窗体中主要组件有 DBGrid、DBMemo、DBRadioGroup、DBNavigator 和 DBGrid 等，该模块涉及的事件方法有 Click( )、FormCreate( )、DBEditChange( )、 DBRadioGroupChange( ) 和 DBNavigatorClick( )。用户管理员登录后台管理，可进行试题的添加、删除和修改等，还可以设置题目的难度系数。

7. 模板管理

该模块对应的窗体是 TEMEDIA，管理员用户在系统主窗体选择模板管理，可以分别通过组件 DBNavigator 的 NbPost、NbEdit 和 NbCancel 进行模板的保存、修改、删除等，该模块在 Unit 单元引用列表中引用 Grids、 DBGrids、 DB 和 ADODB 等，涉及的方法事件有 Click( ) 和 FormCreate( )。

参考文献

[1] 朱慧，张宇东 . 基于实验心理学的色彩心理探究 [J]. 中国包装工业，2008（7）：

48-51.

[2] 蒋文荣. 多媒体课件中色彩媒体的研究. 中小学电教 [J].2004（6）：57-58.

[3] 祝焱. 多媒体课件中的色彩与应用研究. 辽宁教育行政学院学报 [J].2007（7）：79-81.

[4] 温振勇. 基于 Delphi 与 SQL 的客户数据设计. 电脑知识与技术 [J].2010（6）：539-541.

[5] 于淼. 基于 DELPH I 技术的开放式高校机房管理系统的设计与实现. 信息科学 [J].2009（10）：50-51

[6] 席茂军，方勇，吴少华，任伟峰. Delphi + SQL Server 2000 平台数据库应用系统研究 [J]. 计算机工程与设计，2009（5）：1245-1248.

[7] 张佳. 基于 Delphi 的灌溉决策支持系统研究 [D]. 西安理工大学，2010.

[8] 张东辉. 基于 delphi 的网络考核系统设计与实现 [D]. 哈尔滨工程大学，2008.

（本文荣获 2012 年广东教育学会教育技术专业委员会举办的论文评选活动一等奖）

布卢姆教育思想视域下的情境式教学评价
——以初中道德与法治课为例

东区远洋学校　胡雪梅

【摘要】 本文以布卢姆教育评价思想为指导，以初中道德与法治课为载体，探讨了情境式教学评价的相关问题，即主观性、完整性、标准不确定性的评价特点，内容综合化、方法多样化、主体多元化的评价原则，以言语沟通、行为表现、学生作品为内容的评价方式。

【关键词】 布卢姆　情境式教学　教学评价

教学评价是指对教学工作的质量所进行的测量、分析及评定。评价在教学中发挥诊断、导向和发展的功能，它的重要性是不言而喻的。而在现实的教学中，原本重要的教学评价正由于各种各样的原因未能充分发挥自己应有的作用，反而成为阻碍教学发展和教学改革的瓶颈。本文尝试以布卢姆的教育思想为指导，探讨初中道德与法治课情境式教学评价的相关问题。

一、布卢姆的教学评价思想

美国教育心理学家布卢姆的教学评价思想在教育评价研究领域占有极其重要的地位，他的教学理论体系被誉为美国"最有意义的教育研究成果之一"。

在布卢姆看来，教育应该关注儿童全面、充分的发展，教育的功能必须从由甄别转向促进儿童发展；教学评价也必须从对社会英才的预测和选拔中蜕变为对个人能力、才干的增进。他对在教学中划分等级的教育评价行为进行了抨击，认为以分等为目的教学评价对于教学改进的作用微乎其微，而且也无法保障教育终极目标的实现。随着教育的日新月异，教育评价的分等功能必将更新为它对教与学的改进功能。而布卢姆对教育评价的创新莫过于他根据评价在教学活动中的不同作用将其经典地划分为诊断性评价、形成性评价和终极性评价。这三者存在明显的不同但又彼此联系、互为补充。评价目标的统一及评价作用的互补导致了三种评价成为密不可分的评价整体，这种评价体系的构建也使布卢姆的教育评价理论从教育终结部分延伸至整个教育过程。在本文中，笔者尝试以布卢姆的教育评价思想作为自己构建初中道德与法治课情境式教学评价的指导思想，并将其与情境式教学尊重学生个性差异、重视情感唤醒、重视体验过程、重视生命体验的特点相结合，探索情境式教学的评价途径，努力使之成为学生可以体验的情感和继续学习的动力的评价方式或途径。

二、初中道德与法治课情境式教学评价的特点

1. 评价的主观性

情境式教学评价的主观性包含两个方面的含义。第一，在广度和深度上，评判者找不到"标准答案"。第二，评价者容易受个人情感、喜好、价值等个人主观因素影响。

2. 评价的完整性

情境式教学强调学生体验，这就要求教学评价的完整性。整体性的情境体验教学评价不仅仅应该关注学生的认知体验，更应该关注学生在情感、审美、价值等方面的体验。

3. 评价标准的不确定性

在情境式教学中，学生的个性应该得到尊重甚至是敬畏。由于学生之间客观存在着天赋、出身、经历的差异，情境式教学评价应该给予学生不同的评价标准。

三、初中道德与法治课情境式教学评价的原则

1. 评价内容的综合化原则

学业成就曾经是考查学生发展和学校办学水平的重要指标，传统评价过于注重学习的结果，忽略了学习的过程，忽略了情感态度和能力。但随着社会的发展、知识的爆炸、竞争的加剧，仅仅掌握知识已经远远不能适应社会对人发展的要求，学业成就作为单一评价指标的局限性就突显出来了。而在布卢姆看来，教育应该关注儿童的全面、充分地发展。所以初中道德与法治课情境式教学评价体系应该在关注学习结果的同时，关注学习过程；在关注学业成就的同时，关注学习态度、创新精神、分析与解决问题的能力以及正确的人生观、价值观等综合素质。比如，我们在注重知识技能的基础上，还要注重学生在课堂中表现出的情绪、感情、态度以及其与他人的合作、交往，对他人的关心等。

2. 评价方法的多样化原则

评价的客观化和量化曾经是各国课程评价的发展趋势。但如今，我们发现以量化的形式评定一个人的发展状况过于简单化、表面化，学生发展的生动活泼性、学生的个性特点、学生的努力和进步都可能泯灭在一组组数据中。在布卢姆教学评价系统中的形成性评价这一具体评价领域中，他认为教学评价应该重视儿童的进步和成长的过程，而不仅仅是关注儿童的发展结果。所以，初中道德与法治课情境式教学评价应该将定量评价与定性评价结合起来，运用多种评价方法进行评价，这将有利于更加全面、真实、准确地描述学生的发展状况。比如，可以通过准备小竞赛、制作小课件等手段评估学生分析问题、概括总结的能力、学生动手操作的能力以及学生的学习态度。

3. 评价主体的多元化原则

传统的教学评价以教师为中心，这种评价方式压抑了学生的积极性，影响了教育教学的效果。布卢姆认为要实现儿童的全面发展，就应该鼓励更多的主体参与到儿童成长的评价中。所以，初中道德与法治课情境式教学的评价主体应多元化，学生本人、同学、教师、家长等都可以作为评价的主体。教师要采取多种方法调动学生的积极性，培养学生自我评价的意识，提高学生自我评价的能力；学生通过自我评价，找出自己的优点和不足，明确今后

努力的方向；同学互评，使学生了解他人的长处和自己的短处，互相激励，共同进步，同时也可以发挥集体对学生成长的促进作用；家长从不同的角度作出的评价可以对学生给予很大的鼓励。评价主体的多元化，可以使情境式教学评价更全面、真实，更好促进学生和教学发展的功能。

四、初中道德与法治课情境式教学评价的方式

1. 以言语沟通为内容的评价方式

西汉学者扬雄曾在《法言·问神》说："故言，心声也；书，心画也。声画形，君子小人见矣。"由此可见，教师对学生的言语内容和表达方式进行分析是可以了解学生的内心体验的。在初中道德与法治情境式教学评价中，教师应该充分保障学生表达个人思想、情感的权利，只有学生尽情、自由地表达了学习中的体验，我们的评价才有坚实材料的支撑。而道德与法治课的个体访谈和小组讨论是教师获取学生体验信息的常用渠道。其中，个体访谈对于评价主题把握较为方便，了解的内容也可以更加全面和直接。而小组讨论作为学生之间相互促进的方式，也可以发现学生对于情境体验中的一般规律。

2. 以行为表现为内容的评价方式

《论语·公冶长》："今吾于人也，听其言而观其行。"这是古人的评价智慧。现代德育理论认为品德发展的实质是道德认知、道德情感、道德意志、道德行为四个因素协调、统一的发展。其中，道德认知是基础，道德情感是动力，道德意志起调控作用，道德行为则是前三者的综合表现，也是个体道德发展的主要标志。虽然言行不一的事实大量存在，但通过长期、系统、深入地对个体行为的研究，我们发现个体内在的实际体验和教学效果是完全可行的。比如在初中道德与法治课体验教学评价中，教师可以采用行为核查法——事先确定考察目标行为，制定详细的行为核查子项，记录特定行为发生的频率和持续时间，通过分析行为出现因素来研究体验和教学成果。此外较为常用的方法为成长袋记录法——事先不预设出现的行为，而是将发生于学生本身且有利于学生积极情感和行为生成的事件加以记录和评价。

3. 以学生作品为内容的评价方式

虽然通过对学生言语和行为的考察和分析，教师可以获得一些学生体验

和实际道德学习成果的信息，但是其实上不可避免需要书面考核——考试或其他作品的方式来展示。考试作为评价的主要途径自诞生以来便招致众多批判，考试也成为教育评价中一个尴尬的话题。但是就道德与法治课来说，它可对学生道德认知等方面的知识作出系统且公正的考察，目前也没有其他方式可以取而代之。

在我看来，错并不在考试本身，关键在于教育应该如何定位并改进考试。初中道德与法治课情境教学主张通过考试来优化并提供学生进步的指标，通过考试解读生命价值的历程，通过考试让学生触摸自己的进步与艰辛，为自己骄傲，为自己定位，为自己发展。

参考文献

[1] 布卢姆. 布卢姆掌握学习论文集 [M]. 福州：福建教育出版社，1986.78-80.

[2] 朱慕菊. 走进新课程——与课程实施者对话 [M]. 北京：北京师范大学出版社，2002：141.

[3] 扬雄，桓谭. 中国古代文化全阅读：扬子法言 [M]. 长春：时代文艺出版社，2008：96.

[4] 杨伯峻. 论语译注 [M]. 北京：中华书局，2006：76.

[5] 戚万学. 唐汉文. 现代道德教育专题研究 [M]. 北京：教育科学出版社，2005：49-51.

（本文荣获 2018 年获第四届广东省优秀教学论文评选一等奖）

关于《平行线的判定与性质》教学的点滴做法

东区松苑中学　张青

【摘要】《平行线的判定和性质》是新人教版初一几何学习的重要内容。激发学生学习几何的兴趣是初一学生学好几何知识的关键点。笔者结合自主合作学习的课堂教学模式，对《平行四边形的判定和性质》的教学进行了尝试，供大家参考。

【关键词】自主合作学习　课堂教学　平行线判定

随着课堂教学改革浪潮的到来，自主合作学习的课堂教学模式是未来的必然趋势，不管是哪种课堂教学模式，最终的目的是激发学生学习的兴趣，提高课堂效率，注重学科核心素养的培养，促进学生的全面发展。笔者也参与了课堂教学改革四年多，对新人教版数学七年级下册《平行线的判定和性质》的内容进行了自主合作学习的尝试，供同仁参考。

一、《平行线的判定和性质》教学的点滴做法

1.出神入化，隆重登场

《平行线的判定和性质》是第五章《相交线与平行线》的重头戏，而这重头戏的开始我们需要认识这三位大仙："同位角""内错角""同旁内角"，这三位大仙的真面目需要同学们自己去揭开，为此学生自己去探索，互相合

作，互相交流，最终发现三位大仙的真面目是："F"型、"Z"型、"U"型。学生在参与探索的过程中自己去发现并总结三位大仙的特征，能让学生印象深刻。

2. 三仙过海，各显神通

在同一平面内，两条不重合直线有两种位置关系：相交或者平行，把相交线转化为平行线就要看这三位大仙的威力了。学生自己移一移，看一看，想一想，推一推，发现威力无穷，找到了平行线判定的三种方法，并且发现三种方法是相通的，掌握了这三种本领之后，以后行走江湖就靠这三位神器了。

例题：$\angle 1=$，$\angle 2=$，$\angle 3=$，试说明直线 AB 与 CD，BC 与 DE 的位置关系。

分析：一题多解，各显神通，合作交流可发挥学生的主观能动性，体验方法的多样性，激发学习几何的乐趣。注重书写，比一比，看看谁写得好，初步体验表达几何过程的乐趣。

3. 各个击破，豁然开朗

关于《平行线的判定与性质》的几何题都是综合题，是初中几何学习的起步阶段，克服心理障碍、掌握简单易行的方法是关键。教师从简单的几何题入手，学生自主探索，合作交流，老师鼓励表扬，让学生从中体验学习数学的乐趣。一题多解，书写和口述解题过程，让学生有一种成就感。从两节课的合作交流中，学生发现了解决几何问题的"绝招"：描一描，分析重要条件，体会出题人的意图，各个击破。学生发现再难的几何题只要各个击破，便能迎刃而解，定会豁然开朗。

4. 查漏补缺，潜心修炼

有了学习几何的兴趣和掌握一定的方法之后，就到了修炼的时候，教师可以出一些常考题让学生做，让其独立思考，自我展示，互相测评。对于自己的作业可以互相改评，做个小老师，可发现无穷乐趣，从中查漏补缺。经过两节课的合作展示中，同学们互帮互助，发现以下几点是易错点：（1）认真审题，描一描，找相关线角。（2）小心陷阱，平分线分对角。（3）书写勿忘角符号。（4）低调做题，切记不要自作主张加条件。（5）因为所以逻辑对。（6）充分利用资源，已证内容直接用。（7）最后计算，小心为妙。

5. 注重细节，完美收官

经过三节课的潜心修炼后，学生发现了自己的漏洞，查漏补缺，在书写的过程中注重逻辑关系的表达，对于做过的题可以一对一互相陈述一遍，共同感受几何之美，为以后的几何学习打下坚实的知识基础和心理基石，在本次 120 分单元测试中平均分达到 96，取得了显著的教学效果。

二、对教学的启示

1. 学生的思维发展来源于教师的正确引导

教师在组织实施教学设计时，应充分发挥学生的主体地位和教师的主导作用。培养学生的数学思维是课堂教学的重要内容，教师在课堂教学过程中应重视学生的思维发展，教师需要为学生思维发展提供空间，在设计问题时注意正确的引导，要舍得给学生思考的时间；教师一味的包办，表面上有利于学生掌握知识点，可是却不利于学生长远的思维发展。教师多设计变式问题，启发学生积极思考，触类旁通，激发学生学习数学的兴趣，提高课堂效率。

传统的教学设计只注重知识的积累，根据教材的内容进行知识的编排，直接给出知识的重点内容，出很多题目让学生练习，为了赶进度忽视了知识本身的形成过程和数学思维的培养。其实数学思维的培养和数学方法的获得不是靠题海战术，而需要基于学生发展中的数学核心素养。教学设计应该遵循学生的认知发展规律，除了知识获取还有文化取向，设计的内容应该体现知识的形成过程，设计的例题不在于多，在于经典、开放，发散学生的思维。

2. 让学生在探索纠错中体验成功

《数学课程标准》指出："在数学教学活动中，'错误'往往是教师在教学中和学生在学习过程中，反映在各方面，出现违反教学结论或数学方法的现象。" 在一切为了学生发展的新课程理念下，"错误"的资源是宝贵的教学资源，教师应该站在新的视角，从学生的"眼光"看待错误，充分利用这些"错误"资源，建立自己的知识库，为教学所用，提高教学效果，促进学生情感、态度、价值观的和谐发展。教师在课堂教学中应"善待"错误，利用错误，激发兴趣；将错就错，因势利导；故意出错，催化效果；诱导错误，引发深思；对比错误，拓展延伸。从而达到丰富数学课堂，提高课堂效果的目的。

3. 充分发挥学生的自主合作能力

《义务教育数学课程标准（2011 年版）》明确提出："每个人都获得较

好的数学教育，每个人都能在数学上得到不同的发展。"教师在教学过程中应充分发挥学生的自主合作学习能力，让学生自己动手实践，自主思考，教师学会倾听每位学生的看法和见解，给每位学生提供自主交流和发表自己看法的机会，成为学习的主人。

参考文献

[1] 林远达. 谈初中数学变式教学设计. 福建中学数学 [J]. 2007（10）.

[2] 张启青. 激活思维 启发创新. 数学教学通讯 [J]. 2006（11）.

（本文荣获 2018 年获广东省教育学会论文比赛一等奖）

实现语言发展的美丽转身
——以苏教版小学语文六年级下册第一单元为例

东区竹苑小学　晏利红

【摘要】指导学生内化语言，尝试语言文字运用，是小学语文教学的重要内容。这篇论文以苏教版小学语文六年级下册第一单元为例，探讨了教师可以如何依据单元内容、年段目标、文本特点以及学生实际，找准提高学生语言文字运用能力训练点的方法，努力提供日常教学中可供参考、借鉴的思路。

【关键词】语言文字运用　单元内容　年段目标　文本特点　学生实际

义务教育语文课程标准（2011 年修订版）200 多处的修订点中，多处提到"培养学生的语言文字运用能力，提升学生的综合素养"。可以说，语言文字运用是语文教学的出发点，也是落脚点。所以，我们在小学语文教学中，不仅要关注"写了什么"，也要关注"怎么写""为什么这样写"。即，不仅要关注理解文章内容，领会文本蕴藏的情感、态度、价值观，也要留意探究文章形式上的独特魅力，比如：为什么要采用这样的语言形式，哪些值得我们学习？使孩子们的语文学习完成从理解、记忆到运用、表达的完整过程。

怎样找准语言文字运用能力（以下简称"语用"）训练点，提高学生语言表达能力呢？下面笔者以苏教版小学语文六年级下册第一单元为例，谈谈自己的实践与思考。

一、依据单元内容，找准"语用"训练点

本单元里的《长江之歌》是电视纪录片《话说长江》主题曲的歌词，它从时空两个角度，塑造了长江伟大的母亲形象，表现出了长江的丰富内涵和精神价值，朴实无华地表达出中国人民对长江的深深的依恋与对祖国无尽的赞美和热爱。课文第一节有这样一句话："你从雪山走来，/春潮是你的风采，/你向东海奔去，/惊涛是你的气概。"细读下来，会发现它在表达上有以下特点：

（1）人格化的写作手法。《长江之歌》赋予长江人的行为和思想，使得它成了天地间充满活力的生命体，于是既充满了母亲的温情与无私，又成为维系中华文明的纽带。

（2）对仗工整的句式，极富诗意和美感，给人广阔的审美想象，读起来抑扬顿挫，朗朗上口。

这样精妙的句式表达，特别值得学习与借鉴，于是在学习这一节之后，笔者鼓励学生模仿这种句式写写自己家乡的一处景物。优秀的实例示范给了学生以启发和灵感，经过思索，学生便有了成果，试举两例：

> 没有入云的山峰，但有甘甜的清流。没有沧桑的历史，但有青春的风采。
>
> 你是昆虫的家园，你是绿色的乐土。你是城市的后花园，你是快乐的天地。
>
> ——李乐游《五桂山赞》

> 你从湘澧走来，绿水是你的身姿；你向长江奔去，涛声是你的笑意。
> 你用荡漾的碧波，养育奇珍异兽；你用宽广的胸怀，造就人间奇迹。
> ——李奔《赞美洞庭》

这一单元的选文文质兼美，文情并茂，里面有一些描述方法也值得学习。比如《烟台的海》一课，在描写一年四季独特景观时，近乎一致地采用了由

景及人、人景交融的方法，艺术地反映了人与自然互为依存、密切关联的和谐关系，在学生所学过的写景类文章当中，这种描述手段算是独树一帜。作者孙为刚认为："没有人类活动的大海，必然寥无生气；没有了大海的陪伴，人类的生活将过分单调。人与海是不可分割的。"其实，何止大海如此呢？我们对许多景物的熟悉与喜爱，不正源于彼此的相伴吗？于是，在学习完《烟台的海》四季的美景之后，我引导学生学习课文人景交融的写法，描写一处景物。有了人的烘托，孩子们笔下的景物似乎更增添了一份美丽。节选一位学生的作文片断：

> 迎着春风来到岐江河边，扶着岸边的栏杆，慢悠悠地边走边欣赏着风景：高大的岐江桥拱立在两岸之间，桥上的行人、车辆来来往往，忙碌得很。和岐江桥相对而立的彩虹桥拐了一个弯又一弯，像一条弯弯曲曲的灰色缎袋。两桥之下的岐江微波荡漾，当太阳照耀时，不时反射出点点金光。迎面一阵风吹来，头发、衣襟都随着风的爱抚往后飘动，闭上双眼，深呼一口气，仿佛在和风道一声"你好"，耳边是风儿的回答："呼呼——呼呼——"，那种感觉是那么清爽美好。

> 黄昏，夕阳像一个大大的蛋黄，红、黄、橙三色云霞相间，倒映在岐江上，真像一位技艺高超的画师，潇潇洒洒地勾勒美丽的图画。晚霞渐渐离去，夜幕悄悄降临，岸边的灯火次第亮起，就像黑夜中的萤火虫，用自己的小小身体为世界献出光明。一艘艘游轮在载着乘客观赏岐江夜景，一路洒下欢声笑语。

> ——廖卓欣《岐江夜景》)

二、依据年段目标，找准"语用"训练点

新课标按不同的年段对学生的"语用"学习提出了不同的要求。如低年段要着重引导学生练习用词的准确和句式的运用；中年段要关注段落的结构和修辞方法的运用；高年段则要引导学生从作者的表达方式、篇章的结构等方面展开学习。我们在选取"语用"训练点时，必须要依据各年级的目标，因为这样才能保证年段目标的有效落实。

《记金华的双龙洞》是著名文学家、教育家叶圣陶先生的一篇游记，语言质朴，但淡而有味，浅而有致，采用罗店—山路—洞口—外洞—孔隙—内洞这条参观游览的明线及小溪的出处这条暗线，记叙了各处的见闻，是一篇较好的游记示范，也是高年段学生的习作内容。教学中，我让孩子们做小导游，介绍各处景物，培养口头语言表达能力。当然，也没忽略书面语言训练，专门抽出一节语文课，对孩子们进行了一番指导。主要从四个方面着手：

1."先退后进"，引起回忆

不急着写，带着孩子们先在头脑中先像放电影一样，把思绪退回到自己出去游览的日子，回想一下：父母、老师等曾经带自己去游览过什么地方？在这些游览中，哪一次给你的印象最深刻？有了这样的思考，也就找到了写作的入口。

2.心中有数，有条不紊

带着孩子们把自己能想起来的景物列出一个菜单，看看哪些景物给自己印象最深刻，抓住自己的兴趣点列好清单，作为准备详尽地写的内容。这样就可以进行"鼠标式点击，菜单式写作"，就像在电脑上用鼠标点击兴趣点一样，喜欢哪里，就用鼠标点击哪里，像参加自助餐会似的；避免每一个处所都笼统地写，像"脚踩西瓜皮"随处滑一样，既没了重点及条理，也吸引不了读者的眼球。同时，提醒孩子们调整好语段的顺序，注意段落之间的连接，让参观记像参观的对象一般，成为浑然一体的艺术品。

3.邀请"千手观音"相助

怎么说呢？就是告诉孩子们回家后要再次做好功课：一手点击网络，了解参观对象的相关知识；一手翻阅报纸杂志，不放过参观对象的蛛丝马迹；一手盘点参观点提供的各种资料：门票、简介、海报，资料丰厚，写起作文来更是如虎添翼。

4.启动写作，抒发心声

做好以上交流之后，孩子便乘着快乐的心，开始写游记的开头。这时提醒孩子们的是要用心参与，随心表达感受：文章开头写出发时的心情；文章结尾点明此行感受。游览过程中如遇到激动人心、感人至深的回忆，一定记住随笔记录。

通过这样的指导，孩子们的游记可读性大大增强了，请看一位同学的作文范例：

  来到了孙文公园的大门口，伫立着苍翠挺拔的松柏，六根高大宏伟的中国华表。上了楼梯最高一层，孙中山塑像巍然屹立在石碑上，双目炯炯有神，眺望远方。白天，在蓝天白云映衬着它，傍晚，夕阳多情地陪伴着它，夜晚，夺目的灯光烘托着它，使它总是显得庄重严肃。

  顺着台阶往下走，便立刻看到一片宽阔的草坪。绿草如茵，快乐地摇动着它那柔韧的身子。草坪的一侧，亭台于绿树红花中若隐若现；另一侧，石雕、椰树尽显热带风情。躺在草坪上，就像睡在一张散发着清香味儿的柔软大床上，舒服极了。

  每年的阳春三月，适逢阳光灿烂的日子，便是在孙文公园杜鹃园里赏杜鹃的大好时机。放眼望去，满园争相怒放的杜鹃花进入了我的眼帘，颜色各异：红色的杜鹃花像一团团火一样，热烈奔放，酣畅淋漓；粉白色的杜鹃虽没有大红的那么招摇，但一样婀娜多姿，像一位娇滴滴、羞答答的小姑娘，生气勃勃，纯洁秀气；还有粉红的，浅紫的……错落有致地分布在园子里，形成一道美丽的风景。用手轻轻触碰，仿佛蚕丝织出的丝绸一样柔软光滑。走到哪里都是香气扑鼻，令人顿时心旷神怡。

  正所谓：国贤像立夜中天，汉石如华照逝川。无字精神镶额匾，兴中道上太阳镌。

  我喜欢你，孙文公园！

——陈贝玲《孙文纪念公园》

三、依据文本特点，找准"语用"训练点

  第一单元多篇文章都运用了拟人修辞手法，从过去孩子们一些写景文章情况看，多数孩子还不善于运用这种修辞手法，如何让孩子们更深入地领会这种手法的妙处？如何帮助孩子们景物描写中的拟人化描写更加生动、自然？我在思索与学习过程中得到了灵感，于是利用一节课时间，借用列昂尼德·安德烈耶夫的名作《毒蛇的自白》，训练学生采用拟人化手法写作。

  上课伊始，我打开屏幕，放出了第一行字：

  "轻点，轻点，轻点。再走近些。大胆地看着我的眼睛。"

孩子们笑了起来，大概觉得有些滑稽有趣。

我用投影仪亮出下文：

"我从来就是迷人的，温柔，多情，知恩报德，而且聪明，高尚。我的匀称的身子曲曲弯弯地游动时，是那么绰约多姿，你准会乐于观赏我静悄悄的舞蹈。瞧，我盘成了一圈，暗淡地闪耀着我的鳞，温存地自我拥抱，通过这一次次温存而又冰冷的拥抱，我的如钢铁一般坚韧的身子日益壮大。天地间，独有我是出类拔萃的！出类拔萃！"

孩子们有的窃窃私语，有的由嬉笑转为了沉默，大概他们都感觉到了，此文大有玄机。

"孩子们，猜猜文中的'我'是谁？"我徐徐发问。

"是蛇！"有的孩子脱口而出。

"对，对，是蛇！"一些孩子随声应和。

"孩子们，看后你有什么样的感受？"我扫视全班，静静等待。

就在这样的场景中，我们开始了对这篇名作的阅读，可以说，给孩子们带来了全新的震撼。他们发现，原来拟人手法居然有这么大的艺术魔力，竟然能把蛇描绘得如此栩栩如生！回想自己以前对一些事物的描写，他们陷入了沉思。

于是，在孩子们的自发中，我们开始了模仿之旅：选择一样景物，如菊花、水杯，桃花等，用拟人化手法加以描绘，以下是一位同学的习作片断：

看我，看我。再近些。大胆看着我。

我从来都是这样迷人，妩媚，与众不同。我的身体静静地立着，是那么绰约多姿，你准会乐于欣赏我静悄悄的舞蹈。瞧，嫩黄的长裙衬托着我的娇俏，修长的身材如天鹅般匀称。在阳光的拥抱下，我闪耀着星样的光芒。

你不喜欢我吗？走近些，让我给你些芳香。四周是没有过去那么热闹了，看不到桃花笑得通红的脸蛋，也见不到梨花披着洁白的婚纱，只有呼呼的寒风在不怀好意地奸笑。但是，你会在我澄澈的目光中看到力量。我沉默着，在献上这以整个身心投入的舞蹈。

（赵丽滢）

四、依据学生实际，找准"语用"训练点

这一单元学习时，有一天早上我和孩子们正在教室上课，突然狂风大作，乌云密布，几分钟之内便天昏地暗，仿佛黑夜，我们就像在上晚自习似的，每间教室的灯光显得格外明亮，甚至连对面教学楼里各班老师和学生都能看得清楚。接着是刺眼的闪电，巨大的雷声轰鸣，发狂的骤雨便疯狂地倾泻下来。孩子们被这巨大的自然变化给震惊了，虽然看得出他们极力想把注意力集中于目前的教学内容，但仍时时忍不住向窗外张望，或者与同学小声议论。这不是一次绝佳的让孩子观察自然，描写景物的时机，可对第一单元景物描写训练作出很好地补充吗？于是我灵机一动，让孩子在窗前、走廊上观察。试看几个片段：

> 一瞬间，地球似乎暗了许多，接着电闪雷鸣。"轰—轰—"几声雷响，如天空生气了，在大喊大叫。同学们心惊肉跳，生怕自己被电到一般。过了5分钟，我们学校就像成了中间交界线，左白右黑，阴和阳就像在开战一样。经过一番纠缠之后，天空全变成黑色的了。这是多么可怕！"哗啦哗啦"，一颗颗雨珠就像拳头一样，一下一下向我们打来，敲击在建筑物上，发出了巨响。大风也开始进攻了，"呜—呜—"，吹得本子到处乱飞，这时，认真讲课的老师也停了下来，只听得一声声拍门的巨响，真是恶劣啊！
>
> 从窗外可以看到，城桂路上的行人有如爬虫一样行走困难。一辆辆车也看不见了，只看到车灯在闪烁着光芒。

（陈泳康）

> 第一节语文课时，太阳公公玩起了捉迷藏，让乌云有机可乘。它发火了，不时有闪电劈过，雷声轰鸣，大雨霎时倾盆而下。
>
> 我走到走廊边，雨水打在栏杆上，溅起无数小雨点，四处飘散，一不留神，就有几点蹦到了我的脸颊上，宛如妈妈的手轻轻拂过。向操场望去，草坪上出现了浅浅的水洼，都可以在里面养鱼了。天黑了，夜晚降临了，可这才早上八点多呀！远处的山已被暮色笼住了，完全看不清

了，近处的山也黑蒙蒙的，再也看不到山上那一间白砖红顶的小房子了。墙湿了，走廊的引水槽积满了水，许多同学的鞋底湿了。

再往学校大门处的小操场看去，"童眼看世界"雕像上的灰尘被洗涤一新，显得格外明亮，周围的地上出现了一条一条曲线，仿佛雨点正在绘画，留下它的印迹。闪电又狂躁地一劈，顿时课室里强光一闪，同学们赶快捂住耳朵，但当轰鸣的雷声响起的时候，大家还是情不自禁地一怔……

（肖书琪）

你看，在这样的情境下，孩子们自然而然地运用多种手法，将下雨的景象描写得栩栩如生，更让我高兴的是像胡晓骏等一些同学，在他们随后的日记、随笔中自发地写出了像《有闪电的夜晚》《鸡蛋花》《日落》这样描写景物的内容。

当然，要形成良好的语言表达能力，达到口语、书面语比翼齐飞的境界，需要教师继续不断加强学生的语言表达能力训练，使学生通过科学规范的实践，将语言知识、规律内化为语言直觉，形成较强的语感。

参考文献

[1] 中华人民共和国教育部. 义务教育语文课程标准（2011 年版）. 北京：北京师范大学出版社，2012.

[2] 刘仁增. 让语文回家. 福州：福建教育出版社，2009：13-21.

（本文获 2012 年广东教育学会小学语文专业委员会论文评选一等奖）

小学生核心素养融入数学学科课程的研究

东区雍景园小学　尹晓阳

【摘要】我国现有的纲领性文件对核心素养以及数学核心素养的内涵和外延的界定是不清楚的，导致广大一线小学数学教师对学生核心素养的培养措施无法具体落实。为此，本文收集国内外学者专家对数学素养界定的不同观点并充分了解以后，结合本国当前阶段的教育现实和发展方向进行深入的反思与探究性的思考。

【关键词】小学生　核心素养　融入数学学科

　　我国于 2003 年 5 月正式启动了中国学生发展核心素养项目。在《义务教育数学课程标准（2011 年版）》（以下简称《课程标准》）中四次提出"数学素养"一词，在 2014 年教育部颁发的《关于全面深化课程改革　落实立德树人根本任务的意见》（以下简称《意见》）中明确表示要研究构建大、中、小学生发展核心素养体系，这使得"核心素养"一词逐步走入国人的视野，而我国又在进一步深化课程改革的过程中增加了一个改革基点。

　　可是，无论是《课程标准》还是《意见》，都没有对小学生核心素养以及小学生数学核心素养的内涵和外延进行界定，这也导致广大一线数学教师对学生核心素养的培养措施无法具体落实。

　　什么是数学核心素养，国内外专家都对数学素养有着怎样的基本认识？

小学数学与的核心素养怎样构成，依据又是什么？在小学阶段如何将核心素养融入数学课程？这些都是小学生数学核心素养培养过程中亟待理清的基础性问题。

一、核心素养的含义与特征、功能

1. 核心素养的含义

最早提出核心素养的 DeSeCo 项目认为："核心素养是指覆盖多个生活领域的，促进成功的生活和健全。"这是基于实现成功生活为特定价值取向的定义。而欧盟则提出："核心素养代表了一系列指示、技能和态度的集合，它们是可以迁移的、多功能的，这些素养是每个人发展自我、融入社会及胜任工作所必需的；在完成义务教育时，这些素养应该得以具备，并为终身学习奠定基础。"这是以促进终身学习为价值取向的定义。新加坡则从促进个人发展的角度来定义核心素养；美国从内容、目标和途径相结合的综合取向来对核心素养进行定义。核心素养概念的界定虽然在表述上存在差异，但是都是基于"功能论"的角度出发来进行界定。

我们综合上面的四种不同模型的价值取向，将核心素养定义为：学生在接受相应学段的教育过程中，逐步形成的阶段性适应个人终身发展和社会发展需要的必备品格和关键能力。

2. 核心素养的特征和功能

核心素养的特征：所有学生应具备的最关键、最必要的基础素养，是知识、能力和态度等的综合表现。它的功能主要表现在：有助于自我发现和自我实现，且可以协助个体有效适应未来社会变化，能培养国民的终身学习、公民素养等社会核心价值。

二、以往研究者对小学生数学素养的基本认识

虽然各国都重视数学素养，但是结论却各不相同，不过还是有一些共同的认识：数学素养有其独特性，唯有通过数学学习才能习得，而它也是数学学习的独特收获。数学家波利亚曾做过调查，可以为我们提供一些数据参考："我们教育出来的学生，仅有 1% 今后可能从事专门的数学研究工作，29% 的将来会继续使用数学作为工具，而占大多数的 70% 则从学校离开后就不会

再使用小学以上的知识。"这说明，小学数学至关重要，学生必须通过六年的数学教育获得一定的数学素养，为未来的发展和成长打下必要的基础。

三、小学数学核心素养要素的构成

由于我国的核心素养框架还没有正式颁布，目前我们只能结合国际上关于核心素养构建的主要趋势与内容，把经济合作与发展发展组织所提出的核心素养框架中的"人与工具""人与自己""人与社会"作为主要指标，以此对我国小学数学核心素养体系进行了一些尝试性的建构。梳理义务教育小学阶段的六大数学核心素养：1.数学交流；2.数学推理；3.运算能力；4.空间观念；5.数据分析能力；6.数学建模。

四、小学数学核心素养融入数学学科的思考

1. 概念的界定

核心一词的含义：中心、主要部分（相对于事物之间的关系而言）。无论是哪个国家或组织对核心素养概念的界定，我们都要考虑到不同学科下对核心素养的研究。为此，我们可以借鉴日本对核心素养的界定，将小学生的数学核心素养界定为在我国当前义务教育小学段必须完成的对学生数学思维能力的培养，包括了小学段的基础能力（运算能力、空间观念、数据分析能力等）和实践能力（包括了数学交流能力、推理能力、建模能力等）。其中，小学生数学的基础能力起支撑作用，实践能力对小学生数学核心素养起到了限定和引领的作用。

2. 辅助性的培养策略构建

数学核心素养的积淀并不是在"对"与"错"之间进行取舍，而是在培养的过程中尽可能地取其利、舍其弊。一方面，在教学的实践中，一线教师应当十分明晰数学核心素养的地位和其对学生未来发展的重要性；另一方面，教师也要清醒地看到，一味强调并着重对小学生核心素养的培养，而忽视一个人成长中全面发展的其他非核心素养的弊端。

3. 数学核心素养实施要灵活化

不同的学生有不同的智力水平，教师不能一刀切，对所有学生都要求达到统一的标准。目前，中国几乎所有城市都会对情况不那么严重的特殊儿童

安排随班就读,就中山市城区而言,义务教育阶段小学段的每个年级都有5%—10%左右的随班就读学生,这部分孩子很难达到我们对数学核心素养的要求,但是当他们走向社会,基础数学知识的应用确实是必需的。因此,我们也要对这部分学生进行强化训练,将基础的数学运算、空间观念、符号意识等通过大量的练习内化成他们思维的一部分。这时,我们的关注点是要他们学会基础、方法。虽然达不到数学核心素养的要求,但是当这些孩子离开学校以后,也能自如地运用这些最基本的知识解决生活中的简单问题。除此之外,我们也应该意识到,核心素养的培养是整体的。非核心素养的培养也是核心素养培养的基础,而这种培养的整体性也体现在数学学科与其他学科之间相互的促进和影响上。

4. 借助家长、社会的力量

从心理学的角度出发,我们还要意识到,数学核心素养的实现并不是单靠学校就可以完成的,当前国内的学校教育已经越来越加强学校与家庭的配合,所以我们不能放弃或忽视家长的力量和智慧。只有这样,才能真正最大程度让学生在小学阶段得到数学核心素养最好的培养。因此,小学的专业教师对家长数学素养和数学意识的培训也是十分必要的,在生活中为孩子创造一种重视数学内涵及价值的氛围。如每个学期的开学初,教师对家长进行教学知识内涵的解读,建立家长互助群,利用家长资源和社会资源,多带学生体验生活中的数学,建立学生的数感、积累数学经验,欣赏数学的美等。

5. 测评体系的完善

小学生数学核心素养的培养不是单单靠数学思维培养就能够实现的,而是需要与小学数学学科的"双基"和数学人文的培养相互作用的。为了更加全面地探索和调整核心素养的培养策略,就要求教师在教学策略的改革中不断地探索和尝试、总结,不但促进教学方式的改进。

参考文献

[1] 教育部课程标准修订组.普通高中各学科核心素养一览表 [EB/OL].
http://learning.sohu.com/20160422/n445632409.shtml.

[2] 弗赖登塔尔.数学教育再探:在中国的讲学 [M].上海:上海教育出版社,1999.

[3] 何小亚. 学生数学素养指标的理论分析 [J]. 数学教育学报，2015，24（1）：13-20.

[4] 中华人民共和国教育部制定. 义务教育数学课程标准（2011 年版）[M]. 北京：北京师范大学出版社，2012：5-6.

[5] 洪燕君，周九诗，王尚志，鲍建生. 普通高中数学课程标准（修订稿）的意见征询——访谈张奠宙先生 [J]. 数学教育学报，2015，24（3）：35-39.

[6] 中华人民共和国教育部. 中国学生发展核心素养（征求意见稿）[EB/OL].

http://blog.sina.com.cn/s/blog_7f1799a20102xcp6.html——中学数学研究（广州），2016 年第 7 期（上半月）

[7] 钟启泉. 核心素养的"核心"在哪里——核心素养研究构图 [N]. 中国教育报，2015-04-01（7）.

[8] 张娜. DeSeCo 项目关于核心素养的研究及启示 [J]. 教育科学研究，2013（10）：39-45.

（本文获广东省教育学会教育哲学专业委员会 2017 年学术年会论文一等奖）

以特殊的方式为毕业献礼
——班本作文《我的自传》课堂观察与分析

东区朗晴小学　刘珺

【摘要】落实小学语文习作的核心素养，须以儿童为本，从课堂教学出发，慢慢渗透和提高。笔者成为《梁雪菊名师工作室王建国作文城堡》的一员后，以研究班本体系"我"为切入点，尝试着以学生的视角，用行动研究进行教学改革，开展班本作文《我的自传》课堂教学。通过开发、实践、观察、反思，发现问题，寻找对策，探究课堂教与学的内在规律，以提高学生的语文核心素养。

【关键词】核心素养　班本作文　课堂观察与分析

当下教育发展，"核心素养"一词成为关注的焦点。小学语文习作教学的核心素养必须以儿童为本，基于儿童，了解儿童。从儿童本位出发，从语文核心的要点出发，其核心目标为"选好习作素材——有事可写；构思习作内容——乐于表达；提升表达质量——写得有意思"[1]。本着对习作教学研究的热爱，笔者有幸加入《梁雪菊名师工作室王建国作文城堡》团队，以研究班本素材体系"我"为切入点，尝试着以学生的视角，开发六年级下学期班本作文课例《我的自传》，和中山市三乡镇鸦岗小学的孩子们一起以特殊的方式为毕业献礼。通过课堂观察与分析，探寻课堂教与学的内在规律，以提高学生语文核心素养。

一、课堂片断描述

片断一：用情感坐标图盘点"大事"

师：想让别人更了解我们自己，还得进一步盘点人生的"大事"？老师和大家聊聊童年时候的几件大事！

师：（出示坐标图）老师用一个坐标图来盘点。横坐标标注发生这件事的年龄，纵坐标则是这件事在我脑海中的深刻程度。

【根据同学们的兴趣点互动交流，朗读事件小标题并简单讲述】

师：老师为何选这几件事呢？

生：印象非常深刻。

师：是呀，受过伤，逃过学，有过成功的喜悦，有过无知的荒唐，印象能不深吗？这几件事可以交换顺序吗？

生：不能，是按照时间顺序盘点的。

师：请同学们照样子用小标题的方式盘点你童年的"大事"，填写坐标图。

【同学们纷纷思考盘点】

片断二：用发现力学习理性表达

师：同学们刚才盘点了大事，那如何写才能让别人走进你的这一段经历，对你有更深刻的了解呢？老师选择童年中深刻程度5颗星的一件事，邀请大家走进我的经历。（课件出示《飞入田间无处寻》文段。）

师：老师写得如何？

生：老师将事情的起因、经过、结果都完整地写出来了。

师：除了事情之外，还多写了什么？

【有的同学继续观察发现，有的同桌之间讨论，有的思考过后举起手来。】

生：加上了自己对这件事情的教训认识、所获得的道理。

师：对，除了写清楚事情的来龙去脉，还添加对这件事情的认识、收获、道理，我们统称为感受。（板书：事件＋感受）

师：说一说老师为什么添加这一部分呢？

生：加了感受后文章更具体。

生：加了感受更能表达自己的想法，让大家了解老师。

师：对，添加感受后，不仅让别人了解我们人生的这一件大事，还让别人明白你回过头看这件事的看法和收获。这样更能深入地了解你。

师：挑选一件你最想和大家分享的事情，学着用"事件＋感受"的方式写一写？写完之后，为它拟一个合适或者有趣的小标题。

【学生现场习作 8 分钟，再分享和点评】

片断三：用毕业献礼促写作框架构思

师：刚才同学们写了人生的一件大事，其实人生是由很多大事和小事组成的，有些印象深刻，有些仅仅是记得。这些事情可以用一个一个小标题的方式（用 PPT 串联的动画）他们串联起来，形成我的自传。

师：同学们现在只经历了小学阶段，而此时要写一篇完整的自传，在结尾部分可以加什么？

生：可以展望升入初中后的憧憬，或者美好的愿望。

师：通过本节课的学习，请大家梳理一下《我的自传》的写作框架。

生：它的写作框架是，开头以自报家门的方式简单介绍自己，中间盘点几件大事，并用小标题的方式把它们串联起来。结尾部分展望未来就构成了一篇完整的《我的自传》。

师：完成我的自传，有什么用处呢？

生：既可以留给小学同学，让彼此留下深刻的印象。又能作为一份见面礼物送给新老师、新同学，让他们更快了解你。

师：是呀，让我们一起为毕业献上一份特殊的礼物吧。

二、课堂观察与分析

1. 选材——以新颖的方式整理记忆

"新鲜有趣的东西本来在那里，我们不容易见着，因为我们的习惯蒙蔽住我们的眼睛……" 朱光潜先生把这一种现象称之为"视觉瘫痪"。对作文教学而言，引导孩子观察能力更为重要的是引导启发内心的情绪、感受和思考。因为人的内部世界是丰富而广阔的，引导孩子发现自我的过程，就是帮助儿童构建属于自我的世界。"片断一"即是通过抓住情感深刻程度为切入点唤醒学生记忆，梳理童年"大事"，选取独特的素材。

从情感坐标图的设计看，它具有新颖、简单、功能丰富的作用。采用了星级标注深刻程度，简单醒目，符合儿童的认识特点，能让他们比较清晰地判断童年"大事"在记忆中深刻的程度；采用了年龄标注，降低回忆难度，让孩子按照一定的顺序进行整理；采用折线连接的方式，能将儿童零散的记忆串联起来。

从教师童年"大事"盘点示范看，教师将自己的童年"大事"做了盘点和讲述，一下子拉近师生之间的距离；讲述的过程中，教师根据学生兴趣点来交流，渗透小标题概括方法，按照时间顺序盘点和对印象深刻点进行回忆，不知不觉孩子们听着故事就学习了选取独特素材的写作方法。

从学生盘点童年"大事"的状态看，有意思的教学设计确实能引起学生的注意力，激发内驱力，提高学生的兴趣，调动起写作需要，唤醒他们回忆、整理、筛选、提炼，在愉悦的状态中完成盘点。学生盘点的"大事"，就是一个一个情感的聚焦点，就是每个孩子独特而宝贵的童年记忆。

2. 表达——以发现的方式深度思考

儿童习作最好的表达不在于好词好句的堆砌，而在于创设最佳的情景，促使儿童表达出发自内心的真诚，进入深度的思考，用规范的语言充分表达。平淡无奇的话语中，蕴藏着儿童独有的言语和智慧。"片断二"走进经历教学部分，即是通过激活孩子们的发现力，学习"事件＋感受"的组合型写作方法，培养真诚而理性的表达。

教师教学采用了邀请孩子们走进自身经历产生共鸣；老师一句"还写了什么？"采用角色转换，让孩子成为发现的主体；探究小结引出具有针对性的、组合式的叙事性写作方法；再次的追问："为何添加这一部分？"引发学生深度思考与表达。

从学生的学习状态来看，以往叙事性作文教学不强调反观自己的感受，教师的追问促使孩子们不仅将自己成长历程中事件记录下来，还将自己从事件的现场抽离出来，经过时间的洗礼和成长的磨砺，尝试在精神层面观察反观，理性思考与真诚表达。这是对以往故事性作文的一种提升和强调。孩子们一篇篇习作中朴实而真诚的言语，深深触动笔者的心，反观的感受体会真实而富有意味，这就是成长的表达。

3. 构思——以任务驱动的方式清晰构建

《小学语文课程标准》指出："写作知识的教学力求精要有用，写作教学应抓住取才、构思、起草、加工等环节，指导学生在写作实践中学会写作。"[2]

尤其在小学六年级升入初中的学习阶段，作文的篇章构思显得尤为重要。"片断三"即是以"毕业献礼"任务驱动的方式，引导孩子们从片断到文章整体架构的组建，形成清晰的写作框架结构。从学生的发言中，笔者发现当意识到《我的自传》具备两重用途后，更能激发学生构思和认真撰写，具有特殊的价值意义。

三、课堂问题与对策

1. 存在的问题

（1）时间不足。通过课堂观察，发现本节习作课存在的问题就是时间不够。研讨课程的习作教学时间只有一节课40分钟，在教学过程中，只能以点带面进行教学，不能将《我的自传》整个过程的每一个方面、每一个细节，完整指导和展现。学生的书写，也只能挑选一个段落和一个部分进行片断练习。课堂中只进行了篇章结构的构思，却没有能开展练习，实在遗憾。

（2）理性表达仍需加强。从收集学生课堂片断作品看，班级孩子们都掌握了"事件＋感受"组合式的写作方法。但是，教师发现，部分孩子对事情教训的认识、所获得的道理和收获的表达不够深入。

2. 解决的对策

（1）调整教学时间。将教学分为两个或三个课时，就能在习作课上对孩子们进行更完整、更全面、更有力度的指导，学生在交流和分享阶段也将更充分。

（2）理性表达多角度指导。可以采取两个方法：第一，在平时的阅读教学、习作教学中多加训练。第二，在本次习作课堂可以用教师点评、学生互评的方式，加强同伴间的交流和学习，同伴学习更具有亲和力、影响力。其三，增加反思修改环节，引导孩子在互相学习的基础上，激活思考，牵动再次回忆和深入的理性表达。

参考文献

[1] 杨海燕. 关于儿童习作核心素养的几点思考 [J]. 小学作文创新教学, 2017（5）: 27–29.

[2] 教育部.《义务教育语文课程标准》（2011 版），2011.

（本文获2018年广东教育学会小学语文教学专业委员会举办的广东省优秀论文评比一等奖）

小学定向越野课内外联动模式及探讨
——以中山市东区朗晴小学为例

东区朗晴小学　温刘军

【摘要】定向越野课内外联动课程是指将定向越野课堂教学、大课间、课外作业、课外体育锻炼等有机融合一体，以培养学生自觉锻炼身体，增强身体机能，具有拼搏精神和良好的道德品质为教学目的，按照课程计划组织教学的过程。本研究以课内外联动机制为理论依托，结合朗晴小学现有人力、物力等有利条件，运用了定性与定量的研究方法，形成了一整套行之有效的定向越野校本教材和教学模式及课程资源，为学校定向越野课内外联动机制提供了理论依据和实践支撑，取得了预期的效果。

【关键词】小学　定向越野　课内外联动

在教育部办公厅关于在义务教育阶段中实施"体育、艺术 2+1 项目"的背景下，定向越野运动已经被教育部列入针对中小学生推出的"2+1 项目"辅导教材的体育项目之一。然而，目前的定向越野运动在小学的开展大多以个体形式进行，或作为课外活动的一个小项目，没有真正形成系统化、科学化、连续性的专项教学，学生与定向运动的接触最多只能算是停留在"体验"的层次上。

定向运动的核心是为了学生的全面发展，实践证明，校内外联动课程十分符合学校体育发展和学生成长的需要。作为一种健身娱乐活动，定向运动是丰富校园生活的项目之一，也是实施素质教育的重要举措，是深入到学科领域的探究性学习，指向创造性的学习，目标是提高学生的身体素质、知识修养和意志品质。定向越野课内外联动课程是以定向越野课堂教学为引领，以大课间定向越野练习为辅助，对课外定向越野活动进行加强，以各科目开展为促进，在校园公共环境进行宣传，是校园内共同推进定向越野教学的有效结合。定向运动目前在小学的普及度是远远不够的，开发一套实用、新颖的定向运动校内外联动课程能够很好地弥补我国小学阶段教学几乎没有定向运动课程的空缺，能够推动定向越野以各种不同形式存在于小学教育阶段，可以很好地解决定向越野在小学开展受阻的问题。

一、研究思路

1.研究对象

研究以中山市东区朗晴小学水平一学生对于定向运动的运动兴趣、水平二学生对于定向运动技能的提高、水平三学生对于定向运动的成功体验和懂得欣赏的方法为研究对象。

2.研究方法

（1）文献资料法

收集有关定向运动的研究资料，积极借鉴有关教育理论，不断探索定向运动的发展规律。

（2）行动研究法

通过定向运动校本教材的创编和各类活动的开展，不断提高学生的定向运动技能，培养学生积极进取的品质。

（3）归纳分析法

通过实践不断总结、提炼定向越野的理论基础，形成校本课程体系，编写校本教材。

（4）数理统计法

利用人数、百分数等指标来反映定向课程对学生体育课程目标效果的影响，为本文的定量研究提供客观的数据支持。

3. 总体目标

按照学生身心发展特点并结合课标的水平划分，笔者把定向运动课程分为三部分：水平一、水平二、水平三，分别确定为培养运动兴趣、提高运动技能、体验成功和懂得欣赏定向运动三个方面的内容标准。通过各学段的学习，不断培养学生对定向运动的兴趣，获得基本的定向运动知识技能，不断挖掘定向运动文化宝库，提高欣赏定向运动水平，积极创建学校定向运动品牌，形成"人人爱好定向运动，个个掌握基本技能，上下都会欣赏"的校园定向运动氛围，从而丰富学校特色品牌的内涵。

4. 主要内容和实施过程

课内研究内容是根据不同学段学生的特点所开展的校本课程，根据学段的分类见表1。

表1：课内研究内容

水平一（1、2年级）	水平二（3、4年级）	水平三（5、6年级）
1.初步了解定向运动的起源 2.了解定向运动的比赛的基本规则 3.初步了解定向运动比赛项目的历程 4.知道定向运动比赛的项目分类 5.初步了解几个定向运动比赛的重大赛事 6.读懂地图，理解地图上的颜色以及常用的地物符号 7.标定地图，确定正确的前进方向 8.图地对照，确定地图上与实地中的位置 9.沿单一路径进行定向 10.利用线状特征进行"扶手定向"技术	1.知道定向运动的发展 2.了解定向运动比赛的由来 3.了解定向运动风云人物及他们的成长故事 4.了解我国国内的定向运动重大赛事以及精彩赛节 5.简单的路线选择 6.能分析地图上各种颜色和地物的具体区别 7.依靠明显导航特征进行定向 8.导航点.攻击点技术 9.距离判断技术 10.分段找点技术 11.重新定位技术	1.了解世界定向运动重大赛事以及精彩赛节 2.学会欣赏高水平定向运动赛事 3.利用指北针穿越技术 4.根据等高线分析地形以及进行路线选择 5.简化地图技术 6.奔跑速度与读图速度相结合技术 7.小组竞赛组织与实施（自我组织比赛能力），培养学生协作，合作，工作意识与能力

课外辅助内容是在课余时间开展的有利于定向越野运动普及的各项活动，见表2。

坚持面向全体、循序渐进、逐步普及、全面推广的原则，学校定向运动特色课程从试点到普及，从试行到推广，不断追求定向运动课程的普及化、专业化、规范化、个性化。结合校本教材，分解教学目标，从定向运动的基本技术入手，使学生通过课堂教学逐步掌握定向运动技术。在掌握基本技术的基础上，全面提高学生的定向运动能力。

表2：研究路径

```
                    ┌─────────────┐
                    │  课外辅助内容  │
                    └─────────────┘
┌──────┬──────┬──────┬──────┬──────┬──────┐
│定向越野比赛│定向越野精品课程│定向越野微课│大课间定向越野活动│校运会比赛项目│亲子定向越野活动│
└──────┴──────┴──────┴──────┴──────┴──────┘
```

```
              ┌──────────────────────┐
              │ 定向越野课内外联动        │
              │ 校本课程研究主要路径       │
              └──────────────────────┘
┌──────┬──────┬──────┬──────┬──────┬──────┬──────┐
│体育课│群体活动│定向运动会│大课间活动│社团活动│业余训练│家校社区亲子活动│
└──────┴──────┴──────┴──────┴──────┴──────┴──────┘
```

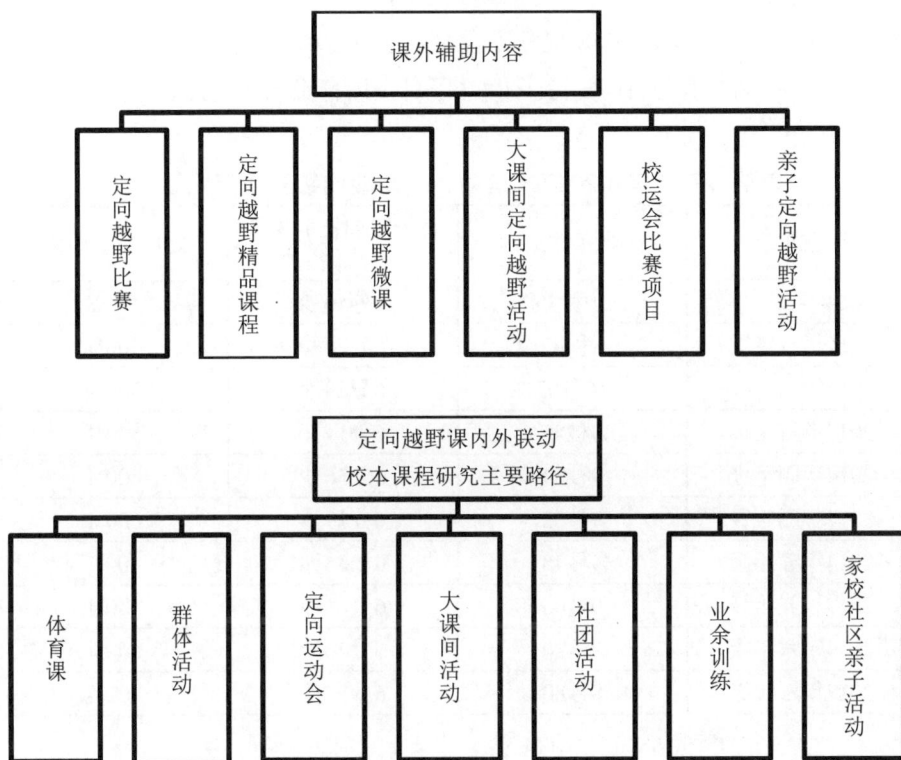

表3：校内外联动课程规划

定向运动校本课程	体育课	大课间活动	群体活动运动会	业余训练课外活动	社区家校亲子活动
定向运动与校园文化建设	定向运动与班级文化建设	定向运动与校园德育	定向运动与校园文化活动融合	师生学习共同体构建	教师专业化发展

二、结果与分析

1. 结果

（1）课程引领下的校级普及模式

全面实施定向越野进课堂，利用体育课进行定向知识传授，并由专职教师担任教学工作。在此基础上，积极开展第二课堂，包括大课间、学生社团活动、运动会定向比赛、亲子定向越野活动等。这些活动大大提高了学生的体质体能，并且丰富的定向课程资源为朗晴定向运动发展营造了良好的氛围，创造了有利条件。朗晴小学还被评为全国科技体育定向运动传统试点学校。

表4：2014年和2017年运动会的体能成绩和技能成绩表

比赛年级	50米平均成绩	百米定向技能平均成绩	定向比赛距离
2014年二年级	10秒35	6分40秒	400M
2017年二年级	9秒95	6分26秒	400M
2014年三年级	10秒02	6分29秒	500M
2017年三年级	9秒55	6分11秒	500M
2014年四年级	9秒84	6分36秒	600M
2017年四年级	9秒32	6分19秒	600M
2014年五年级	9秒48	6分16秒	700M
2017年五年级	9秒06	6分01秒	700M
2014年六年级	9秒20	6分46秒	800M
2017年六年级	8秒80	6分29秒	800M

表5：定向越野课内外联动课程效果评价数据

	运动兴趣		运动技能		体验成功和懂得欣赏定向运动	
	体验到定向运动的乐趣	能自觉参与体育锻炼	了解定向运动的历史和基本理论	掌握定向运动的地图和指北针使用	体验到成功的感觉	对定向运动的欣赏能力有提高
人数	90	70	75	85	90	80
比例	97.82%	76.09%	81.52%	92.39%	97.82%	86.95%

（2）成绩彰显下的校园定向参与激励

学校男、女定向运动队积极参加各项定向赛事，收获颇多。从建校到现今短短的十年时间，学校定向队从市级到国家级获得冠军90人次、亚军80人次、季军90人次、第四至第八名一共500人次，让这所开办十年的学校名扬两岸四地，走向世界。这些荣誉不断激励着学生，定向运动已逐渐成为我校学生主要的课外活动内容，成了学校的一项特色活动。

（3）文化渲染下的良性定向发展之路

优秀的校园文化是一所学校的活力与灵魂，对学生起到潜移默化的教育作用。我校已形成浓厚的定向运动文化，"校园定向运动文化艺术节"是我校每年必不可少的活动。校园定向运动文化艺术节活动的开展，大大丰富了学生的课余生活，使学生们更加热爱定向运动，从而提升了学校的定向特色品牌，使我校的定向运动走上了良性发展之路。

（4）经验沉淀下的教师专业成长

我校多年的定向越野开展经验使我们摸索出了一条在小学开展定向越野的路子，不仅开发出了一套适用于全年级的定向越野校本课程，还形成了包括定向社团、运动会定向比赛、亲子定向活动、外出比赛等在内的一系列活动开展方案流程等。学校教师执教的定向运动公开课，撰写的有关定向运动的论文都获得了省市级奖项，《定向越野课内外联动课程开发的研究》已作为市级立项课题，这些都是我们多年归纳总结的收获。

2. 分析

从表4可以看出2014年和2017年运动会比赛提供的体能和技能成绩进行分析：二年级2017年50米平均成绩比2014年多了0.4秒，百米定向平均成绩多了14秒，三年级2017年50米平均成绩比2014年多了0.53秒，百米定向平均成绩多了18秒，四年级2017年50米平均成绩比2014年多了0.52秒，百米定向平均成绩多了17秒，五年级2017年50米平均成绩比2014年多了0.42秒，百米定向平均成绩多了15秒，六年级2017年50米平均成绩比2014年多了0.4秒，百米定向平均成绩多了17秒，由此可得：在实施课内外联动课程机制后，学生的体能和技能都有大幅度提高。从表5可以看出，定向越野联动课程有助于提高学生的运动兴趣：97.83%的学生能体验到定向运动的兴趣，76.09%的学生愿意自觉参与体育锻炼。定向越野联动课程有助于提高学生的运动技能；81.52% 的学生认为通过定向越野教学，了解了定向运动的历史和基本理论，92.39% 的学生能掌握定向运动的地图和指北针的使用。定向越野联动课程有助于学生体验成功和懂得欣赏定向运动：97.82% 的学生能体验到成功的感觉，86.95% 的学生对定向运动的欣赏能力有提高。

由于定向越野的普及与氛围的形成，学生参与定向越野的兴趣越来越大，参与人数越来越多，学生的定向越野技能也愈发熟练，因此学生参加定向越野比赛获奖越来越多。获奖的激励作用使学生把参赛作为自己的目标，督促自己不断进步，也使定向越野发展越好，成为特色。

很多学生在入学前并不知道定向越野是什么，但如果从小学入学开始便利用定向越野让学生认识校园，让学生接触和了解定向越野，让家长知道这项运动的价值和魅力所在，让定向越野在学校发挥其育人的教育价值，那么，这一点一滴所累积起来的慢慢便形成了文化。在文化的浸染下，任何体育项目都不愁没有发展之路。

多年的一线定向越野开展经历使得每一个定向越野教师都是身经百战，一直以来教师们都在不断地学习，不断地成长，其教学理论观念与方法都在不断更新。这些一线的宝贵经验使得他们摸索出十分符合小学生开展定向越野的方法，这些宝贵的经验与方法归纳总结起来就成了一篇篇优秀的论文、一节节优秀的课程和一项项有价值的课题。

三、结论与建议

1. 结论

（1）定向越野课内外联动课程开发了系统的分别适合水平一、二、三阶段学生的校本课程，并确定三个学段分别以培养运动兴趣、提高运动技能、体验成功和懂得欣赏为课程标准。

（2）定向越野在第二课堂广泛开展，已成为亲子沟通、家校互动的一个纽带。

（3）学校已形成浓厚定向越野文化和氛围，定向越野成为学校特色项目，教师的专业成长不断提升。

2. 建议

（1）建议继续加强定向运动骨干教师队伍的培养，进一步实施和完善校内外联动的校本课程。

（2）继续完善校本课程在编写中出现的问题、课程的内容等使之更具系统性和科学性。

参考文献

[1] 王翔，彭光辉，张新安等．定向运动 [M]．北京：高等教育出版社，2005.

[2] 张新安，刘宗伟．定向运动：一项促进学生综合素质发展的时尚运动 [J]．河南师范大学学报（自然科学版），2003.

[3] 陈小蓉．定向运动与野外生存训练 [M]．中山大学出版社，2003.

[4] 潘华山．我国高校定向越野运动开展状况的调查与分析 [J]．广州体育学院学报，2003.

[5] 陈向阳，黄益．我省高校定向运动员现状问题及对策探讨 [J]．广州体育学院学报，2003.

[6] 胡久成、吴锡忠．定向运动 [M]．长沙：中南大学出版社，2003.

[7] 张晓威．定向运动 [M]．北京：星球地图出版社，2003.

（本文获 2018 年广东省第十五届运动会学校体育组科学论文报告会一等奖）

"故事新编"构思举隅

——以创新人物形象为突破口

东区朗晴小学　王彩阁

【摘要】在作文的百花园中，故事新编是一朵鲜艳夺目的奇葩，近年来呈现出方兴未艾的发展态势。故事新编既符合小学高年段学生身心发展水平，顺应学生的语言学习进程，又与新课标小学作文教学要求相适应。因此，针对目前作文教学艰难、学生写作兴趣低落的现实，笔者主张在小学高年段的想象作文教学中应强调学生的故事新编能力的培养。以教材为依托，创新人物形象，就可以找到故事新编的突破口。

【关键词】人物翻案　人物易位　人物重组

故事新编，顾名思义，一要借助"故"，二要出"新"，就是要借助"旧人物""旧故事"来链接、容纳"新形象""新情节"，表达"新思想""新情感"。这种构思表达方式的代表作首推鲁迅先生的《故事新编》，他在处理历史材料时所采用的"只取一点因由，随意点染"的方法备受后人推崇。

针对目前作文教学艰难、学生写作兴趣低落的现实，笔者主张在小学高年段的想象作文的教学中应强调学生的故事新编能力的培养。笔者认为这是从儿童视角出发，顺应其秉性，培养其创新能力的一项重要举措。

故事新编在小学高年段，向上衔接的是学生已有的知识储备和阅读经验，向下开启的是艺术的想象力和创造力，既符合学生身心发展水平，顺应学生的语言学习进程，又与新课标小学作文教学要求相适应，是激发学生写作兴趣的一剂良方。那么，在立足高年段学生年龄特点和知识结构实际，不过分标高其故事新编能力的基础上，如何适当引导学生精巧构思，打开其思想的闸门共做思维体操？以教材为依托，创新人物形象，就可以找到故事新编的突破口。

一、从人物翻案中找突破

所谓新编，"新"是关键，因此，拾人牙慧、简单地复述原著不可取，新的立意可以带给读者强烈的认知上的冲击。为人物翻案，就是不过分拘泥于以往对历史人物或文学作品的盖棺定论，在保留人物原有性格特点的基础上，转换角度，重新审视，按事理逻辑推动故事情节，用现代人的眼光观照古人古事，从而得出截然相反的"诠解"。这种"旧瓶装新酒"，既能保留原著的文化底蕴，又能展现新编者与时俱进的观点变革。

如反映乌龟锲而不舍、勇斗强手，兔子骄傲自满的《龟兔赛跑》，有人反向立意，写《新龟兔赛跑》，批评了乌龟的不自量力，以偶然当必然，最终落得失败的下场；也有人以胡适先生笔下的著名人物——"差不多"先生为表情达意的载体，写成转世《差不多先生传》。此文中的"差不多"先生，一反前世敷衍了事的处事态度，处处心系他人，对别人的回报却是延续"前世"风格——不斤斤计较，最终扭转了过往的负面形象，成为大家争相效仿的楷模。

人教版小学语文五年级下学期《临死前的严监生》一课，笔者便如法炮制。首先让学生深入分析严监生视财如命、贪婪成性的吝啬鬼形象，然后指导学生逆向思维，为严监生翻案。一学生作文《节能达人——严监生》，让严监生穿越时空来到当代。此严监生，仍是出身富贵之家，承袭"吝啬"传统，上班挤地铁、回家坐公交、买菜挎篮子，随手关灯节约电、吃光盘中每粒餐、处处不让水长流，经过几十年如一日的笃行节约，最终荣获"节能达人"的称号，再次誉满全国。本文"合为时而作"，表现环保主题，具有现实意义，让人耳目一新；又一学生作文《严监生换房记》，话说严监生归西入地府报道，阎罗王让其入住"吝啬"鬼房，监生自觉受辱，与阎罗王理论，要求换房。

阎罗王一一细数其阳间所为，监生不服，辩解道自己为兄长严贡生伤人逃逸事件花钱平事，并无半点不舍，为正室王氏治病大开良药，而自己患病只是选用普通药材……听完此语，阎罗王自觉理亏，感慨道："众口铄金，积毁销骨啊！真真不能道听途说！"此文续写新编，表达新奇生动，引人入胜。

二、从人物易位中找突破

视角不同，折射出的思想深度也就迥异。故事新编，不妨试着将叙述视角转移到故事中的次要人物身上，通过丰富的想象进行切合题意的必要演绎，继而延展故事情节。配角与主角易位，也能从原作中升华出新的主题，给人耳目一新之感。这类新故事将原作中对次要人物的笼统的、抽象的记叙，变成具体、生动、细致的描写，犹如在骨骼上增添血肉。将其嵌入到旧故事中间，对史实没有任何影响，但新奇合理，波澜起伏。这些次要人物的心理是作者独特想象的产物，真实性当然无法考证，但是否真实已然不重要，重要的是与人物的性格吻合，与作文题目吻合。

例文《长夜》，作者以战国末年，燕太子丹欲以大将樊於期的人头为诱饵，命荆轲杀秦王的故事为蓝本，描写了长夜深深、秋风瑟瑟中得知此讯的樊於期面临的异常艰难的生死抉择，塑造了一个顶天立地、视死如归的英雄形象；又如《新隆中对》，作者以诸葛亮侍童为叙事视角，巧借侍童的心理活动设置悬念，助推故事情节发展，最终感悟到"逢机会而不盲从，得机会而能慎取"这一主题思想。

人教版小学语文五年级下学期《晏子使楚》一课中，楚王无疑是晏子机智勇敢、聪明善辩、正气凛然的衬托。将楚王立为故事主角，寓意则有新的阐释。一生作文《晏子使楚》，开篇交代楚国土地辽阔，国力强盛。适逢齐国有求于楚，将派晏子使楚。楚王得知此讯，便召集"狗头军师们"商讨侮辱晏子以扬国威的办法，接着艰难地从"一揽子"馊主意中择优录用三条"妙计"，一想到晏子受辱后的窘样楚王就连睡觉都能笑出声来……结果，楚王诡计失败，最终幡然彻悟："人不能有优越感，有了优越感就容易践踏他人的尊严，而侮辱他人就等于侮辱自己"。晏子使楚的故事大家耳熟能详，小作者大胆想象，扩展丰富，故事新编自然、合理，反映世相，不仅寓意深刻，而且耐人寻味。

三、从人物重组中找突破

重组就是将古今中外文学画廊里的"名角"或中外历史上的"大腕"，移植到现实生活中来，汇聚一堂。既保留原著中人物的性格特点，又赋予他们现代人的行为及处世态度，托古人说今语，借旧事喻新意，用古今生活的反差，形成一种风趣、幽默的效果，文章看似荒诞滑稽，其实是艺术真实与生活真实的统一。

这方面的典范当属《诚信》一文，作者请来了见利忘义、贪婪攫取的葛朗台、金钱障眼浑浑噩噩的阿Q和虽然债台高筑仍能自力更生的玛蒂尔德三位名流，在一场金钱官司中各表其意，各章其性，栩栩如生；又如《长城是怎么倒塌的》，将蒙恬、李斯和孟姜女聚在一起，讲的是秦国大将军蒙恬修建长城时侵吞工程款，私扣粮饷，指令手下消极怠工，并用重金行贿检查工作的钦差大臣李斯，将其拖下水，之后"豆腐渣长城"倒塌，蒙恬召开发布会称："长城倒塌原因是孟姜女在长城边哭死去的丈夫，嗓门极大，长城承受不住发出的高频声波，终于轰然倒塌。"作者穿越时空的限制，链接经典人物，错位演绎，古今杂糅，中西贯通，使文章具有极广阔的背景，主题也就有了深度。

人教版小学语文五年级下学期《孔明智退司马懿》讲述的是马谡兵败街亭，诸葛亮情急之下摆出空城计，吓退司马懿，得以全身而退的故事。用司马懿的愚蠢、多疑衬托出孔明的临危不乱和神机妙算，但此乃罗贯中为塑造孔明这一人物形象而虚构出的故事，不是历史真实。所以，有一学生巧妙地将司马懿、罗贯中和包拯组合到一起，导演了一出司马懿和罗贯中对簿公堂，包拯为司马懿平反的新奇喜剧。文中司马懿声泪俱下，声讨罗贯中弄虚作假，将莫须有的傻事强加到他的身上，故意抹黑，导致其名声严重受损，贻笑千古。罗贯中对抹黑的行为供认不讳，但坚决否认是故意抹黑，是其不得已而为之，因为诸葛亮是忠诚、智慧的圣人化身，在民间有广泛的民意基础，在朝廷上更是官员们的榜样。另外，维护诸葛先生的声誉也是上级的意思，我若不迎合，就违背了人民的意愿，辜负了上级的栽培，所以我就只能委屈司马大将军您了。听罢此言，包拯宣判道，罗贯中为取悦上级，麻痹百姓而污蔑抹黑司马懿一案属实，判罗贯中诽谤罪名成立，即刻收监。作者借古事讽现实，荒诞中显真相，顺理成章而又不留斧凿痕迹。

以上是笔者结合阅读教学，创新人物形象，指导学生尝试故事新编的三种方法。期间，学生因易写而乐写，笔者既为学生对课本内容的深入理解和深厚的阅读积累而欣慰，更为学生奇特的想象和缜密的思维而惊叹。虽然学生的习作也会出现内容牵强附会、知识张冠李戴和想象脱离中心、漫无边际的情况，但这实属小学生的通病，教师不应斥责嘲讽，打击学生独立创造的强烈欲望，应及时纠正，耐心指导。相信长期训练之后，定会迎来小学生想象作文"满园春"的喜人景象。

参考文献

[1] 林非 . 论《故事新编》的思想艺术及历史意义 . 天津：天津人民出版社，1984.

[2] 孙秀浓 . 小学作文教学中问题与对策的探究 [J].《科教文汇》，2008（16）：74.

（本文获 2014 年广东省教育学会小学语文教学专业委员会举办的广东省优秀论文评比一等奖）

浅谈影响课堂教学效果的因素及对策

东区远洋学校　冯秋月

【摘要】本文对课堂教学的观察与分析，反映了教师的"教"和学生的"学"的基本情况，从教育教学理论上分析了教与学的成功因素与存在问题，同时探索了教与学的基本规律，从而提出了解决主要问题的思路与对策。

【关键词】课堂教学　观察分析　教与学　存在问题　基本规律　对策

一、教师"教"与学生"学"的基本情况

教学是学校的中心工作，课堂教学是教学工作的核心环节，课堂的教学效益将决定教学的质量，因此，加强课堂教学管理，提高教师教学能力是学校尤为重要的工作。在如何提高教师教学能力之前，了解教师的"教"与学生的"学"的基本情况显得尤为重要。在上学期的听课中，笔者侧重关注了授课教师的课前准备工作、课堂组织教学方式及师生的互动情况、重难点的突破等方面。笔者为老师们务实求真的工作作风、同学们努力求学的精神所感动，但同时也为课堂教学中教与学暴露出来的各种问题而忧心忡忡。个别老师对课堂产生厌倦乏味感、失落无奈感，不少学生对课堂产生枯燥感，甚至夹杂着恐惧感，或木然面对，或游戏课堂，课堂成了一个无趣的场所。那么，我们的课堂到底具体存在哪些问题？

1. 课前准备不充分

在听课过程中，笔者发现一些教师对课前准备工作重视不够。比如上课铃响才慢悠悠到教室；本可以提前准备在小黑板上的内容直到上课时才板书；研究课程内容不够，导致备课不够充分、不成熟，对课堂教学效果产生负面影响等。这直接浪费了课堂的时间，极大地降低了课堂教学质量。

2. 组织教学能力不强

一些教师在组织管理课堂纪律、吸引学生注意力、调动学生积极性、提高学生课堂兴趣等方面显得力不从心。个别课堂纪律较差，甚至混乱不堪，学生无法专心上课，课堂教学效果更无法保证了。

3. 课堂气氛较沉闷

在有其他老师听课的课堂都显得较为沉闷，平常的课堂更无法想象。教师严厉的眼神、枯燥的说教，学生懒散的行为、无动于衷的表情，简直让人觉得压抑与窒息，更别提教与学的乐趣，让课堂教学效果更好了。

4. 教学方法过于老式

一些教师对新课程理解不够，过度依赖经验，教法单一、呆板，教学多采用讲授式，重讲解感觉，对学生的接受度不够关注，缺乏创新意识，尤其对学生指导不够，较大地影响了学生的发展。

5. 对学生的关注度不够

一些教师在课堂教学中对学生的关注度不够，比较重知识的传授、轻能力和情商的培养，不敢或不愿把主动权还给学生，比如在知识探究、分析问题等方面，不敢大胆放手给学生尝试，往往"包办"一切。

6. 学生学习习惯差

一部分学生课前静息普遍不好，学具大多准备不齐，预习不充分或根本不预习，该做笔记的不做或做得不规范，思考问题不主动，回答问题不积极甚至扰乱课堂，课后练习拖欠或质量低劣，业余时间毫无计划安排等，这不仅体现了学生自控能力和自我教育意识的缺失，同时也反映了教师在教育过程中缺乏指导方法和足够的耐心。

长期以来，一些学校的部分教师固执地认为课堂教学效益和质量的低下，归咎于生源质量太差，学生的接受能力不强，很少认真查找或自我反思课堂教学中存在的普遍性问题，更少人去认真研究、解决这些大家熟视无睹的问题，学生们也习以为常，不主动提出问题或解决方案。为引起全体教师与学生对课堂教学的重视，笔者就课堂教学中存在的主要问题分析一下原因及对策，诚盼能够促进学校的教学工作。

二、教师"教"与学生"学"主要存在的问题及其原因

教学是由教与学的两种活动构成的，没有教师或学生的参与就无所谓教学了，然而当在教学上出现以上所列举的问题及现象时，原因不可能是单方面的。究其原因主要有以下几点：

1. 从学生方面来看

由于大多数学校生源结构复杂，部分生源质量差，学生家庭经济条件差，家庭教育效果不好甚至缺失，导致学生学习愿望不强烈、学习没有目标、学习能力低下、学习时间少等，这在一定程度上影响了课堂教学质量。

2. 从教师方面看

教师是教学活动的组织者、实施者，目前课堂教学中问题突出，教师自身的原因占了很大的比重。首先，大部分农村教师年事已高，其教师观、教学观较为陈旧落后，学生难以接受；其次，新来不久的教师对自己所从事的职业理解不够，对学校发展和学生发展认同不够，主人翁意识和互助意识较淡薄，责任心不够强；最后，教师们对新课程背景下的教学研究不够，而且钻研精神不足，缺乏创新精神，这在很大程度上影响了学生的发展，降低了教学质量。

3. 从教学管理方面看

我们都清楚，学校的教学管理是促进课堂教学规范和提高课堂教学效益的重要保障。但目前看来，许多学校在教学管理上，还存在着制度不健全、不落实的情况，而且工作缺乏思路，部分工作不深入，管理模式不创新等，如此种种，给课堂教学存在的问题提供了生存的土壤。

三、教与学基本规律及解决主要问题的思路与对策

教与学在理性思维上是可分的，比如实践中的教学活动，必须从教与学的两个方面来认识和研究。教学是教学理论，主要研究怎么教的问题；而学习是学习理论，主要研究怎么学的问题。但教与学两者又是不可分割的，也就

是我们经常说的"以学定教",当出现问题时,两者更是密不可分。

根据以上出现的问题及主要问题的原因分析,我们都要清楚地知道,要想彻底地扭转学校教学工作的不良局面,尤其是消除课堂教学中存在的各种问题,只说不做是不行的。笔者认为当前要从以下几个方面着手改进:

1. 提高教学管理水平

在教学工作中,领导要克服重常规、轻突破,重结果、轻过程,重督促、轻指导。各级教学管理者要切实履行自己的职责,站在提高教学质量的角度来思考问题和开展工作。在工作中要做到"奖惩结合、人事结合、量质结合",竭力为教师创设良好的教学环境和条件,搭建教师成长发展的平台,切实增强教师们的工作责任心。教师要改进工作方法,全面深刻理解所有学科的课标精神,有针对性地参加说课、听课、评课等教学活动,寻求更好的教学管理方法。

2. 扎实开展教学活动

活动是推进各项工作的重要载体,教学也不例外。但长期以来,一些学校的教学活动开展情况并不理想,落实得也不够到位,对教学产生了一定的消极影响。因此,各校领导要结合学校实际,积极开展如示范课展示、课程竞赛、结对帮扶等交流活动,让教师们在开展教学活动中达成共识,共同寻求教学新的突破。

3. 增强教师综合素质

要提高课堂教学质量,教师是至关重要的因素。所以,教师要结合自身实际,认真反思,加强学习,努力提升思想、专业、职业等素质。要对自己的职业有深刻的理解,自觉加强师德师风建设,树立正确的教师观、教学观、学生观,增强自己的人格魅力,增进与学生的感情。调查研究表明:教师的情感与学生成绩之间呈较明显的正比例关系,师生情感越浓,学生成绩会越佳,教学效益会更好。

4. 多途径提高教师教学能力

我们都清楚,教学能力不仅是教师综合素质水平的反映,也决定着课堂教学质量的高低。比如政治教育课,学生们本身就觉得课程内容比较繁琐无聊,若教师不提高教学能力,那么,课堂就会变得无趣。首先,教师要清楚课堂教学能力包含的不仅仅是设计力、协调力、决策力,还有亲和力、创新力等元素，因此，要提高课堂教学能力，教师得从以下途径着手。

（1）实践中探索。实践证明，教学能力只有在实践中才能磨炼出来。教师在课堂教学中，要有意识地总结那些实践得来的经验，并勇于探索新的教学方法、模式。同时，教师要主动承担起一些相关教学活动，尤其是公开课、研究课等，并积极接受、分析来自各方面的意见和建议，择其善者而从之。多次实践后，相信教师们会探索出一套较好的教学方案，自身的教学能力也会得到较大的提高。

（2）学习中成长。无论是教师还是学生，都应该学会在学习中成长。教师应学习实际经验学习和理论学习。每个教师都应该每学期精读一两本教学类书籍，比如《新课程背景下的课堂教学模式研究》《课堂教学艺术》等。其次，要选择性地学习借鉴一些教育名家、行家好的做法，用心去消化并吸收内容，把其融进自己的教学实践中。比如政治教育课，其实也可以像其他非政治类课程一样，在课前设计、课堂组织、课堂互动、复习小结等环节进行较有趣又不失真的教学活动。

课堂教学与学习是心与心的交流，是平等的对话，是智慧与智慧的碰撞，更是放飞思想的一次旅行。若每位教师对课堂教学都保持如初的新鲜感，保持永远的激情，用深厚的感情去构建好每一个课堂，用知识的魅力点燃学生的希望；若学生能够回应老师的付出，用求知的心态去和老师交流，用勤奋的行动去证明自己，用优秀的成绩回报老师，那么，教学存在的问题将不是问题，提高教学质量将不是一句空话！

（本文2015年获广东教育学会2014年度学术讨论会征文活动评选二等奖）

初中思想品德课堂中运用小组合作学习的探讨

东区远洋学校　冯秋月

【摘要】随着我国初中新课程改革的不断实施，教学理念、教学策略与方法、教学手段等都发生了明显的变化。为了能够培养学生的学习主动性、挖掘学生的学习潜力以及提高学生的综合能力，小组合作学习方法被逐渐应用到思想品德课堂上。通过开展小组合作教学，思想品德课堂的学习氛围发生了明显的变化，得到了广大师生的高度认可。本文结合具体的教学案例，探讨、分析了初中思想品德课堂运用小组合作学习的策略。

【关键词】思想品德　小组合作学习　教学策略

一、背景

　　初中思想品德教育的目的是增加学生对道德的认识，让学生形成明辨是非、评判善恶的基本能力，最终养成良好的道德行为习惯；此外，还应该让学生掌握学习的基本方法，在开发自主学习能力的同时也要注重培养学生的集体合作意识。因此，进行思想品德课堂教育，需要增加学生在课堂的参与程度，让学生在教学中得到更多的知识、能力、情感的体验。

　　然而，小组合作学习方法在思想品德课堂的实践过程中出现了一些亟须解决的问题，如小组成员的搭配不合理，不能有效发挥小组学习的最大优势；在学生合作学习的过程中，教师对学生缺乏指导，导致合作学习出现盲目性；在问题的选择上仍然存在不合理之处，如有些问题不具备合作探讨的意义、难度不适中等。因此，为了能够让小组合作学习在初中思想品德课堂发挥更大效果，笔者结合教学经验，提出了小组合作学习的一般教学策略。

二、实施策略

在初中思想品德课堂上应用小组合作学习方法的第一步是划分合作学习小组，划分小组的原则是保证小组内的成员能够发挥各自的优势，让合作学习的效果发挥到最大。部分教师在划分学习小组的时候采用的方法是随机分配或按照座位的远近原则就地组合，这样的划分方法不科学、不合理，不能够提高合作学习的效率。因此，合作学习小组的划分应该建立在教师对学生全面的考察、了解的基础上，做到对每一名学生的学习状态、性格特点等有较为客观的认识，然后对学生进行分类，再进行小组成员的分配、组合。具体步骤如下：

1. 对学生进行分类

一般来讲，一个班级的学生应该分成四个类别：优秀、良好、中等、差等。思想品德教师应该首先对学生的成绩、课外表现、作业完成情况、智力等因素进行综合的分析，在准确分析的基础上，再结合其他任课老师对学生的认识、看法等对学生进行评价。在此基础上，将学生平均分成四大类。

2. 小组成员的组合

对学生进行分类之后，应该对学生进行有针对性的组合，每个小组内的成员要包含四大类学生当中的每一类。这样，合作学习小组可以在组内优秀学生的带领下进行学习，从而带动部分学习状态不佳的学生提高学习成绩。

此外，学习小组的划分不是固定不变的，当某一小组的一名成员在一段时间内取得较大进步时，可以同其他小组调换小组成员。通过小组间的灵活变换，每名学生能够接触到不同的学生，更利于小组合作学习的开展。通过以上两个步骤的划分，可以确保不同学生的优质组合，有利于促进合作学习效果的提升。

三、科学地选择合作学习课题

小组合作学习内容的选择也会影响合作学习的效果，教师在选择合作学习课题的时候应该进行充分的准备，这样可以让学生的合作学习意义更加重大。教师在寻找合作学习课题的时候应该考虑一下几个因素：

1. 难度要适中

合作学习的目的是让学生通过探讨、研究共同解决具有一定难度的问题，因此，习题的难度应该根据学生的实际情况来选择。课题难度太大会让学生对合作学习产生恐惧感，不利于小组成员能力的发挥与提高，反而会挫伤学生的学习积极性；课题难度太小会让学生觉得没有合作的必要，造成合作学习时间的浪费。

2. 探究意义要强

探究意义强指的是，在小组成员探讨、合作的过程中能够锻炼学生的思维，发挥学生的优势，通过组内成员之间意见的交换、配合等，可以促进小组成员共同进步，同时又学习到一定的知识。完成探究意义强的课题，可以让学生感受到学习的成就感，同时增加对自身思维能力、学习能力的了解，帮助学生更好地了解自己。久而久之，学生一定能够从小组合作学习中学习到更多的东西。

3. 贴近生活

小组合作学习的内容要与生活紧密联系，如果课题的选择过于脱离生活，学生会认为合作没有意义，更加不愿意参与合作学习。部分教师在选择课题时，没有考虑到课题与生活的联系，选择了一些跟学生生活毫无关系的课题，不能够提升课堂氛围。因此，教师在备课时，应仔细考虑课题与学生生活的联系，尽量选取与学生生活有关的，让学生有话可说，也能保证学生对合作学习的兴趣，从而改善思想品德课堂的质量。

例如，进行初中思想品德《做情绪的主人》的教学时，笔者组织学生进行了一次小组合作学习。合作学习课题的名称是"如何控制自己情绪"，合作学习时间为二十分钟。任务布置以后，学习小组立即展开了探讨。这个课题同学生的日常生活息息相关，学生的兴趣十分浓厚。有的小组首先探讨了情绪的种类，其次探讨了不同情绪对生活的不同影响，最后得出了几条能够控制自身情绪的方法。整堂课氛围极佳，学生们各抒己见，顺利地完成了本次小组合作学习。

四、教师适当引导，学生充分发挥

新课程理念强调学生在课堂中的主体地位，但是，教师的作用仍然很关键。部分教师在学生进行合作学习时，没有参与到学生的合作中，而是将这部分时间用来休息或者看教案等，这样就不能够对学生的合作学习进行及时的监督、指导，以解决学生在合作学习中遇到的各类难题。在学生进行小组合作学习时，教师应该做好以下工作：

1. 指导学生进行合作方法的选择

许多小组进行合作学习时不能够选择合适的合作方法，从而导致整个合作学习难以正常进行。教师在学生探讨时应该走到学习小组当中去，帮助学生根据课题选择合适的方法，随着合作学习次数的增加，学生可以慢慢掌握如何根据课题选择合作学习的方法。在教师的引导之下，学生的探究、合作学习能力会逐渐增强。

2. 合理地协调小组成员

在合作学习的过程中，有的学生配合程度不高，且这部分学生不能够听取组内成员的意见，给整体的合作带来了一定的难度。这时候，教师应该及时发现这类问题。部分学生由于成长环境、家庭教育方面的原因，不善交谈，不喜欢与其他人合作，教师应该给予及时的心理帮助，引导学生慢慢提高自身的交流、沟通能力。对于有些在合作中爱出风头，妨碍小组合作学习进展的学生，教师也应该及时批评，帮助其改正错误。

3. 引导学生解决难题

在学生进行合作时，难免会出现一些一时难以解决的问题，而组内成员各持己见，甚至可能会引发争吵，导致小组合作不愉快。这时教师应该引导学生形成正确的分析问题的方法，帮助学生调节组内意见纠纷。

4. 与学生共同探讨，增进师生感情

教师在教学中的地位不应该局限于教师这个角色，教师还要学会与学生做朋友，同学生共同学习。在进行小组合作时，教师可以转变自己的身份，与学生一起进行各种问题的探讨、分析。当学生能够与教师进行平等地对话时，学生更愿意将教师当成自己的朋友，从而增进师生感情的发展，这对于教师以后的教学有深远的意义。

例如，在小组探讨"如何品味生活"这个问题时，某个小组成员都大胆说出了自己的想法。有的学生说，好的生活就是有很多的钱，可以享受很多美食；有的学生反驳，生活应该有高雅的追求，不应该只顾享受。双方都很固执，导致合作学习艰难进行。这时，笔者让学生结合一些名人的事迹仔细分析，再结合思想品德教材，得出如何品味生活的结论。学生立即停止争执，展开了深入的思考、探讨。

五、合作学习成果的展示、评价

在小组合作学习结束之后，应该进行合作学习成果的展示、比较、评价的环节。进行成果展示，需要每个小组选取一名代表队自己小组的成果利用口头、黑板板书等方式展示出来，这样可以让全班对每个小组的成果有一个清楚的认识。展示之后，应该对所有的成果进行分析、比较与评价。对成果进行评级是为了让学生能够对自己的成果有一个客观、准确的认识，从而发现自身的问题所在。成果评价的方式有三种：小组自我评价、组与组评价、教师评价，评价之后各组应该进行总结，总结合作学习的经验，利于下次更好地进行合作。

1. 小组自我评价

成果展示之后，小组应该对自身的合作学习过程、成果进行及时的分析。通过分析，要发现小组在合作学习过程中的不足之处，并制定相应的解决策略，最终促进小组合作学习能力的提高。

2. 组与组之间评价

学习小组与学习小组之间也要进行互相的分析、评价，由于小组对于自身的认识程度有限，不能完全客观地反映自身的问题所在，其余的学习小组可以从不同的角度去分析问题，促进评价的客观进行。

3. 教师评价

在学生进行自我评价与组与组评价的基础上，教师应该站在更高的角度对学生的合作学习效果进行评价。教师拥有丰富的教学经验，更能够切中学生的要害，准确地发现学生的不足之处，并对学生提出具有指导意义的结论。

小组合作学习成果的展示、评价环节必不可少，该环节能够让学生增加对自己的了解程度，对学生的合作学习进行必要的总结，从而逐步促进学生合作学习能力的提高，也有助于养成学生客观看待问题、分析问题、解决问题的能力。

小组合作学习是初中思想品德课堂一种重要的教学方法，有利于培养学生的集体合作意识、团队协作能力，并通过合作极大地开发每个小组成员的学习能力。通过灵活地划分学习小组、科学地选择合作学习课题，再加上教师适当的引导，以及合作学习成果展示、评价等环节的开展，能够有效促进初中思想品德课堂氛围的提高及教学效果的提升。最终，将初中学生培养成为具有高尚道德素质的高素质学生。

参考文献

[1] 张立君. 如何构建高效自主的思品课堂教学模式 [J]. 考试周刊，2009（08）：156-158.

[2] 纵峰云. 刍议思想品德课堂中小组合作学习模式的有效开展 [J]. 考试与评价，2013（01）：54.

[3] 吴青. 浅谈初中思想品德课堂中小组合作学习的有效开展 [J]. 德育在线，2013（4）：244.

[4] 韦舒莹. 初中思想品德课合作学习的实践研究 [D]. 广西师范大学，2001（6）：1.

[5] 王德福. 初中思想品德课合作学习存在的问题之探究 [D]. 鲁东大学，2012（4）：1.

（本文2014年获广东省教育学会2013年度学术讨论会征文活动评选二等奖）

特别的爱给特别的你

——浅谈如何有效开展特殊儿童随班就读教育

东区远洋学校　彭钰文

【摘要】特殊儿童在普通学校随班就读已成为我国特殊教育的一种主体形式。我们教师要运用科学有效的方法，要多了解特殊儿童的身心特点，积极促进随班就读特殊儿童的发展。本论文分为三大部分：1. 特殊儿童随班就读的现状分析；2. 正确认识随班就读特殊儿童的身心特点；3. 采取有效的措施，提高特殊儿童随班就读的学习效率。让我们大家伸出关爱的双手，让特殊儿童健康成长。

【关键词】特殊儿童　随班就读　身心特点

中国残联发布：我国残疾人口约 8500 万，0—18 岁残疾儿童约 750 万。特殊儿童的人数之多，让特殊教育学校无法完全接纳，有的家庭离特殊学校较远，有的特殊儿童家长更希望让自己的孩子与普通孩子共同学习……因此，特殊儿童在普通学校随班就读已成为我国特殊教育的一种主体形式。

特殊儿童一般分以下 7 种情况：视觉障碍儿童、听觉障碍儿童、智能障碍儿童、孤独症谱系障碍儿童、注意缺陷多动障碍儿童、情绪和行为障碍儿童以及学习障碍儿童。

根据目前特殊儿童随班就读的情况来看，视觉障碍与听觉障碍儿童随班就读情况较少，因为盲文与手语教育在特殊教育学校对孩子的成长与个人发展更为有利。

一、正确认识随班就读特殊儿童的身心特点

1. 智能障碍儿童的身心特点

随班就读智能障碍儿童，一般都是轻度智残（IQ 为 50—70）。总体来看，轻度智能障碍儿童与普通儿童在生理发育、心理发展上基本是一致的，只是发展速度及质量有不同程度的差别。在身高、体重、运动协调等方面，轻度智能障碍儿童和普通儿童没有太大的差别，但在心理发展上，轻度智障儿童与普通学生的差别有：①感知觉发展慢；②注意力不够集中；③理解能力差，记忆较差，且遗忘得快。

2. 多动障碍（儿童多动症）的身心特点

①活动过多。上课时坐立不安，下课又跑又跳又叫，不肯停歇。

②注意障碍。多动症儿童不能专心听讲、完成作业，常易受外界的细微干扰而分心。

③冲动性。多动症儿童易激动，情绪不稳，遇事易冲动。

④学习成绩不佳。

⑤神经发育障碍。如语言发育迟滞，动作笨拙，脑电图异常等。

3. 孤独症谱系障碍（儿童自闭症）的身心特点

近年来，自闭症儿童越来越为大家关注。自闭症儿童常出现以下障碍：

①社会交往障碍。他们很难理解社会交往中应该遵循的原则，很难和人建立关系。

②语言和沟通。自闭症儿童的语言发展有高有低，沟通能力差。

③情绪情感。自闭症儿童对所有人都不亲近。

④智力。自闭症儿童之间的智力差异很大。有些儿童具有超常的智商，有些儿童智力水平一般，但大部分自闭症儿童有智能障碍。

4. 情绪和行为障碍儿童的身心特点

①认知不协调。认知偏差和思维缺失是情绪与行为障碍儿童较为普遍的心理特征。

②情绪不稳定。

③对消极和负面的情感体验比较强烈。

④自我中心倾向明显。

⑤具有不良行为表现。常常有焦虑、退缩、自卑和不成熟的表现。

5. 学习障碍儿童的身心特点

学习障碍又分为注意障碍、记忆障碍、感知运动障碍、语言障碍和认知障碍。

①注意障碍。表现为好动，注意力分散，不能持续足够长时间来完成学习任务。

②记忆障碍。不能很好地记住曾经见过、听过和经历过的事情。

③感知觉障碍。指视觉或听觉的信息处理能力失常。

④感知－运动障碍。眼手协调、对事物序列安排等有困难，如对辨别左右方位、身体形象、空间定向，以及需视觉配合的活动感到困难。

⑤语言障碍。语言失调，语言发展滞后。

⑥认知障碍。大脑处理信息时，如分类、判断、推理、解决问题，以及计划、监控、评价等方面存在缺陷。

⑦学业性障碍。指实际学业成就低于潜在学习能力而表现出来的学习困难，包括拼写障碍、阅读障碍、写作障碍、计算障碍、空间关系障碍等。

我国将学习障碍划分为语言学习障碍、数学学习障碍和社会学习技能障碍等。

二、具体做法

1. 创设民主、和谐的学习环境

学生有向师性，教师在孩子心目中有特殊地位。教师对孩子的态度和行为，直接影响着他们的学习热情。教师不能歧视特殊儿童，要主动、热情地接纳他们，尊重每个孩子，多一些爱心、细心、耐心；教师要给孩子多一些激励与鼓舞，把学生当成朋友，给孩子足够的安全感与自信。鼓励孩子参与课堂，参与各项体育活动以及团体活动，强调每一位学生都是班级的一分子，争取为班集体争光。要给特殊儿童提供获得成功的机会，让他们享受成功的喜悦。

2. 制定并列式教学计划、建立个别化教育档案

因为有特殊儿童的随班就读，因此教师的教学计划既要考虑全班学生的共性，也要看到学生的个性差异。特别是随班就读学生往往在教学目标、内容、方式方法、评估等方面和其他同学有较大差异，因此建议教师制定并列式教学计划（见表1）。

表1

项目	普通学生	随班就读学生
教材分析		
学生分析		
教学目标		
教学重难点		
主要措施		

在并列式教学计划中，有时还不能全面、具体地反映随班就读学生教育教学的内容，必要时老师还应为随班就读学生建立个别化教育档案。如：

表2：特殊儿童个别化教育档案编写实例

学生基本资料	姓名：欧× 性别：男 出生年月：2002.9 就读学校：三乡镇载德小学五（3）班 填写日期：2015年4月1日
目前状况与分析	1.该生患有多动症 2.学习动机弱，注意力不集中，记忆力差 3.语言发展迟缓，表达能力差 4.个性退缩，没有信心 5.智商75 6.课堂上该生无法听课，注意力无法集中，能阅读书籍，书写潦草，数学计算能力较差 7.运动不协调，能参与的运动项目少
学年目标	1.在本学年结束前，会正确朗读本册课文 2.在本学年结束前，能正确书写本学期所学汉字 3.在本学年结束前，基本能理解课文与题目内容
教学跟踪记录	日期： 学生课堂表现： 作业完成情况： 学习态度： 学习成绩： 家长反馈情况：

3.根据特殊儿童的特殊需求，提供针对性教育

（1）教学语言简洁，指示明确

教师的语言要尽量用肯定句式，让特殊学生能清楚明白教师的指令。

（2）根据特殊儿童的兴趣，适当增加对话内容

大多数特殊儿童在一开始随班就读时，都有一些自卑、不太愿意交谈的情况。教师要在课后多与特殊儿童接触、交谈，了解学生的兴趣爱好、家庭状况、增加对话内容，让特殊儿童敞开心扉，愿意与人交流。

（3）注意分析作业错误，从中发现教学重点

特殊儿童在学习上会出现困难，比如认字、听写较差，数学计算能力也较慢，做阅读题、应用题时不理解题目内容。教师对特殊儿童的作业应该面批面改，及时发现孩子的作业错误，及时帮助特殊儿童订正作业错误，这样也有助于教师寻找教学重难点，以及解决对策。

（4）帮助学生以恰当的形式表达情绪

特殊学生有时可能因为生理的原因，有时可能因为学业的压力，在课堂上或课间时会出现不恰当或过激的情绪表达，有时会大喊大叫，有时发怒打其他同学，有时乱摔物品等。老师要找特殊儿童的家长了解学生的情况，也要找学生交谈，并找到合适的方式引导学生以恰当的方式表达情绪。如：给特殊儿童一个"出气包"，允许他在生气时可以拿出来使劲捏。有时特殊儿童高兴时会用力拥抱同学，教师也可以告诉他，可以通过握手来表达自己的喜悦之情。

（5）重视开发学生的特殊才能

很多智障儿童、自闭症儿童都有一些突出的才能，比如音乐、记忆、绘画、计算等。教师不仅教学中要"补缺"，还要扬长。教师要为学生提供发展的时间和空间，要关注学生的特长，让学生在自己喜欢的领域自由发展。为学生创造展示才能的机会，让学生展示自己的书画作品或者手工作品，鼓励学生在学校的舞台进行表演，让学生感受到展现自我的自信与愉悦，也感受到家长、同学、老师也为他们的成绩感到骄傲。

（6）对随班就读的特殊儿童进行综合性评估

对特殊儿童的评估方式应该是多元化、综合性的。评估内容既要有知识能力，也要有体育、心理、操作等方面的，尤其要考察特殊儿童对环境的适

应能力。传统的考试为的是了解学生对知识的掌握程度，这也不太适用于特殊儿童。因此，对特殊儿童的测试不仅可以采用笔试，还可通过谈话、平时表现、特长展示等方式。等级评定要采平时表现，也要有考核成绩，各科教师的评语也是一项重要的考核指标。教师评语不仅要肯定学生的成绩，还应提出希望及其努力的方向，鼓励家长也对孩子的表现进行评价，使孩子树立学习的自信心，促进其自身的发展。

三、争取帮助与支持

1. 建立残健互助

残健互助是指特殊儿童与普通儿童在学习、活动等方面互相帮助、互相促进、共同进步。教师要在班级开展残健互助小组，让帮扶小组了解可通过两方面对特殊儿童进行帮助：一是行动方面。帮助特殊儿童熟悉校园环境，带领特殊儿童上学、放学，熟悉道路交通，特别提醒注意安全。二是学习方面。如课堂上提醒特殊儿童听讲、抄笔记、做作业，当同学遇到困难的时候，主动提供帮助，如讲解习题，登记作业。教师还要提醒帮扶小组的同学，与特殊儿童相处时要平等友爱，要让特殊儿童自然地融入集体，成为集体的一员。

2. 争取家庭配合

教育孩子是社会、家庭、学校共同的责任，父母是孩子的陪伴者和教育者。对随班就读的特殊儿童，家庭的责任重大。首先，家长要正视自己孩子的残疾，要了解、关心孩子生理、心理的特点，不仅要求医问药，更要做好长期教育康复的思想准备，千万不可放弃治疗。其次，父母要经常鼓励孩子，善于发现孩子身上的闪光点，让孩子树立生活的信心、学习的信心，引导孩子养成良好的生活习惯。再次，家长要经常与教师、同学沟通交流，经常参加学校的活动，了解孩子的困难与需求，增进亲子关系，家校合作共同教育自己的孩子。最后，家长要在教师的帮助下，为孩子的学习生活有计划地做一些工作。如：家长要指导孩子背诵的方法，教会孩子记忆的方法。家长要每天检查作业，让孩子养成良好的学习习惯。

3. 争取社会关注

由于有《义务教育法》和《残疾人保障法》的保证，目前社会对残疾儿童的关注、尊重、支持力度也越来越大，这为我国的特殊教育事业提供了越来越好的大环境。我们要鼓励孩子多去博物馆、图书馆、体育馆等参与学习活动。学校也需向政府部分反映在校特殊儿童的一些困难，寻求社会工作者以及专业人员对特殊儿童提供一些帮助与支持。

随班就读的特殊儿童就像一棵棵稚嫩的小苗，家庭、学校、教师、同学和社会，将会播撒自己的爱心，伸出关爱的双手，把那份特别的爱给特别的你，让根深深地扎根在沃土，让枝叶渐渐地繁茂，让花朵更加娇艳地绽放！

（本文 2016 年 12 月荣获广东省教育研究院"全面实施素质教育进一步提高义务教育办学质量"专题征文二等奖）

初中化学教学中培养社会
责任的核心素养策略初探

东区远洋学校　谢伟红

【摘要】我国教育部门提出了新时期培养学生核心素养的具体意见。责任担当是六大素养之一，"科学精神与社会责任"是化学核心素养的五个维度之一。化学在人类社会的发展中起到了关键的作用，在医药、农业、能源以及新材料等领域，化学都拥有广泛的空间。文章通过运用化学实验、生活现象、新闻、名人故事等方式培养学生的社会责任，介绍一些具体的做法及效果。

【关键词】社会责任　核心素养　初中化学教学

近年来，国内出现的苏丹红、三聚氰胺、狂犬病疫苗、重庆公交车坠江事故、福建泉港碳九泄漏瞒报等事件都是某些公民社会责任感严重缺乏一种表现。

1999 年，我国颁布了《中共中央、国务院关于深化教育改革全面推进素质教育的决定》。经过十多年的教育改革，素质教育成效显著，但与立德树人的要求还存在一定的差距，学生的社会责任感较为薄弱等现象依然普遍存在。

2016 年中国教育学会发布的《中国学生发展核心素养》提出我国学生发展核心素养，综合表现为科学精神、学会学习、责任担当等六大素养。化学学科核心素养包括"变化观念与平衡思想""科学探究与创新意识""科学精神与社会责任"等五个维度。其中科学精神与社会责任内涵为具有严谨求实的科学态度，具有探索未知、崇尚真理的意识；赞赏化学对社会发展的重大贡献，具有可持续发展意识和绿色化学观念，能对与化学有关的社会热点问题做出正确的价值判断。

一、社会责任概述

社会责任感是行为个体积极履行社会责任时的态度，是在无任何监督或权力约束下，个体对自己、家庭、国家和社会积极地选择去完成某些在道义上合理的事情的态度。社会责任感是在逐渐被社会认可的过程中培养起来的，社会是由许许多多的个体所组成的，所以对社会负责也就是对自己负责。从价值的角度分析，社会责任感是一个人的人生观、世界观和价值观在社会中的具体体现，社会责任感不只是一种信念，更是一种自觉的态度。依据核心素养，社会责任感内涵是：求真务实的学习态度；不畏困难、勇于探究的创新精神；理解生命的意义珍爱生命的生活态度；居安思危，关注国家大事，为实现中华民族伟大复兴而努力拼搏的信念。社会责任感的四个基本要素分别是：责任关注、责任意识、责任行为、责任知识。责任关注是责任感培养的前提，责任意识是行为个体对他所承担的各项任务的自觉意识和态度，是人所特有的对于责任的主观映像，它是人的自我意识最基本、最内在的层次。笔者认为，责任意识是一种内心活动，是在社会实践过程中产生的对个人、对家庭、对社会的强烈意识感。责任行为是指在责任意识的引导下对相关事件采取的措施，是责任意识的具体体现，是社会责任感的核心部分。不能把意识转化为行动，则如"纸上谈兵"，没有任何意义。社会责任感是尊重客观规律而产生的一种行为，是责任主体对责任客体需求的自觉行为。根据时代发展需要，可将社会责任感从责任主体角度分为对自我、对家庭、对社会以及对国家的责任感。责任行为包含以人为本、保护环境等。责任知识是责任行为的理论指导，是责任行为的后援保障系统。虽然就目前状态而言，初中生归类属于学生，但随着时间的推移，他们将成为国家发展最为重要的生力军。在学校范围内，初中生不应该只关注学习成绩的好坏，也应该关注社会现象。初中生在对各种社会现象表达观点时开拓视野，学会用辩证的态度去思考问题。在关注社会现象的过程中会逐渐形成社会责任感。应该树立正确的道德价值观，有远大的理想并勇于承担社会责任，用自己的实际行动影响其他人，使每个人都能自觉履行义务，促进社会和谐、有序地发展。基础教育阶段是培养学生责任意识的最佳时机，学校教育应通过多种途径，特别是通过学科教育培养学生的责任意识。

二、采用喜闻乐见的方式培养学生的社会责任核心素养

（一）利用实验培养学生的社会责任

化学家傅鹰先生曾说，只有实验才是化学的"最高法庭"。爱因斯坦说过，如果把学生的热情激发出来，那么学校所规定的功课就会被当做一种礼物来领受。教师要在课堂上精心设计实验探究活动，指导学生规范地完成实验操作，能对观察到的实验信息进行分析并获得结论，同时能提出优化方案，敢于质疑与批判。实验是培养学生社会责任的好方法。

1. 在化学实验中培养学生安全意识

实验作为化学教学中的特色，提供了一个极好的契机对学生进行责任感教育。无论在日常生活中还是在紧张忙碌的学习生活中，安全都应放在第一位。教师有义务在教学过程中帮助学生构建安全意识，增强学生在日常生活中的防范意识。教师要防患于未然，在进入实验室之前，一定要组织学生学习相关的安全知识，如强调实验室安全条例，实验讲解时要重点强调实验中有哪些潜在的危险，并在使用有毒、有腐蚀性药品时提醒学生戴好防护手套和护目镜。实验时及时纠正学生的不良行为，规范实验操作。对于将实验室药品私自带出实验室的同学要严厉批评，并指出这样做可能带来的安全隐患，要求其写检讨。这样会使学生在进入社会之前就形成安全意识，能够将自己的行为与社会联系起来，学会对自己负责、对他人负责。

初中化学实验时学生需要使用酒精灯，如果不小心将酒精洒出要立即用灯帽盖灭。又如做硫酸稀释时要叮嘱学生一定要把浓硫酸沿器壁慢慢加入水中并不断搅拌。做酸、碱实验时要强调注意安全，一旦酸或碱洒在手上、衣物上，要用大量水冲洗，不小心溅到眼上时，除要用大量水冲洗外，不要不断眨眼睛，不要揉眼睛，必要时请医生处理。加热液体药品时，试管口不要对着自己或他人，以免伤害自己或别人。

2. 在化学实验中培养学生环保意识

近年来，国家越来越关注环境课题，习总书记重要讲话中多次强调"绿水青山，就是金山银山"。教育工作者应在课堂教学中培养学生的环保意识，使学生养成"关心环境、关爱社会"的习惯。化学教师可以通过实验课对学生进行环保意识的培养，用最少的实验药品，减少废弃物产生，要使学生们意识到只要自己努力，就可以为环保贡献一份力量。尽量用微型实验代替常规实验，化学实验过程中尽量选用无毒无害的药品，药品的用量尽可能少，实验后有毒、有害物质和尾气的处理等，都可以培养学生的社会责任感。如：实验室如果制取少量的二氧化碳就用试管做发生装置，减少药品的浪费。做完硫燃烧实验后加碱吸收有毒的二氧化硫气体。一氧化碳还原氧化铜中一氧化碳尾气用燃烧的方法处理。金属与酸与盐反应及酸碱盐溶液反应等性质实验注意药品只取最少量，反应后溶液要进行回收处理后再排放。再如，探究分子运动实验氨气与酚酞反应、燃烧和灭火实验中红磷和白磷燃烧实验的改进。无一不体现作为社会公民要为社会可持续发展负责的意识和强烈的绿色化学观念。学生在学习知识的同时也会被教师对环保所做的努力所感染，会从日常生活中的小事做起，积极主动地保护环境。如随手关闭学校走廊白天还亮着的灯，离开课室后随手关掉用电器的开关，随手关掉漏水水龙头的水等。长此以往，学生的环保意识会从实验室延伸到社会中，对增强初中生社会责任感起到一定的作用。

（二）利用生活现象培养学生的社会责任

《义务教育化学课程标准（2011年版）》把化学教育作为科学教育的重要组成部分，重视科学技术与社会的相互联系，关注现代社会与化学有关的问题，增强对自然与社会的责任感，是全面提高学生科学素养的时代要求。几乎所有的化学知识均能够在生活中找到相应的体现，即化学是一门以生活实践为基础的课程，能提升学生解决实际问题的能力，与此同时，还能培养学生对于生活的兴趣，培养学生的社会责任感。如讲到碳单质在常温下的稳定性，可举例：历史上很多名书画家的作品都是由于用含碳的墨书写而得以长时间的保存。岐江公园旧船厂铁轨枕木表面烧黑而能长期不腐保存至今可以让人参观了解当时的历史。但时至今日，有些大开发商（比如远洋城花园）对室外的花架、回廊、水池边的小道所铺的木不加任何处理，结果硕大的树木几年间全部腐烂以至全部拆除而给集团造成巨大的损失，对国家又何尝不是巨大的损失，谁不知"十年树木，百年树人"之说。如讲到一氧化碳的毒性时，提出有些地方冬天烧炭取暖时需在旁边放一盘水来防止一氧化碳中毒，这是由于一氧化碳难溶于水。这样轻则中毒，重则丢命。可见，要想为社会服务就要对自己负责，学好科学知识，长大了才能担负起社会责任。

骗局也是生活中常见的现象。当今社会有一部分人以行骗谋生，他们为了满足自己的政治目的或一己私利编造各种骗局，但只要有一定的科学知识就能顺利揭穿他们的骗局。如骗子们宣称水加催化剂变为油可以发大财。又如邪教组织李宏志鼓吹可以做到点石成金，以骗取信徒的盲目崇拜而想达到不可告人的政治目的。但是只要学习过质量守恒定律就知道，化学变化中元素种类是不变的。在学生学到课本相应内容时，教师及时穿插相关内容，让学生根据所学化学知识去判断，可以培养学生学习科学运用科学分析问题的科学精神，并激发学生立志学好文化知识、揭穿骗局的社会责任感。

（三）利用新闻培养学生的社会责任

新闻具有多种社会功能，如反映舆情，引导舆论；倡导科学，介绍知识等。通过新闻，我们可以了解到国家大政方针、世界动向、好人好事、危害社会的事件。教师在教学中可以把班上学生分成小组，每周由一组同学收集新闻上有关化学知识的报道，组内同学讨论其中的科学原理及对社会的影响，并在每周一上课前五分钟在课堂上进行分享，每组一个学期下来只负责两周，这样学生每周都能了解到社会上与化学有关的新闻。如讲到第二单元《我们周围的空气》，教师可让学生去查阅新闻中有关的空气污染情况和国家及世界保护空气的政策做法及保护环境和危害环境的事件。上课时，教师在课堂上讲反面例子，如：天津港 2015 年 "8·12" 瑞海公司危险化学品仓库特别重大火灾爆炸事故这一重大的安全事故。它造成 165 人遇难，798 人受伤（伤情重及较重的伤员 58 人、轻伤员 740 人），304 幢建筑物、12428 辆商品汽车、7533 个集装箱受损。直接经济损失 68.66 亿元。事故的直接原因是该公司无视安全生产主体责任，违法建设危险货物堆场，违法经营、违规储存危险货物，安全管理极其混乱，安全隐患长期存在。有关地方党委、政府和部门存在有法不依、执法不严、监管不力、履职不到位等问题。有些负责人和工作人员贪赃枉法、滥用职权。中共天津市委、市政府和滨海新区区委、区政府未全面贯彻落实有关法律法规，对有关部门、单位违反城市规划行为和在安全生产管理方面存在的问题失察失管。又如 2018 年 11 月 4 号凌晨，福建东港石油化工实业有限公司在执行碳九装船时发生泄漏及瞒报事件。也要讲一些正面的例子如："对化工企业来说，要抓住低碳经济的机遇就要关注节能环保产业，坚持走节能减排之路。"日前，北京金源化学集团有限公司（以下简称为金源化学）总裁张和平在接受记者采访时如是说："中国政府在哥本哈根大会上宣布，到 2020 年，单位 GDP 二氧化碳排放比 2005 年下降 40%~45%。这是压力，也将成为中国调整经济结构和向低碳经济转型的动力。作为国家战略性新兴产业，我国应加快发展节能环保产业，使之成为新一轮的经济增长点。"金源化学多年来一直坚持致力于"化学的循环经济"和"化学过程的节能减排"的研究，实现了社会责任与企业发展相结合。企业在节能减排方面的最大成就就是成功开发了锅炉化学增效全面解决方案。目前，煤燃烧催化剂系列产品已广泛应用于热电、石化、造纸、化工、水泥等行业，并已向全国企业推广。应用结果表明，在原有燃烧条件不变的情况下，使用该产品后，节煤率为 5%~15%，二氧化硫减排率为 20%~30%，其他燃烧污染排放物，如一氧化碳、氮氧化物、烟尘粉尘等都有所降低。"低碳经济是以低能耗、低污染为基础的绿色经济，中国作出减排承诺是对全世界也是对自己负责，顺势而为承担重任。"在 2007 中华民族品牌与企业社会责任高峰论坛上，金源化学获得"中华社会责任奖"殊荣，张和平被中国石油和化学工业协会评选为"中国民营化工功勋企业家"。通过这样的事件告知学生，要学会相关的知识，并从小树立强烈的社会责任，长大后走入社会做事要做到遵纪守法，敬畏生命，对自己、家庭和社会负责。

（四）利用历史名人故事培养学生的社会责任

浩瀚的历史长河涌现了很多值得学生学习的榜样，教师在讲到相应内容时给学生讲述有关的名人故事容易引起学生的共鸣，引领学生主动去完善自我，不断走向卓越。

1. 历史上与化学有关的名人故事

如讲到生石灰的制取、性质和用途时，教师可引入民族英雄林则徐虎门销烟的故事。1839 年 6 月 3 日，民族英雄林则徐下令在虎门海滩当众销毁鸦片。海水浸化法是在海边挑挖两池，池底铺石，为防鸦片渗漏，四周钉板，再挖一水沟。将盐水倒入水沟，流入池中。接着把烟土割成四瓣，倒入盐水，泡浸半日，再投入生石灰，生石灰遇水便沸，同时生成的熟石灰具有强腐蚀性，可将烟土溶解。历时 23 天，共销毁鸦片总重量 2376254 斤，为国人除去了大毒瘤。通过这个故事，学生们知道要为社会做出贡献一定要有过硬的文化知识，从而坚定了认真学习科学文化知识和长大后为社会贡献力量的社会责任。

2. 化学科学家的故事

当学到纯碱时，教师可介绍我国化学家侯德榜的爱国故事。各科成绩优异的学霸型科学家侯德榜，留学期满拒绝美国优厚的待遇毅然回国。抗战期间，国内条件艰辛，侯德榜凭借着自己渊博的学识与探索的精神一步步在制碱的道路上前进，创造了闻名中外的侯氏制碱法。晚年他虽然体弱多病，但是仍旧没有放弃，在科学的道路上继续前行。他心中的爱国之情和责任感是每个人都能够体会到的。我们还应该记住侯德榜的这一句话，他说："我的一切发明都是属于祖国的。"侯德榜的爱国事件是我们每一个中国人都不能忘记的。科学家严谨治学的科学精神和强烈的社会责任是学生的楷模，会点燃学生心中的火种。

（五）利用计算培养学生的科学精神和社会责任

不算不知道，一算就明了，通过数字来说话更直观。如当学生学习到有关化学式计算、化学反应方程式计算和有关溶液的计算时，老师要设计一些与科技、社会发展、工农业生产和医学上有关的计算题让学生亲自体会。如设置在载人宇宙飞船中，用过氧化钠（Na_2O_2）再生氧气，供宇航员呼吸，反应的化学方程式：$2Na_2O_2+2CO_2 = 2Na_2CO_3+O_2$，神舟九号飞船有 3 人，在天13 天，如果每人每天消耗氧气约 1.6 千克，则需准备多少 Na_2O_2。学生通过计算就能体会科学知识在科技中的重要作用。又如设计中国北方的城市冬天烧煤供暖量。一个中等城市一个冬季需要 400—500 万吨煤，若燃烧 1000 吨含硫 1% 这样的原煤，会产生多少二氧化硫？学生通过计算就能体会到全国北方城市供暖对环境的破坏，从而更科学地使用燃料并培养使用清洁能源的社会责任感。又如计算食品、药品中某种元素的质量，了解缺乏元素和元素过量的不良表现。生理盐水如果不正确配置，造成误差及其造成的严重后果分析。更让学生体会到不论处于哪个岗位都要对社会负责任，更坚定在求学阶段认真学习文化知识，积极锻炼自己，让自己成为社会所需要的人才，才能更好地为社会服务的信念。这样的教学才能更好地起到立德树人的效果。

三、反思

社会责任感的培养是一项长期且艰巨的任务，需要教师在教学过程中，不断挖掘教材和课外资源，努力去探索，去尝试。只要教师能够做到生活的有心人，执著去探究，努力去研究就能发现对学生进行社会责任感培养的好素材、好方法。点燃社会责任这一星星之火，并不断进行培育。强烈的社会责任感一旦建立，会迁移他处，利于其他方面的发展，最终实现教育的本质功用——以生为本，立德树人。

参考文献

[1] 辛涛，姜宇 . 以社会主义核心价值观为中心构建我国学生核心素养体系 [J]. 人民教育，2015（7）：26-30.

[2] 张娜 .De Se Co 项目关于核心素养的研究及启示 [J]. 教育科学研究，2013（10）：39-45.

[3] 于欣 . 基于学科核心素养的化学教学建议 [J] 大连教育学院报 2017.2.

（本文 2019 年获广东教育学会化学教学专业委员会举办的论文评选二等奖）

浅谈双线制班级管理模式下对学生的关注

东区远洋学校　邓婷

【摘要】随着课程改革的推进，对学生的关注已成为学校教育的根本理念。在学校的日常教育中，教师更关注学生，同时，让学生得到更多的深入关注，是学校教育的重要体现。双线制班级管理的实施为学生提供了保障，既扩大了对学生的关注面，又加深了学生的关注度，有利于促进学生更好的发展。

【关键词】双线制班级管理　关注学生

　　获得他人的关注是人类的基本需求之一。学生正在成长，他们需要每个人的关注。还记得在批改周记时，一名学生写道："有时候我想成为一个顽皮的学生。我是班上的乖乖女。我从不敢冒犯各种制度。老师对我很放心，所以很少关心我。但老师总是找那几个爱犯事的学生谈话，我也希望老师能多和我交流……"这表明这个学生渴望引起老师的注意。作为一线教育工作者，尤其是班主任，更加应该关注学生。实施双线制班级管理是一项非常好的措施。

一、双线制班级管理为关注学生提供了保障

　　双线制班级管理的具体实践是在每个班级安排两名班主任，一名德育班主任和一名教学班主住。当两个教师共同管理班级时，他们可以相互补充，

相互促进，共同进步。一方面，两位班主任可以选择需要关注的方面，并根据自己负责的方面进行教育。这确保了每个学生都有一名班主任可以跟进。另一方面，在处理一些学生问题时，两位班主任可以共同协作，共同探讨问题的最佳解决方案，更有利于学生的成长和发展。

二、双线制班级管理扩大了对学生的关注面

在双线制班级管理中，德育班主任关注学生的生活状况、日常情感和价值观。班主任侧重于学生的学习状态和学习能力。这种分工反映在班级管理的许多方面，例如班会课的主题。班会课由两名班主任轮流举行。德育班主任的内容侧重生活情感方面，如感恩父母，与他人和睦相处，了解自己……教学班主任的内容侧重学习指导，如学习方法，如何有效地交谈，如何有效地参加考试，如何准备考试……这扩大了对学生的关注面，使他们更多地被教师关注。

例如，有一次下课时间突然下雨，班上几位学生在雨中玩耍，衣服湿了也不顾。他们只是觉得玩得有趣，不知道这样对身体不好。俗话说："身体发肤，受之父母。"因此，德育班主任可以抓住这一教育机会，开展以"百善孝"为主题的班级会议。让学生明白每个人都要珍惜身体，这也是孝顺父母的表现。与此同时，还可以向学生们讲述中国古代的二十四个孝道故事。让学生从这些故事中了解孝道的重要性，并了解孝道也可以在很多方面得到反映。

虽然德育班主任和教学班主任的关注面不同，但两个班主任的工作很多方面往往是相互关联的。在沟通协调方面，两位班主任必将促进彼此的工作，形成良性互助。

三、双线制班级管理加深了对学生的关注

张红老师将班主任的工作命名为"班级教师工作层次与境界"，且分为五个层次。其中班主任的第五层次和境界是关注学生的精神和精神生活。从中可以看出班主任对学生的关注只停留在表面上是不够的。

有这样一件事情，虽然已经过去很久，但在笔者的脑海里留下很深刻的印象。学生期盼已久的社会实践活动终于定了下来。时间是6月1日，我第

一时间就把通知发给了学生让他们与家长商量并决定是否参加本次活动。第二天，班上的语文科代表刚好到办公室交作业给语文老师。我随口问了一句："6月1日的活动你是否参加？"她走到我身边，满脸忧愁地说："老师，我很矛盾。看到班上这么多同学参加，我很想和他们一起参加。而且刚好那天是儿童节，以后的儿童节我们不放假，很难有这样的机会了。""那你就参加啦！"她低下了头，说："可是我想到爸爸就不忍心参加这次活动了。最近爸爸养蜜蜂，需要投资买饲料给蜜蜂吃。如果我参加，活动的费用爸爸要找别人借，我不想看到他这么辛苦。"多懂事的孩子啊！于是我对她说："我们班上的同学都很希望你能参加这次活动，只要你本人也愿意参加，活动费用的问题我可以用其他途径解决。"她听到这句话后马上说："老师，我不要，我不是孤儿，我不要这样的待遇。"孩子的心理是非常敏感的。此时上课铃声响了，我说："关于这件事情，老师会尊重你的选择，相信邓老师，去上课吧。"她走后，我内心很不平静。我想借助学校团委的力量帮助她，但是又不愿意伤害孩子的自尊心。我想到了家访，刚好最近一直在对班上的学生进行家访。于是，我决定当晚去大鳌溪村的学生家家访。我和她爸爸沟通好，当晚除了家访外，我会带一份学校补贴的申请表过去，让他签字，这样就可以让她去参加活动，并且告诉她活动的费用是爸爸在老师家访时给老师的。听了我的建议后，她爸爸非常感动。晚上，我们来到了她家家访，并按照约定安排好了参加活动的事情。走时，我对她说："明天你和我们一起参加活动，你爸爸刚才把费用交给我了。"她露出开心的表情但还是有些忧郁。第二天，她见到我后，蹦到我身边说："老师，谢谢你，事情我问了爸爸，弄清楚了。我会用学习和行动来回报你的。"

双线制班级管理有利于班主任更加关注每个学生，进入每个学生的心灵，并让学生充分展示和发展他们在校园的能力。我相信当学生感受到老师的关注时，他们会很开心，他们也会关注自己，关注周围的人和事。当学生懂得关注自我时，他们就会考虑自己的健康成长与发展，这样就使得教书育人有了一个很好的平台，很多工作就容易开展，从而促进学生获得更好的发展。

参考文献

[1] 苏霍姆林斯基.给教师的建议[M].杜殿坤，译.北京：教育科学出版社，1980.

[2] 叶伟 . 教育原理 [M]. 北京：人民教育出版社，2007.

[3] 傅建明 . 教育原则案例 [M]. 杭州：浙江大学出版社，2007.

[4] 朱永新困境与超越 . 教育问题分析 [M]. 北京：人民教育出版社，2004.

[5] [美] Nottings，于天龙译 . 学会关心——另一种教育模式 [M]. 北京：教育科学出版社，2003.

[6] 张红 . 班主任工作的层次与境界 [J]. 班主任，2011（12）.

（本文 2013 年荣获第二届广东省中小学班主任工作论坛德育论文二等奖）

初中生数学作业问题分析及对策研究

东区松苑中学　张青

【摘要】数学作业是数学课堂的补充和延伸，是检测教学效率的关键环节。教师可以根据学生完成作业的情况及时反馈课堂教学效果，根据作业完成效率及时调整教学进度。本文对初中生的数学作业情况分别从教师和学生的角度进行了分析：对于数学作业存在的问题提出了四点解决策略，达到提高课堂效果的目的；针对数学作业存在的问题，在数学课堂教学中数学作业的检查和批改进行了两点尝试；通过改变作业的布置、批改方式，提高教与学的有效性。

【关键词】作业问题　对策研究　检查批改　教学效率

数学作业是数学课堂教学的一种延伸和补充，是培养学生自主学习能力的一种活动形式。学生通过完成当天的数学作业能够及时找出知识的漏洞，体验知识的形成过程；教师可以通过当天的作业及时了解学生的掌握情况，及时反思，调整教学进度。

笔者现担任七年级学生的数学教师，本文对初中生的数学作业从教师和学生的角度进行了分析，对于数学作业的布置方面进行了对策研究。

一、初中生数学作业问题分析

笔者根据近几年的教学经验，认真、全面分析了学生的作业，关注教师的教，发现了如下问题：

1. 部分学生完成作业不认真，随便应付

笔者对我所任教两个班级共83名学生的作业进行分析，有20名学生只做作业内容的5%，22名学生完成作业的70%，30名学生全部完成作业，但是解题过程不清晰，部分解答题只写结果，剩下的11名学生完成的优秀。即有近87%的学生不够重视作业，随便应付。

2. 初中数学在布置作业方面所存在的问题

首先，数学教师对于班级的总体情况不是很了解，布置作业没有层次性，没有根据学生的个体差异布置作业，不能满足个体学生的需求，不符合学生的认知发展规律，难以提高教师的教学效果和学生学习数学的积极性；其次，教师布置的作业太多，而学生同时又要完成其他七门科目的作业，增加了学生的心理负担，促进厌学情绪的高涨。再次，数学作业的布置没有落实作业的目标性、内容性，针对性不够强，导致学生做作业的重点不突出，难点没有突破，浪费了大量的时间。

3. 初中数学在批改作业方面所存在的问题

当前，大多数初中数学老师都采用"全批全改"的批改方法，但随着课程改革的不断推进，作业"全批全改"的问题明显暴露出来。首先，教师每天要批改大量作业，尤其是改几何题时耗费大量的时间，教师只是简单地用"√"或者"×"这些符号批改作业，学生只知道错了，却不知道错在哪里，还有部分学生抄袭作业，导致师生之间的信息失真度较大，教师不能准确判断学生的掌握程度。

二、初中生数学作业的对策研究

初中生的数学作业问题涉及教师的教和学生的学，具体到教师布置作业的问题，教师和学生对作业的检查和批改，从这两方面进行了几点尝试，取得了良好的效果。

1. 初中生数学作业布置的策略研究

（1）落实作业目标

数学作业的布置是按照一定的知识目标实施的，这就要求教师准确把握知识的重难点，精心设计。大部分教师在布置作业的过程中只体现知识目标，而情感态度、价值观、目标没有体现，学生做作业只是完成任务，作业没有一定的趣味性，激发不起学生的求学欲望。例如，在讲解《轴对称》这节课时，要求学生回家自己设计一些轴对称图形，对于设计优秀的学生给予表扬，对于设计不够合理的学生给以及时指正和鼓励，学生从设计图形的过程中无形中掌握了轴对称的性质，既激发了学生学习数学的兴趣，又提高了作业完成的有效性。

（2）落实作业内容

初中作业的布置要侧重内容的精炼化和形式的多样化。但形式多样化也有个度，教师可以根据具体的学生布置有针对性的作业，每个学生的基础不一样，根据不同层次的学生制定不同的作业内容，对于基础较好的学生布置一些综合能力强的作业，中等的学生难度适中，对学习不感兴趣的学生可以制定一些生活化的作业，并且给予一定的鼓励，这样也可以避免学生之间不必要的抄袭。布置作业的形式化主要体现在题型的多样化上面，题与题之间有一定的联系，题与题之间可以相互转化和翻新，有利于一个知识点从多维的角度来理解和渗透。作业的设计还可以用"看一看""做一做""练一练"等关键词来引导学生进行训练和强化。

（3）作业布置层次化

作业布置层次化是指教师根据学生的认知发展规律制定有层次的作业，由简到难，从理论到实践。作业布置层次化的合理可以充分体现因材施教的原则，根据具体的学生制定不同层次的作业，满足每位学生的不同需要，也让学生能够衡量自己掌握知识的程度，做到心里有数。也可以叫学生布置作业，或给学生一定的作业，从中选做题目，这样有利于教师了解学生知识的掌握程度。

（4）作业布置体现创造性、实用性

著名心理学家布鲁纳曾说："学习的最好刺激是对所学材料的兴趣。"兴趣是最好的老师，是激发学生创造力的源泉，这就要求教师布置作业时适当改变传统作业的形式，需要结合生活。例如在七年级讲解有理数的运算时，布置了这样一个作业：两位同学之间相互写四个数字（包含负数），互相算，这样既激发了兴趣，又锻炼了学生的心算能力。在讲解八年级《勾股定理》时，可以布置作业让学生在网上查找勾股定理的证明方法和相关故事在讲解八年级《数据分析》时可以结合学生的实际情况，制定一些与班级相关的成绩数据，有助于学生理解平均数、众数、中位数等相关知识。教师设计有趣味、带有创造性的作业，可以激发学生的求知欲望，提高学生的创造力和应用意识。

2. 数学作业的检查和批改的几点尝试

（1）数学作业的检查和批改要在规范的要求下进行，要有区别性和针对性

在素质教育的引导下，在新课程的要求下，数学作业的布置、检查、批改要求一定的规范性，教师要在检查、批改的过程中尽心尽责，而不是简单地用"√"或者"×"来完成批改。学生之间学习的能力和解决问题的水平参差不齐，作业的布置具有层次性，这就要求作业的检查和批改也具有针对性。对于基础较好的学生可以用简单的批注加以引导，提高学生自主学习的能力；对于基础较差的学生可以用详细的批注进行批改，使学生对于自己不能解决的问题有所领悟，提高学习数学的兴趣，也提高作业的有效性。

（2）数学作业检查和批改的方式应该多样化

精心设计数学作业，认真检查和批改作业的过程是师生互动的过程，只有师生互动才能提高批改作业的有效性，提高学生的积极性，把教师和学生融合成为一个整体。由于"全批全改"的方式存在诸多弊端，因此，笔者在这两个教学班中尝试了如下批改方式：①小组批改作业；②教师抽查和面批；③随堂批改作业；④小组长及时做好信息交流。不同的批改方式根据不同的课时内容制定，具体问题具体分析，充分发挥学生的主观能动性，提高教与学双方的积极性。

综上所述，针对初中生数学作业的问题，教师要从落实数学作业的布置、检查和批改的方式上面去解决，充分调动学生的积极性，在教学实践中改变已有的教学方式，这样才能解决作业存在的问题，提高教与学的有效性。

参考文献

[1] 马宏娟. 浅议初中生数学作业的批改 [J]. 初中数学教与学, 2016（18）：30-31.

[2] 周双照. 初中生数学作业中各种错误原因及其对策 [J]. 中学数学教学参考, 2015（18）：91.

（本文 2016 年获广东省基础教育学会创新论文比赛二等奖）

班级微信群管理的心得与技巧

东区水云轩小学　　曾文珍

【摘要】新媒体时代下，智能手机的普及和更新换代推动着移动媒体的高速发展，让信息传播速度更快、传播形式更多样化、传播范围更广。移动媒体正以迅雷不及掩耳之势改变着我们的生活方式，人们的沟通和交流变得更为便捷和高效，家校联系的方式除了打电话、家访，约见等传统方式之外，班主任和家长更倾向于使用校信通、班级博客、班级QQ、班级微信群等新媒体。新媒体具有交互性与及时性、海量性与共享性以及多媒体与超文本、个性化与社群化等众多优势，因此很多班级都有自己的QQ群和微信群，而微信群因其交际沟通功能强大日渐成为班级群的主流。班级微信群在家校沟通中是一把双刃剑，本文重点探讨如何合理使用班级微信群。

【关键词】微信群　管理策略　管理技巧

　　班级微信群具有快捷、互动性强、分享容量大等优点，但是当消极舆论在微信群散播，班主任要想及时化解舆论危机就变得不容易了。微信群上传相片、视频速度快、成本低，各种声频、视频、图片常常霸屏以致班级重要通知淹没在无用的信息垃圾中；班级群家长素质参差不齐，管理不到位，班级的微信群很容易就成了炒股群、微商群、谣言传播群、攀比群等；班上学生的小矛盾随意在群里公开可能变成不可收拾的纠纷，家长之间的面子过不去，事情越闹越大，最终演变成家长之间的仇恨；还有一些家长不调查清楚就直接把表面问题放在班级微信群里，你一言我一语，把本来的小事发酵成了不可收拾的"大事"，此时班主任一个人要想扭转局面是很难的。因此，预防和化解班级微信群舆论危机是当前班主任面临的新考验。不想班级微信群成为舆论危机生长的温床，班主任可以这样做。

一、建立群规和公约制定的技巧

无规矩不成方圆，班级微信群要建立群规和群公约。首先，在制定群规和公约前，要引导家委会重视班级群的管理，要把班级群将遇到的困难寻求家委的帮助，发动家委群策群力贡献智慧制定微信群管理规定。接着，由家委召集全体家长按学生所在的小组为单位进行小组商议"微信群公约"，通过家长们自行讨论、达成共识、投票表决、相互监督建立的群公约自然带有约束力，不想遵守公约的家长将要面对的全体家长的无形监督和审视。其次，提醒家委定期在班级群上营造正能量舆论的氛围，形成乐于分享、相互鼓励积极向上的带有温情的班级群。为了客观和公正，避免班主任和不守规则的家长正面冲突，要把微信群管理的主动权交回家长，群主应从家委投票中产生，选出为人正派、正直、有责任感、乐于奉献的担任群主。最后，我们要引导家长们形成共识，自主自发管理班级群，进而形成人人遵守群规、公约的班级文化自觉。每一个班级都是在不断变化和发展的，因此班级微信群常规建议一个学期征集一次。

二、群规和公约制定的内容

每一个班级都有自己的独特性，自然每个班级微信群的群规和公约都不尽相同，但是共性相通的地方还是很多的，因此，有些规定是可以参考的。如：微信群不发布与班级、孩子无关的广告、图片、视频；不转发未经考证的传闻和事件；孩子纠纷不放在微信群大肆宣扬，有问题或疑虑，请选择正确处理的途径；微信刷屏快，重要的消息请直接与班主任私聊；当班主任或者家委发布班级通知时，请不要刷屏，回复时要连同通知的内容一起接龙回复；如有急事请直接给班主任打电话；不发孩子考级证书、登台亮相、一百分试卷等晒娃信息以免激起其他家长的焦虑心情；晚上是每个家庭最甜蜜的时光，

9点后不在微信群里发布内容，以免打扰大家的私人时间；身教重于言教，孩子们也是班级微信群的一员，孩子们常常观察群里的一举一动，家长们要做文明人，传递正能量，群里群外给孩子们学习的榜样。

三、建立微信群家委管理制

微信群要建立家长值周制度。由家委排好每学期的《班级群常务群主值周表》，每周由两位家长的当值，负责值周的家长要负责发布班级活动的重要通知，不当值的其他人员不能随便发布和上传信息，毕竟大家的时间是很宝贵，无用无关的信息会浪费精力。值周家长要肩负营造班级群正能量的职责，每天负责向群里的成员问好，发布天气预报，分享亲子沟通技巧，每周推荐一本适合亲子共读的书本。每个家长都有值周的机会，在这个过程中，家长既参与了班级活动，又推动了家长主动学习亲子相处的技巧，营造班级浓厚的读书氛围，也让家长感受到班级的温暖和人情味。刚开始前几周建议由班中最积极有素养的家长先开展工作，对于缺乏时间和资源的家长，班主任要主动询问其困难并及时给予协助，让每一个家长都能在参与值周的工作中获得成就感和班级归属感。

四、让孩子成为微信群的主角

要想微信群减少不必要的广告和无聊消息爆屏，班主任要主动出击，多分享学生在校生活、学习的画面，多从正面角度发现孩子们积极的一面。首先，班主任要成为微信群首席直播员，让家长们透过微信群及时了解到孩子在校的学习和生活情况。看到自己的孩子主动交流、积极发言、大胆表演、开怀大笑……家长放心了，欣慰了，从心里感谢老师，感谢学校，自然也会激发家长对班级和学校的归属感和认同感。其次，引导家长把精力放在关注自己孩子的学习和生活上，不在群里乱发无关的信息，其他想借机宣传产品的家长也就不好意思影响他人关注孩子在校的表现了。

五、采用更科学合理的APP，主动优化班级群

前段时间一篇名为《开学第三天，我退出了家长群》的文章爆红网络。不少人说，便于家校沟通的微信群逐渐成了"焦虑群""攀比群""马屁群"，

甚至是"广告群"。有人说，家校微信群正在成为大家又爱又恨的存在："爱"是因为它的方便，"恨"是因为它太方便了。不少老师说："有了微信群，每天都像是在开家长会。"还有家长表示："每天看沟通群的时候提心吊胆，消息太多，头都炸了。"班主任烦恼：家长群信息一直在刷屏。家长焦虑：班级微信群的新消息不能不看，看了心里添堵，每天提心吊胆怕自己的孩子字写不好，不完成作业，违法纪律等点名批评，怕群里公布听写、小测等成绩或者公开表扬优秀的孩子。家长觉得自己就像回到了学生时代一样焦虑。微信群最大的优点是互动性及时，共享性海量，但是缺点也是其互动性及时，共享性海量。微信群的私密性不足，引发了人们的忧虑，因此班主任要主动发掘和学习运用更优化的班级管理的 APP。在此特推荐"晓黑板"，这一款运用程序已经开始运用在班级管理中，在家校沟通有以下的优势：1. 管理员是班主任，班主任可以与全体家长互动交流，家长和家长之间只能单线交流，家长要与班主任交流也只能私聊，因此可以掌控班群舆论导向。2. 可以保护隐私交流，交互功能有指向性，有选择公开或个别交流的功能，班主任无需在微信加家长为好友，自然也能维护自己朋友圈的私密性。3. 布置作业和发布各项通知准确到位，程序全程跟踪到底，使命必达。如果有家长没有阅读班主任的通知，程序会及时反馈，只要轻轻一按键，程序会把通知编成短信发到家长的手机或者主动拨打电话语音传递班主任的通知到家长的耳朵，总之一定会让家长看到或听到通知为止。4. 该程序有微信相同的功能可以兼容上传海量的图片和视频等文件。5. 微信群增加人员的权限比较自由，一不小心，非本班的家长或社会闲杂人员都可以进入班级群。但是该程序在建群之初必须接到班主任邀请才能进群，这就防止了一些家长碍于情面或者受骗把不是本班的家长拉进班级群。

参考文献

[1] 杨庆庆. 小学家校沟通中微信使用现状研究 [D]. 上海师范大学，2017.

[2] 党亭军. 班级微信群管理乱象的原因及治理 [J]. 教学与管理，2018（04）：25-27.

[3] 吴志明. 班级微信群的引导和管理 [J]. 江西教育，2015（34）：24-25.

[4] 万霞. 班级微信群的正确打开方式 [J]. 基础教育论坛，2018（27）：51-53.

[5] 李雪芬. 小学班级微信群管理探微 [J]. 中小学德育，2017（01）：60-61，71.

（本文 2018 年获广东省首届"家校共育"高端论坛论文评选教育心得二等奖）

浅谈多媒体在数学教学中的利与弊

东区水云轩小学　　田静

【摘　要】21世纪以来，信息技术迅猛发展，计算机以及相关电子产品已经覆盖世界的各个角落，多媒体教学作为现代教育技术应用的一种新型手段，在各个学科、各个学段教学中普遍适用。本文试对小学数学课堂中运用多媒体技术的利与弊，提出浅显的认知和讨论。

【关键词】数学　CAI　多媒体教学优势　多媒体教学弊端

21世纪以来，信息技术高速呈几何层级发展，手机、电脑等电子产品已经成为我们学习、工作、生活的重要组成部分，一跃成为人们的必需品，在我们享受信息技术为人类带来的方便的同时，问题也随之而来：对视力是否有影响？长期使用是否影响注意力？是否影响人们学习和工作效率？

成人尚且如此，那儿童呢？未成年人年龄小，自律能力薄弱，往往面对新鲜事物更容易沉迷其中，而且小学生的视觉还处于不成熟的发育期，把多媒体教学引入课堂，会不会容易造成学生视力发育不正常的现象？是否对于视力发育起到抑制，甚至反向作用呢？都是值得我们研究和思考的内容。

一、研究内容

1.多媒体技术的定义

在教育范围内，多媒体技术是将多种教育媒体组合一起形成媒体群，发挥不同媒体表达、传递和处理教育教学信息的不同优势，组合而成的媒体整体优势的系统技术。在我们日常教学中，常见的多媒体技术主要有 PPT、WORD、FLASH、虚拟光驱、视频、音频、希沃授课助手、电子白板等，作为教育教学的硬件支持、软件帮辅，多媒体技术的具体定义是广泛而不唯一的，只要是辅助教学的信息技术、多媒体技术，就是我们要着眼探究、研究的目标。

2. 多媒体技术的主要特点

①复合性。多媒体教学中，往往将 PPT、视频、音频、FLASH 动画等多种教育教学资源结合到一起，把计算机与电视、音响和通信技术有机结合，教学呈现丰富多彩，在结合过程中，既要有硬件线路连接，又要有软件设备支持。

②高效性。小学数学教学过程中运用的多媒体资源，往往更丰富生动，形式多样，相对于传统教学中，教师的肢体语言加上板书等形式，更加便于学生理解，使学生在有限的课堂学习时间内，及时充分掌握学习知识，提高学习效率。

二、多媒体系统的教学功能

1. 教师教学方面

教育教学过程中，硬件主要依靠计算机、投影、一体机的结合，软件方面不胜枚举，常见的如 PPT、HTML 播放视频、FLASH 动画等。新型的如授课助手、教学白板、思维导图制作软件、录屏软件等。不仅能将教育教学内容生动呈现，吸引学生学习注意力，提高理解能力，更能减少教学中不必要的时间。教学白板可以让教师实时写字实时呈现，提供简单高效的教学互动方式，减少不必要的演算过程，一键擦除，对于学生甄别重要、次要教学内容有很大帮助。

2. 学生学习方面

现在在教育硬件发达地区，学生使用平板电脑上课的案例比比皆是，对于练习能够及时生成批改、准确率的评判、教师的教育教学方向都有很大帮助，而且通过平板电脑互动，教师可以直接将内容发送至学生用户端，避免了个别学生因视力、位置反光等问题，影响学习效果。

3. 家庭教育方面

学生的学习从来都是多元多维度的，新时代的教育对学习的主导教师、学习的主体学生、学习的监护人家长，有了更高的要求：三者之间协同合作，实现家校联合有效沟通，助力学生提高学习效率。常见的有打卡软件，一起作业等，可以将学生学习情况、学习效果、订正效果、每个题型学生掌握的百分比都能实时上传，方便家长跟进学习效果，同时也方便教师调整教学方向，有针对性地因材施教。

三、数学多媒体教学的优势

1. 激发学生学习热情

数学是一门相对抽象、较难理解的学科，传统的教学难免会让学生觉得乏味，注意力不集中。多媒体教学的最大一个优势就是科学创造教学情境，吸引学生注意力，激发学生学习兴趣，提高小学数学教学课堂的教学效率。

2. 拓展学生视野

在多媒体技术的支持下，教师在教育教学过程中，可以引入更多的教学素材，例如图片、音频、视频等，拓展学生的视野，便于学生养成全面的、辩证的价值观、世界观。

3. 规范书写及作图

传统教学下，数学课堂上的书写，因教师的个人能力及素养有一定差异，多媒体技术的引进，突破了这一差异的局限，使学生都能掌握规范书写。尺规作图是小学数学学习过程中的一大重点，学生除了要掌握学习基本教学知识，还要有尺规作图的能力。教师在教育教学过程中的作图示范，由于场地限制，并不一定最利于学生模仿，反而是现代化的多媒体技术的引进，弥补了这一缺憾，使学生直观感知、模仿标准的尺规作图操作，提高了学习效果。

4. 巩固复习

近几年微课、翻转课堂等新型教学模式进入了教育者的视线，虽然教师对于这些新型教育形式褒贬不一，接受程度不同，但是有一个共同点：对于课堂上没有学懂、没有掌握新知识的同学，可以利用课余时间反复学习，为巩固提升学习效果开辟了新的途径。

四、数学多媒体教学的弊端

1. "奖励中枢"理论

多媒体教学虽然有很多无可替代的优势，但弊端也是存在的，比如一部分教师通过课堂教学比对，发现习惯多媒体教学后，学生对于习题课等并没有过多视频、音频的课程，学习状态不够理想，这也是心理学家奥尔兹提出的"奖励中枢"理论，当学生习惯高刺激的学习情境后，很难接受低刺激的学习情境。

2. 家庭电子作业的监管

一部分家长也反馈，当学生在家独自利用计算机、手机完成电子作业时，由于学龄特征，学生难以控制自己的行为，经常玩其他游戏、看综艺节目等，并没有全身心投入学习，对学习起到了负面影响。对此，我们应积极调整，一方面适当减少家庭作业中的电子互动作业，另一方面，引导家长及时监管。不过，多媒体教学终归是利大于弊的，值得我们在运用时继续研究、探讨、实践。

五、对于多媒体技术应用的要求

为了培养21世纪跨世纪的接班人，有识之士有义务担当起教育改革的重任，迎接新技术的挑战，教师的思想也必须跟上潮流，充分认识推广多媒体教学是时代的要求，争当推广多媒体技术应用的先锋。在推广多媒体应用时，常听到一些同志议论：其一，学习软件多难呀！这种观点不攻自破，因为多媒体技术并不难。将各种媒体（计算机、投影仪等）组合在一起，教师们都用过，这就是笔者开头讲的第一种多媒体。而多媒体计算机只是将这些单个媒体组合在一起，由计算机统一指挥，操作起来更简单，速度更快，克服了单个媒体组合在一起操作麻烦、过渡不自然等缺点，尤其是它的动画效果和立体声，可为你的课堂教学增色不少。其二，多媒体对教育的影响或许可以追溯到每一台电子计算机产生之前，在计算机的设计思想中，充满了种种富有规律、直接明了、包含逻辑等一系列与教育相通的思维方式。为此，在推广应用中应注意充分发挥原有电子媒体的教学作用，实施配套，提高效益。已建立了多媒体教学系统的学校，应充分发挥它的实验、示范和推广普及作用，提高使用率，进而提高学生学习效率。

参考文献

[1] 刘东梅. 浅谈计算机多媒体技术在教学中的应用 [J]. 职业，2010（12）：142.

[2] 蒋军. 多媒体在小学数学中的应用 [J]. 西部素质教育，2019（04）：121.

（本文 2012 年获广东教育学会、广东省电化教育馆论文评选二等奖）

打通教材，开放话题

东区竹苑小学　樊慧

【摘要】《语文新课程标准》已明确地把口语交际作为语文课程的主要教学目标之一，指出："口语交际能力是现代公民必备能力，口语交际教学应培养学生倾听，表达和应对能力，使学生具有文明和谐地进行人际交流的素养。"因此，教师应创造性地使用教材，打通教材，开放教材，让教材贴近学生、吸引学生，更利于引导学生学会倾听，乐于表达，提高学生口语交际的能力。

【关键词】创造性　启发性　开放性

语文教材不仅仅是知识的载体，更是能够激发学生的学习动机，激发教师创造的激情的材料。口语交际课的教材内容也应具有启发性、开放性，富有吸引学生主动学习的魅力。因此，创造性地使用教材，打通教材，开放教材，让教材贴近学生、吸引学生，让学生有话可说，才能更好地提高学生的口语交际能力。

一、前后调整，大胆取舍，开放话题

口语交际教材编写为师生留有足够的开发和利用空间，教师可以根据教学的实际需要适当调换、补充、删减、调整教学内容，大胆取舍，不拘泥于教材给定的课题，吐故纳新，使口语交际训练内容贴近生活，这能够为口语交际教学提供了丰富的内容和广阔的发展空间。在教学中，教师要善于利用教材，利用一切机会，挖掘出多姿多彩的口语交际教学资源进行训练，再融入本班学生的实际情况，使学生感到自然、真实、亲切，从而兴致百倍地投入到口语交际中去。

如一年级下册口语交际课《怎样过六一节》，这是一个很贴近学生生活的话题，是每个孩子都感兴趣的话题，低年级的孩子由于年龄较小，活动策划能力有限，教师可主要训练学生乐于开口说话，与人交往。高年级的学生子也可以围绕这个话题展开口语交际活动，通过典型话题的实践，不断积累口语交际的经验。

二、挖掘语文其他课型中的教材，开放话题

新课标强调，口语交际"要利用语文教学的各个环节有意识地培养学生的听说能力"。语文教师要做有心人，要善于挖掘语文教材各类课型中的资源，将口语交际的训练融入阅读课、作文课等，将口语交际训练与语文教学的各个环节紧密结合，从而更有效地培养学生的口语交际能力。

如人教版五年级下册《祖父的园子》一文，课文的插图生动地表现了作者在园中自由自在的生活：一个小女孩微笑着蹲在菜地里，祖父在一旁栽花，两个人相视而笑……教学时，教师可以利用课文的插图创设语境："如果你是文中的作者，当你来到这生机勃勃、无拘无束的园中时，你想干什么？"让学生在仔细观察图画的基础上，根据文中人物的特点，展开合理的想象之后，自选角色，自选伙伴进行对话，通过"对话"培养学生的口语交际能力。

教材中不少课文的一些情节往往由于表达的需要，被作者省略了，形成不少"空白点"。教学中，我们可以充分利用这些"空白点"，巧设话题，进行口语交际训练。如人教版五年级上册《地震中的父与子》一文，课文对父亲的外貌、语言等进行了描写，写出父亲在废墟中艰难地挖了 36 小时，但对于阿曼达在废墟下等了 36 小时，并没有进行具体描写，所以在教学时，教师可以设置话题："请你想象废墟下的阿曼达会想些什么？说些什么？做些什么？"这就是一个很有价值的"空白点"。在教学中，教师可以抓住课文这一"空白点"创设语境：让学生自由扮演"阿曼达"和他的同学，自找交际对象，根据所扮演角色的特点和当时的情况进行对话。

口语交际可与习作教学结合。如人教版五年级下册的习作教学《写发言稿》，教师可以在开学初，改选班干部时，设置《竞选班干部演讲》这样的话题，从而训练学生的口语表达能力。

三、融入生活，拓宽教材，开放话题

《语文标准》中强调"以贴近生活的话题或情境来展开口语交际活动，重视日常生活中口语交际能力的培养"。丰富多彩的生活给口语交际教学提供了活水源泉，教师要善于捕捉现实生活中的精彩画面，创设交际情境，利用一切有利时机，进行口语交际的训练。

1. 在丰富的活动中捕捉话题

比如，学校为朱志鹏小朋友筹备慈善义演时，班级里开展了《我们可以怎样帮助他》的口语交际活动。随后，许多学生在校园、家里、大街上宣传，倡议各种社会力量为朱智鹏献爱心。开学初，趁年味未尽，各班根据学生年龄特点分别开展了《聊年俗》《快乐除夕夜》《拜年吉祥话》《压岁钱哪儿去了》《快快乐乐买年货》《新年新愿望》《介绍新年绘本》等话题，让学生在有真实体验的基础上，充分调动自身情感，从而更好地得到口语交际的训练。

2. 从新闻热点中捕捉话题

训练口语交际的最终目的是与他人沟通交往，而交往时自然离不开热议社会生活中的新闻事件、热点问题、优秀剧目、文艺演出等。教师要善于引导学生通过电视、报纸杂志、网络等渠道了解当时的各种新闻事件与人民群众所关心的热点问题。让学生从自己的角度出发，说说自己的观点见解。比如，电视节目《爸爸去哪儿》播出后，深受观众喜欢，所以教师便开展《我喜欢的电视栏目》口语交际活动，让学生能在愉快的气氛中，既回顾了电视节目的内容，丰富了知识储备，又使学生的口头表达能力得到了训练。

新课标要求，教师的教学要以"以学生发展为本"的理念为立足点。教学既要以教材为依据，又要不拘泥于教材，教师可根据学生心理特点，灵活运用教材，开放话题，上活口语交际课。

参考文献

[1] 谢雄龙 . 小学口语交际教学导引 [M]. 上海：上海教育出版社，2005.

[2] 熊开明 . 小学语文新课程教学法 [M]. 北京：首都师范大学出版社，2004.

（本文获广东教育学会小学语文专业委员会举办的 2015 年广东省小学语文优秀论文、课例评比活动二等奖）

以爱育爱之"火"焐化道德冷漠之"冰"

东区紫岭小学　李余仙

【摘要】我国的独生子女政策这一特殊国情,加上学校教育固有的封闭性特点,导致学生在成长过程中出现责任感缺失,缺乏互助精神,以自我为中心,不懂得关爱与分享、缺乏与他人及社会沟通的能力等诸多问题。如何改变这种状况?学校可以充分利用亲子志愿者(义工)服务队为依托,让学生走进社会,融入生活,在参与志愿者活动中学会互助,增强责任感,体会人与人之间相互关爱的价值,让志愿者精神从小扎根孩子的心里,从而打开道德教育的新局面。

【关键词】以爱育爱　焐化　道德冷漠

孔子曰:"道之以德,齐之以礼,有耻且格。"外化为礼,在心为德,让民众在道德上形成自觉,并使之成为一个主动参与社会建设与维护社会稳定的人的主张在当今的中国社会仍具有现实意义。

道德是生活的基石。在古代,这为仁人志士的个人成长信条。然而近几年,我们的道德观念由于社会形态的变更而不断地受到冲击,道德问题产生的正、负面影响又由于网络等媒体传播的空前发展而高速扩张。佛山2岁女童被两车先后碾压,十余路人见死不救;四川一货车满载25吨芦柑遇车祸,遭百余村民疯抢;留日某男生浦东机场刀捅母亲;三聚氰胺奶粉、瘦肉精、染色馒头等，一个个与道德相关事件被披露曝光，引起了社会各界的强烈关注，对于道德问题的探讨也在短期内达到了前所未有的广度和深度，不少人指出这些事件行为折射出了社会公德缺失，个体钝化冷漠等问题，有的说是社会风气问题，有的说是家庭教育不当，更多的是指责学校教育根源。教育工作者应直面现实，回应时代的挑战，用爱的教育和尊重去唤醒学子们的真实情感，用更多的体验机会去影响、引导学生，使之在过程中重视生活态度和生命情感。如何向社会输送德智双馨的人才，将成为当前拯救"道德危机"的新教育课题。

中山市东区雍景园小学 2005 年成立的中山市首支亲子志愿者（义工）服务队，通过 8 年的努力，来不断地发扬光大，谱写了一首以爱育爱的赞歌，唱遍了五湖四海，感人至深，成为了学校构建"家校深度合作共育学生现代公民素质"系统工程的品牌特色，影响深远！

一、爱·播种

我国独生子女政策这一特殊国情，加上学校教育固有的封闭性特点，导致学生在成长过程中诸多问题的出现，比如责任感缺失，缺乏互助精神，以自我为中心，不懂得关爱与分享，缺乏与他人及社会沟通的能力等。怎样改变这种状况？笔者认为，途径之一是让孩子走进社会，融入生活，在亲身体验和感受中成长。基于上述思考，同时日臻成熟的中山志愿者（义工）服务队，让我们深刻地体会到志愿者是社会文明的标志，是社会活力的体现，是社会保障的重要力量，因此，我们决定能把最能体现社会文明进步程度的、在世界上广为流行的志愿者文化吸纳进学校来，让学生们在参与、体验志愿者活动中学会互助，增强责任感，体会人与人之间相互关爱的价值及学会关爱，增进对他人及社会的了解，培养公民意识，让志愿者精神从小扎根孩子的心里。同时，也让家长群中各阶层、各行业的家长走进服务队，丰富服务队的资源。故此，我校成立了以"以爱育爱，让孩子们在社会、学校、家庭的共同参与下，学会关爱、学会感恩、学会奉献"为宗旨的中山市第一支亲子志愿者（义工）服务队，并以此为依托，打开道德教育的新局面。

二、爱·共育

如果说幼苗的生长需要土壤、阳光、空气和水分的话，那么在孩子的健康成长过程中，亲子间良好的沟通就如土壤，是成长的温床，根基与关键所在；而阳光、空气、水分就是促进孩子健康成长的多元养分——爱的源泉。

（一）填补"幼苗"成长的土壤——爱之注入的根基与关键

为增进亲子沟通，融洽家长、孩子间的情感，学校致力于开展多样化的亲子活动，努力搭建亲子沟通的平台：

1. 亲子工作坊

开展以家长、学生共同参与为主要形式的各种比赛，如"创意月球工作坊""我煮我心意亲子厨艺坊""写福字亲子书法比赛""亲子阅读赛""我唱我歌比赛"等，比赛注重亲子共同的活动过程，力求让家长与孩子在活动中心灵相通，让亲情、关爱、感激充盈彼此心间。

2. 亲子团队训练

开展了以团队互动为主要内容，亲子合力为轴心的团队训练。通过"亲密无间""袋鼠一家亲""心有千千结""一圈圈到底"等游戏活动，加强了亲子间的沟通和交流，让学生理解家庭和睦、团结、相互关爱的重要，感受彼此的责任。

3. 亲子读书月活动

每年我校都举行亲子读书月活动，在这一活动中，家长和孩子一起选书、购书、一起读书分享，在阅读过程中，增进情感交流，开阔眼界，增加文化底蕴。

4. 经营亲子同耕园

致力开发亲子共耕园项目，用学期承包制的方法，把植物园里的空地承办给各家庭，以若干个家庭为一个小组，让各家庭一起来给自己的责任田种植、浇水、管理、收获。从而，促进亲子之间的感情，提高各自的责任心，享受成功的喜悦，为孩子的劳动及环保教育提供了一个很好的平台。

除此，利用节假日，我校还组织开展了一系列活动。如"六一"儿童节的"Show出我精彩，童年乐缤纷"，家长们牵着孩子的手，走上舞台，一起展示风采，舒展个性；寒暑假的主题社会实践活动，邻近市内外无数的美丽山河、繁华都市、贫穷山村、恬静小镇都曾留下了他们曾到过的足迹……这些活动有利于增进亲子间情感，为学生搭建了成长的温床，为爱的孕育提供了根基。

（二）爱的注入——亲子道德内化的践行

以感恩教育、责任教育、环保教育、爱心教育为主线索，以亲子共同参与体验为主要形式，学校组织策划了丰富多彩的校园、社会服务实践活动，为培养孩子良好的道德素质打下深厚的基础，让各种服务活动达到润物无声的效果。

1. "别让地球再流泪"的环保助学活动——亲子爱心回收日

每周五让学生把在家收集到的废品带回学校，由家长义工到学校进行回收、清点。这活动让学生与家长对日常生活中一些不起眼的废品进行分类回收、充分利用，唤醒学生爱护地球、维护生态平衡、保护环境的意识；同时，又通过变卖所回收废旧物品以用于资助山区贫困孩子读书入学，让同一蓝天下多一份关怀与爱心。汶川、玉树大地震期间，全校孩子把筹得的两万多款项全捐给灾民；如今，孩子们在报纸上看到了镇区一个残疾的妈妈通过拾破烂来养育两岁大的女儿，正与报社联系，让那可怜可敬的母亲到学校参与爱心回收活动，把每周回收的资源无偿给她，希望帮助她走出困境……这种教育不在一时一事，而是立足长远，让幼小的心灵在无声的浸润中养成良好的习惯与品格。

2. "晨曦"行动

组织亲子赴广西百色、广东海陵、韶关地区，亲历山区人民子弟的学习与生活，并开展助学活动。亲子家庭为那里的孩子送去急需的文具，一起唱儿歌，玩游戏把快乐带到他们身边。记得在海拔 2000 米以上少数民族聚集的广西西林县，亲子家庭走访贫困家庭深入了解学生的生活状况，小义工们还与那里的孩子相互留下联系方式结识互助伙伴。多次的体验活动虽然路途艰辛，但是大家却没有丝毫的怨言，发扬团结互助的精神，出色地完成了光荣的任务。

3. 演绎传递爱心活动

当亲子义工志愿者获知年仅六岁就患白血病的孙文杰，正躺在白色的病房里与病魔作殊死斗争时，纷纷自发组织为期一个月的筹款义卖活动，尽自己的一份力量为这位小朋友筹来一笔善款。在亲子义工队耐心的介绍和呼吁之下，市民们了解到孙文杰的遭遇，纷纷慷慨解囊，把一点点"爱心"投入了捐款箱，学校和家庭用自己的行动共同唤醒了社会大家庭的感动和温暖。

当三（1）班一位叫谭嘉颖的小义工，想举办一场"爱的感动"义演演唱会，为一个有着两个患病孩子的外来工家庭筹款。学校的亲子志愿者义工服务队全体成员支持她、协助她，使她成功举办了演唱会。她的爱心故事感动了中山几百个家庭，这些家庭一呼百应，纷纷慷慨解囊，帮助她完成了她的爱心募捐善举。

4. 服务集市

亲子义工利用节假日参加大型志愿服务集市活动。活动中，孩子们看到自己的爸爸、妈妈热心的为市民答疑解难，也不甘示弱，拿着义工队准备的生活小常识宣传单，主动大方地向过路市民分发，得到路人的感谢和赞扬。小义工们爱的正能量正是在一点一滴的实际付出中得到收获。

5. 慈善爱心店轮值

组织100名亲子志愿者（义工）服务队到中山市慈善爱心店的轮值，帮助爱心店销售物品。销售的体验活动，不但能够让学生体验到做好事之后的愉悦，还让学生学会了销售的技巧，锻炼了口才和能力。

6. 主题亲子活动

主要利用传统节假日进行。如：清明节"继承革命传统，弘扬民族精神"亲子扫墓、慰问革命先辈活动，让学生得到了深刻的爱国主义思想的教育；在"五一"节，我校组织开展"五一表孝意，传统扬美德"活动，各班亲子家庭邀请家中的长者到班级，由孩子们为他们奉上亲手做的汤圆、饺子和色拉，表达孝心与爱意；母亲节时，与电视台联合开展了"写给妈妈的信""为妈妈做道菜"活动，通过活动，孩子们更懂得了感恩；迎新年时，组织"迎新年，倡孝行"及"生态文明从我做起"亲子徒步走活动，活动中，亲子家庭成员大手拉小手，走出校园，走向社会，践行着爱的誓言。

此外，亲子义工们还策划了多元的服务活动：为倡导绿色环保精神，学校开展了月饼盒回收活动；为发扬我国传统的尊老爱幼精神，我校组织了与中山市福利院老人联谊的活动；家长义工队带领孩子们去植树，为陆河山区义卖义演等。

"以爱育爱"一系列的亲子体验活动，是一次新时代道德教育呼唤而来的和煦阳光，普照着学生的身心；是一次新时代道德教育呼唤而来的及时小雨，滋润着孩子的心田。

三、爱·收获

"轻轻的 / 我走进秋天 / 洒下爱心种子 / 他生根萌芽 / 他茁壮成长 / 我愿做一名爱的使者 / 让爱 / 传播到世界的每个角落 / 永不停息 / 爱的脚步"——三年级小义工罗迪维写的心愿诗。

"一年前，随着我们雍景园小学亲子义工队的成立，我们一家走进了志愿服务的队伍。在这一年的志愿服务中，我们接触了许多需要帮助的困难人群，为他们的不幸而落泪、也为他们的坚强而鼓舞，更为他们得到社会的关爱而感动……让我们都共同行动起来，携手走进志愿服务，弘扬博爱精神，构建和谐中山。"——五年级义工林东烨感言。

"短短的几天时间，一晃而过，留在我和儿子记忆中的却是那挥之不去的一份牵挂，就像儿子说的'爸爸，我们还要去看他们'。是的，不仅是我们，还要发动更多人去帮助他们，来关爱他们！"——晨曦活动归来后义工张熊哲文父亲感言。

……

从孩子与家长的肺腑之言中，笔者深切体会到：和谐与雍容共存，爱与快乐同行！我校亲子志愿者义工服务队正以其独特的方式展示了一种开放性、发展性的思想道德教育模式，备受传媒及上级领导的关注，中山电视台、《中山日报》《商报》《南方都市》报均对我校亲子义工工作进行过采访报道；教育部副部长陈小娅考察雍景园小学后，对我校"以爱育爱"的学校文化给予充分肯定和赞扬；国家教育部和中央电视台组织评选的"金螺号·风采校园"，亲子义工得以亮相中央电视台，并被中央文明委评为未成年人思想道德建设创新案例。亲子志愿者义工服务队能迅速得到认同和推进，是因为它使学校教育、社会教育、家庭教育相互衔接、相互补充、相互促进，形成了尊重未成年人的主体地位，调动学生自我教育主动性的机制，使学生正能从自己真实所见、真实所想、真实所做、真实所悟的过程中体验成长的甜酸苦辣、喜怒哀乐，去学会辨别善恶美丑、是非对错，将思想道德建设的要求内化为自身的真实情感和实际能力，转化和自觉行动。

四、结语

"只要人人都献出一点爱，世界将变成美好的人间……"这首曾在80年代末唱响祖国大江南北的《爱的奉献》已然是以爱育爱最好的诠释。关注学子们的生命，既加强对他们身体的呵护，又加强对他们心理和精神的呵护，从而提升生命质量焕发生命活力。让我们携手同行吧，深刻理解当下文化处境与生活，拨开社会万象的纷扰和牵绊，专注于发现和点燃孩子们的爱之火，相信爱之熊熊"烈火"定能焐化道德冷漠之"冰"。

参考文献

[1] 曾锦华. 亲子义工现象探究：以广东省中山市为例 [J]. 少年儿童研究，2010(1)：10-19.

[2] 张永新. 孙玉华. "道之以德，齐之以礼，有耻且格：关于高校学风建设的思考"[N]. 大连大学报，2002-06-15.

[3] 郑凤姚. "以爱育爱的亲子义工服务队"[N]. 中国教育报，2019-01-21.

[4] 于德胜. "浅谈志愿服务精神的价值"[N]. 光明日报，2008-12-08.

[5] 林燕英. "山谷中，我们留下了爱：中山亲子义工"五一"节广西百色助学记"[N]. 中山日报，2007-05-09.

（本文2013年获第二届广东省中小学班主任论坛征文一等奖）

三主线育人文化的锻造

——以中山市东区雍景园小学为例

东区紫岭小学　李余仙

【摘要】"学校教育，育人为本，德智体美，德育为先"，但理论上的原则规定与实践中的现状存在着一定的差距。追溯问题根源，与学校德育方法有关。如何让德育像呼吸一样自然，追求德育的实效性？中山市东区雍景园小学构建了三主线德育文化——课程德育文化、活动体验文化和家校合作文化，以此来践行理想化的德育。

【关键词】三主线　育人文化　锻造

德育为先是国家教育方针的要求，把德育工作放在首位是教育人的共识。在实践中，如何让德育工作像呼吸一样自然，追求德育工作的实效性和可持续性？中山市东区雍景园小学所构建了的三主线育人文化就是很好的做法。

主线一：课程德育文化

1.基础课程，全面渗透

①学科课堂。引导全员重视学科课堂渗透德育，力尽做到一课一德，让学生处处受到"德"的熏陶。

②德育类课堂。发挥好《品德与社会》课、班会课、中队会课的作用，每月制定好主题，落实单周班队会课，双周中队会课的制度。开展集体备课，追求课堂的趣味性和实效性。

③团康课堂。发挥好学校心理专职教师的作用，扎实推进学校《卫生与健康》课程与校本课程《生命教育》的开展。利用好每两周一节的课堂，让学生接受生命教育的洗礼。

④个案心理辅导课程。开展个案生的心理谈话教育，利用学校的心理咨询室，心理教师收集各班需要进行辅导的学生名单，定期或不定期对学生进行跟踪谈心与教育，起到明显的效果。

2.活动课程，丰富多彩

从实际出发，学校、年级、班级三个层面去开展丰富多彩的活动，教育学生懂得珍爱生命，懂得感谢父母、老师、学校、社会、自然，学会与他人交往，增强安全意识，树立正确的人生观、价值观。

①结合学雷锋、植树节、清明节、劳动节、母亲节、儿童节、建党节、中秋节、教师节、重阳节、元旦等重要节庆日，在学生中开展系列教育活动，增强学生乐于助人、"饮水思源"、爱国主义等情怀，提高他们的个人修养。如3月份就围绕"让身边的人幸福起来"的主题，组织学生捐款扶贫、外出开展环保活动、为身边的人服务等，通过系列活动来深入践行雷锋精神；母亲节通过开展"妈妈我爱您"的主题班会，感化学生，让他们回去帮妈妈做家务，帮妈妈按摩，做卡片送给妈妈，做个懂事的乖孩子等系列活动，实现感恩教育的深入推进；中秋节，开展"共话中秋"主题队会，分享嫦娥的故事，诉说中秋的来历，并在中秋品尝完月饼后开展亲子"绿色中秋月饼盒"回收活动。系统化的活动，让家长、学生都收获颇丰。

②开展安全教育。让学生树立正确的生命观，培养学生对自己和他人生命珍惜和尊重的态度，增强爱心和社会责任感，使学生在人格上获得健康发展。每学期都开展"安全伴我行"系列活动，如举行家庭用电安全、游泳安全、交通安全、消防安全等安全讲座，并不定期举行消防疏散演习，消防灭火器的使用等培训。

③开展法律、法规的宣传活动，以《未成年人保护法》《预防未成年人犯罪法》和《治安管理处罚条例》为主要内容，通过学生喜闻乐见的形式，

加强普法教育，并充分挖掘身边教育资源，发挥校外法制副校长、法制辅导员的作用，使学生明辨是非，能知法、懂法、守法、用法，遵守学校各项规章制度，遵守《小学生日常行为规范》。

④开展禁毒教育。每学年开展禁毒系列活动，如禁毒图片展、禁毒主题班会、到戒毒所参观等，并积极组织学生参加市、区级的禁毒歌唱比赛，使学生深知毒品的危害性。

主线二：活动体验文化

1. "梅、兰、竹、菊"争章活动

为了让学生多元发展，坚持每月进行德行（包括文明礼貌章、团结友爱章、仪表端庄章、遵守纪律章）、学习（包括单元测验优秀章、进步章、热爱看书章、作业书写章）、竞赛（包括语、数、英学科竞赛章、各类活动章）等方面的全方位评价。每月颁发各项奖章，期末统计所得奖章个数，分别荣获"梅、兰、竹、菊"奖。让学生在自评、他评、家长评、老师评的争章过程中，自觉遵守规范。

2. 开展评选活动

扎实并创新性地开展"每月一星""才艺之星""飞跃之星""十佳文明礼仪之星""十佳少先队员"的评选活动。这些活动深受孩子们的喜欢，激励效果十分明显。

3. 星级文明班争创活动

我校坚持开展星级文明班争创活动，争星活动的内容包括仪表星、卫生星、两操星、集队星、文明课间星等，每天由少先队、行政对各班的早读、早操、眼保健操、课间活动、仪表、迟到、放学队、午读、卫生等九个方面进行检查评价，评价结果每天公布，月底按得分评出该项目的五星、四星班级，在月表彰会上发放奖牌。学期末综合统计各班所得星数，达到学校规定要求则被评为优秀班级，该班的正副班主任则被评为优秀班主任。通过争星活动，学生在为集体争荣誉的时候，自觉遵守有关规范。

4. "丑小鸭"系列活动

充分利用好"丑小鸭"广播电视台、"丑小鸭"小舞台、"丑小鸭"展廊等，让孩子们在属于自己的天地中展示个性和特长。特别是"丑小鸭"小舞台，经常性地开展演讲、歌唱、演奏赛。多姿多彩的活动增添了大队的活力，舒展了学生的身心，陶冶了学生的性情，锻炼了学生的能力。

5. "小脚丫去实践"系列活动

各年级结合实际情况，定出主题，举行了大型的社会实践活动。如今年一年级大队主题为《中山水资源的调查与研究》、二年级大队《走近农作物》、三年级大队《中山古树的调查与研究》、四年级大队《中山美食文化探究》、五年级大队《中山古村落——三溪村历史的调查与保护研究》、六年级《"微"时代对小学生的影响与调查》。通过主题实践活动的开展，组织学生到三溪村、岐江河、民众镇、东升镇、儿童福利院、市文化中心、市广播电视台、公共汽车站、孙中山故居等地进行社会调查，培养了孩子的科学精神、创新精神和社会实践能力。

6. "五节"系列活动

举办以"五节"为主线的系列专题活动。旨在让全体学生参与形式、内容丰富多彩的群众性活动。其中读书节、体育节、艺术节、英语节、科技节成为大队活动的主线。孩子或参加诗朗诵，或参加趣味运动会，或参加英语游园活动，或参加器乐演奏比赛。通过这些异彩纷呈的活动，孩子身心愉悦，才艺得以展示，特长得以发挥。

7. 助人自助修身活动

结合"学雷锋，再出发"行动，我们开展了主题为"让身边的人幸福起来"——助人自助修身活动。开创与沙岗、夏洋、库充、恒信、雍景园等社区的共建局面，大力配合社区开展一缕阳光送温暖活动。如为贫苦孩子捐赠书柜活动、慰问老党员活动、慰问退休教师活动，组织特困孩子开展讲座，植树实践活动，援助连南山区小学修建运动场等。

8. 少年军校活动

我们的目标就是让雍小的学生在六年求学生涯中，至少有一次机会到中山市国防教育基地开展为期一个星期的"少年军校"活动。通过此活动，学生不但学到丰富的国防知识，体验军队的生活，还增强了他们的体质，提高了他们纪律性，促进了良好校风的形成。

9. 领袖生启发潜能历奇夏令营活动

每年组织领袖生到香港将军澳青年营开展为期三天两夜的启发潜能历奇夏令营活动。活动趣味性很浓，轻松而愉快。系列培训使领袖生们能力得到很好地提高，更好地服务到学校的日常管理中来，成为真正的主人。

10. 毕业典礼活动

每一年我们都会为毕业班的孩子举行一个隆重的毕业典礼，要让孩子一辈子难忘。从第一届毕业生开始，分别开展了"浓情七月天""让梦飞得更高""笑在栀子花开时"等为主题的毕业典礼。全体的老师，毕业班的学生、家长盛装出席，让学生以最美好的情感告别母校，让雍小成为学生永远的精神家园。

主线三：家校合作文化

1. 多种途径的家访方式

家访是教师与学生家长沟通的重要途径，是教育教学活动的重要组成部分。我校具有明确的家访制度，家访采取三种形式：走访学生家庭；电子（校讯通、电话、电子邮件）、书信、便条联系；请家长来校座谈。班主任、副班主任老师每学年接到新班前，利用暑假进行走访，走访人数不低于全班人数的 70%，直至第一学期结束要完成 100% 的任务，科任老师每学年必须以各种形式家访学生数达到 10 人以上。寒假期间,务必对特殊学生进行走访或电访，关注特殊学生的动态，并做好记录。学生无故旷课必访；学习或者行为突然发生偏差的学生必访；刚转入的学生必访；家庭发生变故的学生必访；在校发生意外事故的学生必访。扎实的家访工作实现了学校与家庭的顺畅沟通，为形成学校与家庭共同教育孩子的合力提供了最基本的保障。

2. 开发特色家长会

家长会是家校联系的又一重要纽带，在新的课程理念、教育观念的指引下，力求让家长会成为一座心与心沟通的桥。学校每学期均召开特色家长会，特色家长会摒弃了旧有的家长会模式，让家长们有耳目一新的感觉。以座谈、游戏、问卷等形式让家长在家长会上敞开心扉，积极参与问题的探讨，有所得，有所悟。实践证明特色家长会得到了广大家长的支持，并深受家长们的喜爱。

3. 著名家庭教育专家传经送宝

每学期通过多方途径邀请孙云晓、张文质、杨启亮、李季等家庭教育专家到校给家长作家庭教育讲座，让家长更深入地领会家庭教育的重要性及方式方法。家庭教育的做法为学校教育的成功作了奠基。

4. 成立了学校整体改革咨询委员会

在原有的家委会基础上，成立由家长代表、教师代表、社会专业人士组成的学校整体改革咨询委员会，从而进一步提高学校教育教学决策的科学性，促进学校民主管理，给学校的整体发展进行调研、论证和评估并作出发展意见，推动了学校的全面发展。

5. 完善级亲会、班亲会

每学年初，年级和班级都进行级亲会、班亲会重组工作，通过自愿报名为原则，重组、优化班亲会架构，让家长更为深入、细致、融洽地与学校进行沟通、交流，借用家长合力推动了学校全面发展。

6. 亲子志愿者（义工）服务队品牌活动

本着"以爱育爱"的宗旨，沿着深化亲子志愿者（义工）服务队内涵，增强队伍的凝聚力，发挥家长的能动性、主动性、合作性，开展了以下的活动：

家长义工板块：提供平台，让家长乐在其中。

①快乐篮球队、星星篮球队、爱迪心足球队、快乐亲子英语：于 2007 年后在家长们的倡议下陆续协助创建。教练员、老师都由家长担任，其余家长担任陪练、后勤、摄影等工作。各队成立的宗旨就是让每位孩子玩（学）得快乐；让每位孩子养成最好的态度；让每位孩子学会宽容、学会欣赏。坚持逢星期六或星期日早上 9：00 到 11：00 进行集中训练。

②心灵下午茶：继续开展"心灵下午茶"家长导师招募活动，招募现场上，家长们在了解"心灵下午茶"的形式、内容之后，根据自己的特长和意愿报名。他们表示，能够积极参与教育孩子的工作，对于自己更多方面了解孩子、了解教育都有帮助。他们都非常愿意将自己的特长本领带进校园，带进我们这个大家庭。家长们每周五下午 4：30—5：00，到校组织孩子们开展各种活动，包括各类体育活动、英语口语、书法、折纸、讲故事、绘画、音乐、舞蹈等。活动可以让孩子们接触到课堂外的世界，学到课堂外的知识，了解到课堂外的趣事，使孩子们真真切切地感受到家长对他们的关心与爱护，感受到"教育无处不在"。

③大型活动志愿者。每逢学校大型活动，家长都积极报名来学校当志愿者协作活动开展工作。如每年的校运会、新年徒步走、庆"六一"活动，家长们回到学校当裁判，做后勤工作，维护纪律，当医务人员，做交通疏导人员等，为多次大型活动的成功举办提供了更好的保障。

7. 亲子义工板块：搭建亲子沟通平台，促进亲子间情感交流

孩子的健康成长，离不开家长的关爱与支持，支持的前提是亲子间良好的沟通。为增进亲子沟通，融洽家长、孩子间的情感，大队致力于开展多样化的亲子活动，努力搭建亲子沟通的平台。

①亲子工作坊：坚持开展以家长、学生共同参与为主要形式的各种比赛，如"亲子阅读赛""我唱我歌比赛"等。比赛注重亲子共同的活动过程，力求让家长与孩子在活动中心灵相通，让亲情、关爱、感激充盈彼此心间。

②亲子团队训练：亲子义工队开展了以团队互动为主要内容，亲子合力为轴心的团队训练。在一系列的分享活动之后，全体亲子志愿者参加团体训练。通过"亲密无间、袋鼠一家亲、心有千千结、一圈圈到底"等游戏活动，亲子义工们加强了彼此间的沟通和交流，增进了了解，从中体会到团队合作的重要。

③亲子主题活动：主要是由亲子义工队牵头，利用传统节假日进行各种活动。如：清明节"继承革命传统 弘扬民族精神"扫墓、慰问革命先辈活动，让学生得到了爱国主义思想的教育；"五一"节，学校组织开展"五一表孝意，传统扬美德"活动；"六一"节，学校举行"Show出我精彩，童年乐缤纷"活动；"亲子共游体验露营"活动，家校、家长、孩子的心走得更近……

④亲子爱心回收日。坚持每周周五由义工队孩子轮值在学校进行废纸、易拉罐、汽水瓶三种废品的回收，回收到的款项由骨干孩子管理，所得款项作为助学基金，帮助家庭有困难的，有需要帮助的人。

⑤"亲子同耕园"。致力开发"亲子共耕耘"项目，利用有限的学校五楼的生物园空地，采用学期承包制的方法承办给各家庭，让家庭亲子一起来给自己的责任田种植、浇水、管理、收获，从而促进亲子之间的感情，提高各自的责任心，享受成功的喜悦。

⑥"慈善爱心店"轮值。组织100名亲子志愿者（义工）服务队到中山市慈善爱心店的轮值，帮助爱心店销售物品。通过销售的体验活动，不但能够让孩子体验到做好事之后的愉悦，还让孩子学会了销售的技巧，锻炼了口才和能力。

结语

三主线育人文化的锻造，使雍景园小学的德育工作真正做到了像呼吸一样常态、自然。德育为先，不再是高高在上空中楼阁，而是润物无声的春风细雨，成为了学生生命成长中不可或缺的精神文化。

参考文献

[1] 周位彬.对德育为首观的再思考 [J].思想政治教育研究，2009，25（6）：105-107.

[2] 宋英.以德育文化创建美好的精神家园 [J].辽宁教育，2006（4）：20-21.

[3] 路琳.探索"文化德育"模式，推进德育创新 [J].河南社会科学，2011，19（5）：156-158.

[4] 翟丽旻.论育人为本的德育文化 [J].新课程研究（职业教育），2008（7）：53-54.

[5] 贡和法，张雯霞.浅谈学校先进德育文化的构建 [J].现代中小学教育，2008（4）：8 -10.

（本文 2012 年获第一届广东省中小学班主任论坛征文二等奖）

获市级奖项论文

——————

（32篇）

第三部分

社区少工委主题活动的实践探索

东区紫岭小学　何建明

【摘要】社区少先队工作是指在党的领导和共青团组织的带领下，少先队通过组织教育、资源整合、实践探索等形式，规范社区少先队工作，拓展社区少先队工作空间，从而提升队员的综合素质，推进社区少先队工作。而学校少工委建设与社区少工委的联动发展是少先队工作探索的重要领域。本课题将从"思想教育突出针对性、服务成长突出实践性、组织建设突出规范性、工作团队突出专业性"这四个方面来分析社区少工委主题活动实践研究。

【关键词】社区少工委　主题活动　实践研究

少先队组织是培育广大少年儿童的重要阵地。如何更好地实现学校、家庭与社区的教育一体化？如何让队员走出校园、走进社区，营造一座没有围墙的学校呢？我校少工委依托社区确立"学校、家庭、社区"的联动教育理念，以构建"四性"为重点，以学校与社区携手共育新人，提高队员们的综合素质，促进学校少工委工作深入发展为研究方向，成立课题"社区少工委主题活动的实践研究"项目进行研究。

一、思想教育突出针对性

针对队员自我主义强烈，关爱主义薄弱的现状，我们联合社区，确立了"走出去，动起来"的工作措施，力求做到思想教育有针对性。

1.开展"从我做起，雷锋精神让社区更加美好"活动

雷锋不仅是个伟人，还是一座精神的丰碑。每年的 3 月，在社区少工委的带动下，我校的少先队员们都会动起来。他们以中队为单位，在社区志愿者带领下开展各种各样学雷锋的系列活动中，学会博爱。

2.开展"争做爱心小少年"为主题的"感恩·责任"活动

学校亲子义工队与社区长者义工队不仅一起关注社区孤独老人——组织队员到华宇乐敬老院慰问老人，还引导队员们懂得关爱伙伴——到市福利院慰问小朋友。队员们在关爱中学会感恩，在感恩中学会承担责任。

3.开展"争做社区环境小卫士"等多项主题活动

每中队开展以"环保"为主题的队会，大队部利用节假日，组织学生到社区去，了解社区的人文环境，关注并维护社区的绿化美化和公共卫生，引导队员在系列环保活动中学会关爱社区。

4.开展"我的梦中国梦"多项主题活动

（1）在队员中开展"筑梦"活动，对全体队员进行梦想大调查，充分了解队员们的梦想。同时，也让队员们从小树立梦想，有追求梦想的行动。

（2）开展"社区幸福，我快乐"的梦想大行动。在社区中开展"学雷锋"助力活动，宣传"社区幸福，我快乐"环保活动、食品安全活动，拒绝黑网吧活动等。

此外，我们还注重与社区联动，如开展游园活动、家庭讲座等亲子活动。通过有针对性的思想教育，创造有利于未成年人健康成长的家庭和社区环境。

二、服务成长突出实践性

著名教育家苏霍姆林斯基说过："我们教育工作者的任务就在于让每个儿童看到人的心灵美，珍惜爱护这种美，并用自己的行动使这种美达到应有的高度。"在工作中，我校社区少工委达成共识，希望队员们都能成为一个"美"的人，以"五好"小公民道德建设标准作为规范，定下了以实践活动服务队员成长的工作思路。

1.在关爱活动中学做小伙伴

在社区的引领下，我校与市社工服务站成为"手拉手"友好共建单位，

开设了"社工姐姐信箱",坚持开展每周一次的"德困生团康活动"和每两周一次的亲子家庭团康活动。通过活动逐步引导队员们做团结友爱、善于合作的"小伙伴"。

2. 在社区活动中学做小主人

我们开展了"我为社区提建议"的活动,引导队员了解社区各方面的发展状况,做关注社区发展的有心人,从而培养队员们的主人翁精神。

3. 在感恩活动中学做小帮手

我们联合学校亲子义工服务队和社区长者义工队开展了一系列关爱社区困难家庭和"敬老爱幼"等体验活动。队员们在实践中收获了助人的快乐,心灵更加丰盈。我们还把活动延伸到集体生活、家庭生活中,让队员们更有责任感。

4. 在评比活动中学做小标兵

如果说活动是为了倡导,那后续的评比就是为了促进。我校在开展社区少工委工作的过程中,非常注重活动的后续评比工作,并以此作为促进、深化活动效果的有力措施,逐步培养队员力争上游的意识。

5. 在环保活动中学做小卫士

我校队员与社区志愿者定期在小区内进行卫生、安全宣传活动以营造浓郁的环保氛围。此外,我们也注重利用活动去推广环保理念,开展了"绿色中秋"月饼盒回收、争做社区环境小卫士等活动,这些卓有成效的活动使队员们认识到"环保,是一件身体力行的事"。

三、组织建设突出规范性

有力的组织建设是顺利开展工作的保证,因此,我们设立了比较完善的组织管理机构,成立了以吴锡良为主任的花苑社区少工委领导班子,下设副主任、总辅导员等岗位,并聘请了24位志愿辅导员。学校也相应成立了以范柳娟校长为组长的学校、社区携手共育新人的领导小组,机构内的成员分别由经验丰富、有责任心的老师、家长和社区人士担任,各人分工明确。有了组织的保证,我们在工作中各司其职,通力协作,大大提高了工作的效率。我校少工委的工作在传承与创新的路上越走越远。

四、工作团队突出专业性

"让队员在每一次活动中感悟成长"是我们工作的初衷，为此，我们联合社会各界成立了专业性较强的工作团队。

1. 与法同行，增强法制意识

在社区的引领下，我校与中山市中级人民法院一起开展体验活动，组织队员到中山市中级法院聆听法院审判过程，参加法院开放日法制教育活动等。

2. 与曲同行，共建"粤曲小社团"

我校利用社区长者义工的资源，与社区共建了"粤曲小社团"。小社团由学校大队部负责管理，由社区长者义工余老师负责培训，在学习中传承了富有地方特色的传统文化。他们参加中山市第三届原创戏剧比赛，荣获"铜奖"。这是对社区少工委工作的一种肯定。

3. 与艺同行，共建"剪纸"兴趣小社团

我校以剪纸为学校美术特色，学校联合社区长者义工杨老师共同对队员剪纸技能进行培训，从而提高了队员剪纸作品的质量。

4. 与乐同行，共建"快乐寒暑假"培训活动

在中共中山市委、市教育局、市文化局的发动下，我校自 2007 年起便与社区联合开展共建寒暑假活动。在过去几年，我们也开展了走进科技、走进艺术、走进爱国主义电影欣赏等丰富多彩的寒暑假活动。

与社区联动，开拓活动天地，创新队员体验途径，让我们的队员增强了自信，学会了感恩和奉献，收获了快乐和成长。今后，我校少工委将大力、全面开展社区少工委活动，继续密切联合社区，以"四性"为基础，不断探索、创新更多合作的新思路、新方法，携手共育时代新人。

参考文献

[1] 陆士桢. 论中国少年先锋队的属性与根本任务 [J]. 青年探索，2013（180）：54-60.

[2] 陈华彪. 社区里的中国少先队工作 [J]. 少年儿童研究，2011（12）：10-15.

[3] 徐峻蔚. 社区少先队工作发展路径探微 [J]. 青少年研究与实践，2015（2）：52-57.

[4] 孙维晨. 少先队教育活动的现状及实施有效策略研究 [D]. 上海师范大学，2016.

（本成果荣获 2011 年中山市少先队工作重点课题研究成果特等奖）

培养初中学生质疑能力的尝试

东区远洋学校　黄瑛

【摘要】历史教学仅仅是为了应付考试吗？文章以此设疑，从历史教学存在的一些问题说起，引用教育理论，结合笔者在初三历史的教学实践，探索历史学科如何唤醒学生的智慧之光，培养学生的思辨、质疑能力。

【关键词】质疑能力　思想　评价　情景　方法

　　台湾大学的历史系专任助理教授吕世浩在《读史的妙处在于学会思辨》一文中说道："在台湾，最荒谬的是上了12年的历史课，考完试后不到两年，所学的东西便忘得一干二净。"反思我们自身的初中历史教学，应试也是主要目的之一，为了应付考试，课堂上满堂灌是常态，教学中划重点、默要点、抽背诵等应试方式是法宝；学生经常是考完了，也就忘了，老师也很难体会到教学的乐趣。笔者经常反思，怎么样去突破传统教学的弊端？目前来看，用满堂灌、没有思维含量的教学方式来应付考试也是行不通的，2015年的广东省中考历史试卷就印证了这一点。那怎么让学生能主动参与到历史学习过程中？让学生在教学中充分、自主地活动起来，体验到厚重的历史趣味无限？让学生形成思考问题和研究问题的习惯和兴趣，让历史学科唤醒学生的智慧之光，培养学生的思辨能力呢？

　　当代著名心理学家和教育家布鲁纳的"认知—发现"理论认为学习是一

个认知发现的过程。第一，他认为，知识的获得过程是受学生强烈的认知需求驱使的积极过程；第二，在学习方式上，他积极倡导知识的发现学习。布鲁纳所说的发现学习，是指学生通过自己独立地阅读书籍及文献资料，独立地思考而获得对于学习者来说是新知识的过程，也称为问题解决过程，是学习者主动地形成认知结构的过程。布鲁纳认为发现学习的作用有以下几点：一是提高智慧的潜力。二是使外来动因变成内在动机。三是学会发现。四是有助于对所学材料保持记忆。布鲁纳的认知学习理论强调学习的主动性，强调已有认知结构、学习内容的结构、学生独立思考等的重要作用。为了解决初三历史教学中的困惑，基于布鲁纳的"认知—发现"理论，笔者在初三的历史教学中尝试调动学生的积极主动性，改变满堂灌的教学方式，鼓励学生在课堂上质疑、提问。

一、用思想培育思想，培养学生的质疑、提问意识

如果说目前我们的学生缺乏独立思考，究其原因，主要有二：一是他们过于迷信教科书观点，掌握教科书成为他们历史学习的主要目标；二是他们过于迷信教师的讲课。基于这样的现状，笔者在教学中首先给学生分享两个观点：一，教科书不是权威，也有可能出错，教科书只是历史知识海洋中的沧海一粟；二，信息化时代，学生有可能在某些方面超越老师，老师的讲解也有可能有误。与学生分享这两个观点，一是为了创造一种宽松、民主、平等的课堂气氛，二是为了打开学生思维，用思想培育思想。为了培养学生有质疑、提问的意识，课堂上笔者告诉同学们，中国人口几乎占了全世界的四分之一，却几乎在一切领域都难有真正杰出的人物出现。迄今为止，世界上的大国，在本国产生不了任何一位诺贝尔奖获得者的国家，只有中国。（当时莫言还没有获得诺贝尔文学奖、屠呦呦还没有获得诺贝尔生理学或医学奖。）听了之后，有些同学满脸疑惑，有些学生唉声叹气，趁这个时机，笔者引出了钱学森临终之问，和学生们一起反思我们的教育，这时候学生们已经争着要表达自己的看法。笔者告诉同学们，我们要身体力行，从自己做起，我们初三历史课堂要先从同学们主动、大胆的质疑、提问开始。同时，我引用了爱因斯坦的名言："提出一个问题往往比解决一个问题更重要。"引用古人的名言"疑者，思之始，学之端也。""学贵有疑，小疑则小进，大疑则大进，

无疑则无进。"每节课的黑板上笔者都会书写大大的疑问号。通过每节课有意识的培养，学生们的质疑、问题意识慢慢产生了。

二、用评价引领学生，让学生主动质疑、提问

教学中，有的学生不敢质疑提问题，怕问错了或提一些低级的问题被人耻笑，笔者反复向学生强调一种观念——课堂提问没有错误！因为任何一个同学的任何一个提问都是有价值的，其价值就是思考的力量！例如，在上《经济大危机》一课时，有学生就问：难道资本家就没有同情心吗？情愿把大批的食物销毁也不送给挨饿的穷人吃！当时笔者正讲得义愤填膺，学生的这个疑问改变了课堂的气氛，笔者没有想到有学生会提出这样的问题，一下子愣在了讲台上。虽然这个学生的提问给我造成了小麻烦，但起码证明学生在认真听讲和思考。为了调动学生们质疑、提问的主动性，笔者也制定评价方法。课堂质疑、提问主要分为三个步骤：一是课前预习提问，每提出一个问题加1分；二是课中重难点部分提问，每提出一个问题加2分；三是课尾提问，可以是本节课自己还没有明白的知识提问，也可以是选取自己认为有价值的问题问自己的学习伙伴，每提一个问题加3分。每个学期进行两次总结表彰，选出质疑、提问最多的前10名同学进行表彰，赋予他们"提问高手""最强大脑"等称号，还选出一些提问次数进步的同学，进行表扬。

三、用情境感染学生，让学生想质疑、提问

学生的思想不是来自于教师的灌输，要引发学生的思考，更重要是老师能营造一个好的问题情景，让学生处于"愤"和"悱"的状态，学生有了想去思考和解决问题的心理状态，就能比较好的提出问题。在教学中，笔者经常用讲故事和放视频的方式，为学生营造问题情境。例如，在学《凡尔赛 - 华盛顿体系》一课时，当看完顾维钧拒绝在《凡尔赛和约》上签字的视频后，学生提问：当时中国还是清政府统治吗？顾维钧为什么敢拒签？在学完第二次世界大战和放了《第二次世界大战》录像片段后，通过点拨，学生提出了以下问题：德国为什么不先进攻苏联而先进攻英法？美国投放原子弹有无必要？盟军第二战场的开辟为什么选在诺曼底？这些问题都经过了一番思考，动过了一番脑筋，有一定的思维含量，也许和笔者创设的情境有一定的关系。

四、用方法指导学生，让学生会质疑、提问

笔者常遇到以下情况：学生不是不想问，而是不会问，不知该如何问。在教学摸索中，笔者主要从以下三方面去指导学生：一是以教材为本，以重大历史事件的各项"要素"（如发生的背景，发展的过程，最后的结果）引导学生设问。例如：讲到美国"罗斯福新政"时，一般来说，学生都会问：20世纪20年代美国经济繁荣的背后，隐藏哪些危机？1929—1933年资本主义世界经济危机的原因和特点是什么？罗斯福新政的内容有哪些？有何影响？这一层次主要停留在"是什么"的阶段，目的在指导学生掌握"双基"。二是源于教材而高于教材，鼓励学生设问。例如：同样是讲美国"罗斯福新政"，可引导学生提问：新政"新"在何处？新政和苏俄的新经济政策有何异同？这一层次主要是"为什么"及"还有什么"的阶段，目的是使学生形成"大历史观"及宏观思辨能力，学会用历史唯物主义的观点，从多角度、多层次、多方面去发现问题、提出问题、解决问题。三是从教材与生活、社会的结合点中设问。例如：美国罗斯福新政、中国改革开放两种不同改革模式有何相同后果？新政和我们中国今天的宏观调控有何相通之处？东欧剧变的最主要教训是什么？这样做不仅为学生理解教材开拓了思路，而且为学生明天走向社会，研究新情况，发现、解决新问题，开创新局面打下良好的基础。

在课堂上，笔者经常是宁可课堂上少讲一点，也要让学生多想一会，给学生留下提问的时间，为学生提供互相交流、共同切磋的机会。真正地把课堂交给学生，让学生成为课堂的主体。经过以上的一点尝试，学生学习历史的热情非常高涨，课堂气氛很活跃，师生关系融洽，笔者也感受到了教学的乐趣，教学的成绩更是水到渠成，在多次月考中成绩均超过兄弟学校。当然，在尝试的过程中，也遇到一些困惑，比如教学时间不够，学习能力弱一点的学生质疑、提问积极性不够等，在教学的改革路上，这只是迈出的一小步，"路漫漫其修远兮，吾将上下而求索"。

（本文获2015年度中山市初中历史论文评选一等奖）

走进历史　感悟历史

东区远洋学校　罗慧辉

【摘要】很多初中学生对学习历史的理解还停留在死记硬背的层面。为了拉近历史课和学生的距离，笔者让学生从身边的历史出发，在了解家族历史和家乡历史的过程中，让学生明白历史与我们的关系非常密切，从而喜欢上历史。

【关键词】身边历史　家族历史　乡土历史

在现行教育制度体系下，学生们信奉分数至上，经常听到有学生说："历史课太无聊了，就是记记背背。"甚至有些学生觉得学习历史没有成就感，对于学习历史失去了本应有的兴趣。有些教师往往只是直接划考试重点，讲解考试难点，一切围绕考试来展开教学。学生对历史的理解也只停留在对试卷试题的理解上，感觉历史离自己的生活非常遥远，有距离感，更别提对历史进行探索和思考。针对这种情况，笔者在教学实践中，不断想办法拉近学生与历史之间的距离，让学生走进历史，从历史中得出自己的思考和感悟。

一、让学生走进个人和家族的历史中，从中感觉历史和自己的生活息息相关

笔者每接一个新班都会在第一节课给学生讲一讲什么是历史，让学生对历史课程有一个正确的认识，让学生感受到历史，觉得历史是自己身边可以

触摸的东西。笔者会先告诉学生："历史是过去发生的事情。"接下来，让学生每个人讲一讲他们自己的历史（从出生到上学等每一件大事），让学生感觉历史离自己那么近。课后布置作业让学生去了解自己的家族史，让学生通过询问长辈、查阅族谱等方法了解家族历史。每节课上课前5分钟，笔者会轮流安排学生上台讲述自己家族的历史故事，学生们在讲和听的过程中感觉到历史触手可及，就会觉得历史非常亲切，不再那么遥远。还可开展家族历史的写作比赛，让学生通过查阅资料、与家人交流后把自己家族的历史故事写下来。有学生写到自己家族姓氏的来源，家族历史的变迁，祖辈们生活的艰辛，还有抗日战争时期家族长辈与日本鬼子的斗争等。在了解、讲述、写作家族历史的过程中，学生们真正走进了历史，有了自己的一些感悟，很多同学写道："觉得要好好珍惜现在的生活，对长辈有了更深的认识，对书本的历史有了更直接的感受。"

二、利用"乡土史"增强学生学习历史的直观感受，提高学史能力

教材中提供的历史文化古迹，大部分因地域距离遥远而制约着学生亲临其境去考察、去探究、去感受。书上的文字远没有实际的事物那样直观。如地方历史文化遗迹近在身边，能弥补这方面的不足。在教学过程中，笔者根据自己对课程标准和教材的理解，灵活地处理教材，尽量发掘和利用地方历史遗迹资源，引导学生实地考察探究，增强学习历史的直观感受。中山市名人辈出，有丰富的乡土资源可供我们利用，如孙中山故居、杨仙逸故居、郑观应故居、陆浩东故居等历史遗迹，让学生亲临其境，在直观感受历史的过程，加深对历史事件的理解。

新的课程标准注重对学生的能力培养，倡导培养学生搜集和处理信息的能力，获取新知识的能力，分析问题和解决问题的能力，以及交流合作的能力。在课堂教学中，教师可有计划地选择与课程标准相关的地方史事，引导学生以课程标准为纲，以地方历史为资料，通过社会调查、访问、参观、搜集实物等途径，寻求多种获取知识的方法，改变从书本到书本的学习路径，养成从发生在身边的史事中搜集历史信息、获取新知识的学习习惯，形成"历史就在我身边"的理念，有助于终身学习。比如：在讲到辛亥革命时，笔者布置学生去参观中山故居，了解孙中山先生的事迹，做有关孙中山先生的手抄报，

把了解到的有关孙中山先生的事迹写下来或画出来。还有在讲到改革开放时，让同学们去搜集中山市改革开放前和改革开放后有哪些大的变化。这样，把地方历史渗透入历史课堂教学，既增强了学生对历史事件的理解、把握，又培养了学生搜集和处理信息的能力，学会学习，同时培养学生热爱家乡、热爱祖国的深挚感情。

三、在教学过程中采用灵活多样的教学方式，让学生走进历史、感受历史、思考历史

历史课堂中，单纯的讲授、灌输只会增加学生的厌烦和反感。教师应该运用多种教学方式让学生感知历史、触摸历史、思考历史。1.课前5分钟，笔者会让学生轮流讲一讲自己家族的历史故事。这种方式让学生感受到身边的历史，并且提高自己探索历史的兴趣和讲述历史的能力。2.播放电影或纪录片让学生感知历史。每节课笔者都会借助一些历史图片、历史纪录片和历史影片来让学生感受历史。但仅仅只是感受还不够，还要设计好相应的问题，引导学生对历史问题进行思考和探究。比如：讲到《内战烽火》一课时，播放了刘邓大军挺进大别山的纪录片，并设计问题："为什么共产党要选择大别山作为反攻的目标？"让学生边看边思考，看完后学生就会得出正确的答案。3.为了让学生有身临其境的感觉，笔者还会让学生编排一些历史剧，由学生自编自演，同时会设计一些问题引导学生思考。比如：在讲到《北伐》一课时，安排学生在课堂上即兴表演叶挺独立团的战士上战场奋不顾身的片段，让学生一边欣赏表演一边思考："为什么叶挺独立团所在的第四军会被称为'铁军'？"学生看完表演立刻得出了结论。讲到唐朝与吐蕃的来往时，笔者让同学们编排了一个松赞干布求婚的表演，让学生在欢声笑语中轻松地理解了历史。在讲到改革开放时，又设计了让学生表演改革开放前和改革开放后农民劳动时精神面貌的变化，并让学生思考探究："为什么改革开放前后农民的精神面貌有如此巨大的变化？"学生通过观看、思考得出了结论：家庭联产承包责任制调动了农民的生产积极性。4.笔者还采取小组间竞赛，分组辩论的方式让学生走进历史、思考历史。比如：讲到秦始皇时，让学生分组讨论秦始皇的功过，讨论完后，每组派代表来讲述本组的观点，学生在讨论、思考的过程中对秦始皇的功过有了自己的看法。在讲到左宗棠收复新

疆时，笔者把全班学生分成两组进行辩论，辩题是"海防比塞防重要"和"塞防、海防一样重要"。学生提前上网收集资料，课堂上两组成员针锋相对地辩论了起来。在辩论中学生对左宗棠为什么要收复新疆有了更深刻的理解。

5.引导学生自己上网查找相关资料，对历史问题进行全方位的思考、探究。现在网上资源相当丰富，学生可通过上网对很多史实进行了解，学会对资料进行分析、处理。比如：学完《戊戌变法》一课后，笔者让学生分组查阅资料，探究："为什么日本明治维新会成功，而中国戊戌变法会失败？"学生在合作、思考、探究的过程中对戊戌变法的失败有了更深刻的理解。6.课堂上引导学生走进历史、了解历史还是不够的，还应该设置好的问题引导学生对历史真相进行思考，让学生得出自己的看法和感悟，而不是把书本结论直接灌输给学生。比如：在讲"文化大革命"时，在展示了一些图片和文革的一些故事之后，笔者设计了一个问题："你认为类似于'文革'的事情还有可能发生吗？如果可能，你会如何做？"让学生思考后得出自己的看法。总而言之，为了引导学生在课堂上走进历史、思考历史，老师的教学方式应该多种多样，根据每堂课具体的内容和教学目标来采取不同的方式。

四、引导学生走进历史的同时必须对学生进行情感、态度、价值观的渗透

历史课堂不应该只是传授历史知识，它是提高学生人文素养的核心课程，对学生作为一个人的培养起到重要作用。所以一个历史老师不应该只是简单地陈述历史知识，而应该运用历史事件、人物及时对学生进行教育。比如：讲到"五四运动"时，笔者给学生播放《1919》影片中顾维钧在巴黎和会上的慷慨陈词，激发学生的爱国情感，鼓励学生向顾维钧学习，维护国家主权和利益；在《大一统的汉朝》一课时，讲到汉武帝实行"推恩令"，既削弱了诸侯国势力，又得到诸侯王的拥护，就启发学生处理问题的时候要向汉武帝一样多想想办法，用最合适的方法来取得最好的效果；在讲到《中华文化的勃兴》一课时，讲到老子的思想"一切事物都有对立面，对立的双方能够相互转化"时，告诉学生在生活中遇到困难挫折时，不要灰心，因为对立的双方可以相互转化，激发学生从挫折中奋起。一堂富有情感、富有激情的历史课，可以让学生收获更多。

教师应该在生活中找到更多的切入点让学生走进历史，喜欢历史，引导学生对历史的真相进行探索，对历史事件进行思考，得出自己的历史感悟。

（本文 2013 年 4 月获中山市教育局教研室举办的 2013 年初中历史教研论文评比一等奖）

区域内有效推进教学视导的实践研究
——以中山市东区小学品德学科视导活动为例

东区远洋学校　　王雅琪

【摘要】教学视导是区域内教育事务指导中心对学校教育科研工作的指导与引领。今年，中山市东区小学品德学科教学视导活动，对全区 6 所小学全面开展了一轮以"专业规范，突出权威性、多方互动，重视实效性、优化程序，关注可持续性和助力教学，落实服务性"价值取向为引领，实现了"促进理念更新、优化教学行为、加快专业成长、开辟教研新途径"的高质量教学视导实践探索。

【关键词】区域　教学视导　实效

近年来，我国基础教育不断发展，课程改革逐步推进，给区、镇一级的教育科研工作提供了广阔的空间。今年，东区小学品德学科对全区 6 所小学全面开展了一轮"促进理念更新、优化教学行为、加快专业成长、开辟教研新途径"的教学视导实践探索。

一、教学视导的基本内涵

教学视导，顾名思义即"视"+"导"。"视"就是观察，并对视察结果进一步分析；"导"就是指导，以促教学质量的提升和改进。

二、有效推进区域内教学视导的价值取向

（一）专业规范，突出权威性

本次东区品德学科视导专家由中山市教研室科研部部长、市教育学会副会长兼秘书长、市教育学会副会长兼秘书长、《中山教育研究》编辑部主任、负责道德与法治、品德与生活（社会）学科教研员冯继有老师担任。笔者作为东区品德学科中心教研组组长，与东区教育事务指导中心教研员张卉丹老师全程参与。东区6所学校的品德学科科组长全程参与本校品德学科集体备课过程，品德学科老师全员参与专家听课、评课环节，并成为议课、主题探讨的主人翁。从而组成了一个专家型、科研型、务实型的视导团队，以确保视导过程中"视"有权威、"导"有实效的信度和效度。

（二）多方互动，重视实效性

1. 教育行政机构。由东区教育事务指导中心发文并自上而下领导。2. 学校。对东区6间学校的教学行政都进行了全程的跟进。3. 教师。现阶段，东区乃至全省、市范围内，品德学科的教师往往还担任着其他学科的教学任务，个人在进行学科探索时会比较吃力。但是通过这次东区品德学科的教学视导，创设一定的制度和教改氛围，教师们教有所依，改有所得。4. 学生。东区品德学科教学视导活动，有利于提高学生的学习效果。

（三）优化程序，关注可持续性

本次东区各学科教学视导方案，早在开学前一个月就与专家沟通好时间：开学第一周，由东区教育事务指导中心牵头，召开各学科中心教研组组长工作会议，商讨解读具体事宜；第二周将方案下发到各学校，将主动权交给每间学校的备课组，由科组长带领，激发本学科教师在教学上全身心投入，形成钻研品德教改的热潮：加强集体备课、规范教案、丰富现代化教学手段等。在东区品德学科的视导活动过程中，6所学校，每间教室里闪现出的新理念、新教法、新思维；呈现出新的师生关系和课堂教学氛围。在这种教学干预之后，教师通过反思形成文字、进行分享，以及第二次上课，课堂中师生出现的新变化……都为这次品德学科教学视导获得实效的可持续发展提供了可能。

（四）助力教学，落实服务性

教学视导其实是为教学服务的，视导的最终受益者是广大的一线教师和学生。在这次时长半个月，覆盖东区 6 所小学的品德教学视导活动中，每次视导课后，授课教师都要陈述教学思路，科组长、备课组长呈现备课教研过程，市教研室冯继有老师及区教办学科视导团则针对问题提供帮助。这种帮助有诊断性、针对性和实效性，更容易为教师所接受。

三、东区小学品德学科教学视导过程

本学科的视导过程由三个阶段（视导前准备、视导实施过程和视导后总结）、六项步骤紧密衔接而成（如图所示）。

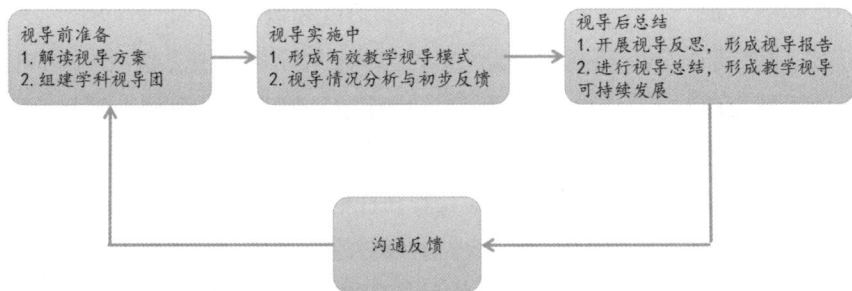

视导前准备
1. 解读视导方案
2. 组建学科视导团

视导实施中
1. 形成有效教学视导模式
2. 视导情况分析与初步反馈

视导后总结
1. 开展视导反思，形成视导报告
2. 进行视导总结，形成教学视导可持续发展

沟通反馈

视导前，学校先解读区下发的视导方案，组建视导小组团队。通过解读方案，东区六所小学由教办随机分年级抽签教学班级，充分保证教学视导的广泛性与针对性。教学视导分组开展，对东区每所学校的品德学科集中视导半天时间。6 所学校的品德学科科组长组织本学科备课组成员全程参与集体备课全过程。

在本次视导过程中，按照每周排定的听课表，安排含专家在内的区域学科视导团成员亲赴 6 所学校，深入课堂，参与听课、评课活动；参与视导后听、评；授课教师的说课、反思；视导学校学科备课组的集体备课过程，并进行反馈，担当"诊断与矫治""提炼与总结""示范与引导"的职责。最后由被视导学校品德科科组长布置视导后的教改内容，并确定视导后再上课的老师与上课时间。

视导后，认真梳理汇总各学校品德科视导备课组的意见、老师的反思，

形成报告书，送达视导学校，借助教学视导机制来诊断、指导和引领学校品德学科教学及科组建设、管理工作。

四、东区小学品德学科教学视导的实效收获

（一）促进理念更新

在视导中以"视"促教，以"导"为先。例如，在第一所实施学校——柏苑小学《不断更新的通信家族》的专家视导中，冯老师以"如何让收集整理资料'活'起来"为主题，鼓励教师运用有效的方法分析本课教学目标的定位和落实情况，为本次东区品德科视导开了一个好头，让"以学定教"的理念更加深入地成为教师们的共识。

（二）优化教学行为

通过课堂教学现场视导，广大教师从原来只注重自己的"怎么教"转变为适应学生发展的"怎么学"。雍景园小学的《秦始皇的功过》、水云轩小学的《动物是我们的好朋友》等视导课，都令人惊喜：从教学设计到教学过程及教学评估等方面，教师们不仅关注学生的学情研究、学法指导，而且注重从学生的需求来思考"教什么"，紧扣学生的实际情况与身心特点来设计怎么教、如何学。学校广大教师，尤其是中、青年教师的教学行为实现了可喜的质的变化。

（三）加快专业成长

本次东区品德学科教学视导工作采用"任务驱动法"。教师带着任务与课题进行课堂教学的研究，大家互相学习，取长补短，观课、说课、评课，撰写教学反思、后记，提出改进策略。朗晴小学《我们小组的统计》视导课情况如下：对学生鼓励性评价增多；课堂中实现讲练结合，师生互动环节增多；教师备课时考虑教与学相关细节增多；写教后反思的教师增多；互相观摩、听课、评课的教师增多。这些都是对教师专业素养的一种考量。经过这一"过程"的历练与实践，有效促进教师专业成长。

（四）开辟科研新途径

区域内的教学视导使本学科科研课题研究有了深化的途径。例如，东区远洋小学《我们播种春天》视导课，正是该校黄志煊校长担任主持人的广东省级课题《一·四·五生本课堂教学模式的实践研究》以及市级课题《品德

与生活（社会）中开展探究性体验式教学的实践研究》的理论践行和成果呈现。这不仅促进了学校教研氛围的进一步形成，而且使学校的科研工作有了新的途径与方法，科研引领的意识与实践已成为教师的自觉行为。

在本次东区品德科教学视导中，冯老师在微信公众号中发表了 5 篇听课札记；笔者撰写了 3 篇听课后记，1 篇教（学）科研管理论文；东区 6 所小学的品德老师总计撰写了 80 多篇与本次教学视导有关的备课组管理、教学反思、后记等文章。有效促进教师积极参与各项教学科研活动，提高教师自身专业素养，从而不断推动东区小学品德学科规范管理、质量提升和优质发展。

参考文献

[1] 孔晓华 . 从教学督导到教学视导 [J]. 中国职业技术教育，2014（5）.

[2] 张涛涛 . 教学视导有效性的理性研究 [J]. 江苏教育，2008（11）.

[3] 李珀 . 利用教学视导系统提升教师之教学品质 [EB/OL].http：//web.tiee.tp.edu.tw/otiec/study− books/catalog/upload−le/143−04.Pdf.09−04−12.

[4] 罗应成 . 农村地区有效教学视导的探索 [J]. 现代中小学教育，2010（8）：58−59，58−59.

[5] 张宗立 . 落实校内集体视导 助推教师专业发展 [J]. 基础教育参考，2008（7）：48−50.

（本文荣获中山市教育局举办的中山市 2017 年学术论文评选活动一等奖）

初中生在化学科学探究中问题意识的培养研究

东区远洋学校　穆祥媛

【摘要】针对培养具备科学素养公民的前提和需要，笔者提出在科学探究中培养学生问题意识的重要性，并结合前人的经验与理论基础提出本研究的培养策略。

【关键词】科学探究　问题意识　教学策略

一、研究问题的提出

现代科学技术的迅猛发展使得社会迫切需要有创新意识和创新能力的人才，为了实现这种发展，必须提高全体公民的科学素养，课程的观念和学习的模式也都必须适应社会需求的变化。加强科学探究式学习的理念正是在这种背景下提出的。

在初级阶段化学教学中，一般认为科学探究是人们在研究各类科学，特别是自然科学问题时所采取的方法。其过程可简化为：提出问题，猜想与假设，制订计划与设计实验，进行实验，分析与论证，交流与合作。科学探究作为一种有效的教学方式，其优点是过程中加强了学生的主体性地位。

问题意识是指学生在认识活动中萌生出一些怀疑、焦虑、探究的心理状态，这种心理状态促使学生积极思维，不断提出问题和解决问题。爱因斯坦认为，提出一个问题往往比解决一个问题更重要。解决一个问题往往是技术层面上的事，而提出一个问题则是思维方式的重大转变。

目前，我国中学普遍问题意识较差，不能发现问题，或者发现问题也不敢问、不会问。某程度上这是受传统教学氛围影响，中学生普遍习惯于从众、等待、服从，安于现状，习惯于求同思维，唯书、唯上，对大人物、旧传统不敢有所怀疑，不敢说"不"。这种现状对新课程实施科学探究有着极为负面的影响。在以上社会和环境背景下，笔者在科学探究中试对如何培养初中生的问题意识进行了尝试。

二、影响初中生问题意识的因素

在分析如何培养问题意识时，多数研究者会从教师和学生两个方面来说。哪些因素阻碍了学生在探究时问题意识的出现？在巴新红所做的硕士论文中，对此问题进行了较为细致的描述。学生方面包括：不想问，不敢问，不会问，没机会问，还有学生受自己的元认知水平限制。而教师方面则由于怕误事，认为让学生自己提问题太浪费时间，会影响正常的教学进度。也有教师怕学生所提问题与教学内容不一致，干扰自己讲课。还有的教师认为用教师问、学生答的教学方式，课堂上有问有答，看起来气氛活跃、热闹。如果让学生自己提问题，时间多花在学生看书、思考上，气氛上不来，课堂显得沉闷、不活跃等。实际上，教师这些表现，都是因为没有真正地把学生当做学习的主体。

在以上理论研究基础上，笔者根据所在学校的具体学情进行了调查。调查结果显示：（1）学生不喜欢提出问题，一方面表现在自信心不足，另一方面表现在多数同学都是按照书本要求或教师要求按部就班，不敢动或不想动。（2）多数同学肯定会提问是一种好的学习方式和习惯，但是并不愿意亲身体验。（3）在家庭环境中，家长似乎也缺少对这方面的关注。在对教师的调查中，笔者采取质性研究，从访谈了解到，教师在化学实验教学中，尤其是探究形式的实验时，还是很重视学生提出问题的能力的。不过鉴于某些条件限制，不能真正达到提高学生问题意识的标准。

三、教学策略

通常说"思源于疑"，也就是说思维离不开问题，若离开问题，思维就成了无源之水。要培养学生的问题意识，必须先唤醒学生"想问"的意识，让他们知道问的好处，使他们产生问的冲动。

1. 建立"问"的航标，让学生知道"问"

如果没有老师提出，学生似乎就忽略了提问题的概念。培养这种问题意识，首先要让学生知道什么是问问题。在化学的历史长河中，很多优秀的化学家都是在不断质疑的过程中，完善其理论和实验结论。教师可以在化学课初始介绍有关的化学史内容，如拉瓦锡在提出其燃烧理论时就是经过缜密的分析，质疑燃素学说的权威，并最终开创了氧气的时代。化学史作为初级阶段化学教育的一部分，其中体现的科学家不断探索、积极思考的精神是值得后人借鉴的。化学史教育彰显了化学教育在培养学生情感态度价值观方面，也间接地使学生了解到"质疑""问"的能力是如此重要。同时，也使学生明白了，提问是每个人都拥有的权利——学贵有疑。

2. 营造"问"的氛围，使学生敢问

爱因斯坦曾说过："学生神圣的好奇心好比一棵脆弱的幼苗，它除了需要鼓励外，还要有自由，要是没有自由，它不可避免地要夭折。"美国著名心理学家罗杰斯也曾指出："学生只有在紧密、融洽的师生关系中，才能对学习产生安全感，才能真实地表现自己、充分地展现自己的个性、创造性的发挥自己的潜能。"化学教师的课堂教学要从"一言堂"转变为"群言堂"，把教师的权威教学转变为师生平等、共同探讨的民主教学，给学生的思维、行为以较大的自由度。

营造"问"的氛围不仅仅指在探究中，教师为学生准备了齐全的实验仪器和药品，让学生有种跃跃欲试的冲动。这种氛围更多地体现在教师在实验探究前为学生铺设的思想道路，在教师引导下，学生的思维一次又一次激起千层浪。如在进行金属活动性检验实验中，当铝投入硫酸铜溶液中，可以提醒学生发现什么意料之外的现象，当学生发现有少量气泡产生时，继续引导学生："产生气泡说明什么？你自己能提出什么问题？"像这样，教师并没有直接提出问题，而是借助实验现象提醒学生此时应该有问题产生。

3. 创设"问"的情境，使学生能问

根据认知理论，化学课堂教学过程应该是以不断地提出问题并解决问题的方式来获取新知识的思维过程。解决问题首先要提出问题，因此，无论是在教学的整个过程，还是在教学过程中的某些微观环节，教师都应该十分重视问题情景的创设。所谓问题情景，是指一种具有一定困难，需要学生努力克服（或寻找达到目标的途径），且力所能及的学习任务。任何学习的愿望，总是在一定的情景中发生的，只有具有这种问题性的情景，对学生才具有强大的吸引力，具有强烈的激发作用。

创设问题情景来实施创新教学的功能主要表现为：通过情景提出问题，使教学信息具有新奇性，从而使学生产生好奇心和求知欲，极大地激发了学生的探索动机和兴趣，有利于培养学生的创新意识和提出问题的能力。通过问题情景来讨论问题，展开联想，提出猜想，训练学生创新所需的思维素质和创新精神。在探索创新过程中，教师应渗透和运用一些创造性的方法，提出假设、建立新理论、给出新方法，从而培养学生的创新思维方法。

如在化学科学探究中利用数据变化创设问题情景：在探究氢气爆炸实验中，列出下表——氢气与空气不同体积分数时点燃发生的爆炸情况：

氢气体积分数/%	90	80	70	60	50	40	30	20	10	5
空气体积分数/%	10	20	30	40	50	60	70	80	90	95
点燃现象	安静烧烧	安静烧烧	弱爆炸	强爆炸	强爆炸	强爆炸	强爆炸	强爆炸	弱爆炸	不燃烧不爆炸

通过对比点燃的现象，学生很自然地理解了爆炸极限这个概念。这种根据需要查找数据，有目的地锻炼学生查找资料、搜索信息的能力，可以使学生更容易进入学习正题。

又如通过新旧知识的牵引创设问题情境。根据奥苏贝尔的同化理论，任何一个新知识均可以通过上位学习、下位学习、组合学习，设计恰当的先行组织者，寻求它与旧知识的联系作为新概念的增长点，促进新知识的学习。

4.引导学生学会观察，增强"问题"质量

在科学探究中，化学实验起到必不可少、承上启下的连接作用，化学实验是探究的载体，在实验中教师需要通过观察到的实验现象来分析问题。因此，如果想提高学生的提问能力、提问的水平和问题的质量，可建议学生从认真观察实验入手。如实验室制取二氧化碳时，教师通常不选用硫酸是由于会生成微溶物硫酸钙。在实验中，教师可以提供学生硫酸，让学生尝试错误，学会观察：当硫酸溶液与大理石反应时，观察其气泡产生的快慢与持续时间等，让学生理解不用硫酸制作二氧化碳的原因。

四、结论

以上的策略研究在经过半个学期的磨合后，学生总体反应在探究过程中，更倾向于问问题，注重过程的研究。不过鉴于此研究时间短暂，学生覆盖面较小（只针对一所学校展开），具体检验学生是否具备问题意识的检测标准也没有完善。因此，此研究在某些显性目标中（如化学成绩是否提高，作业正确率是否提高等）并没有起到明显效果。不过，相信对于问题意识研究的逐步完善，我们的学生会终身受益的。

参考文献

[1][2] 吴星. 化学新课程中的科学探究 [M]. 北京：高等教育出版社，2003.

[3] 巴新红. 化学教学中培养学生问题意识的研究 [J]. 济南：山东师范大学，2005

[4][5] 柳世明. 创设问题情境，激活学生的思维是过程教学的关键 [J]. 化学教育，2005（1）：35-36.

[6] 施其康等. 进入 21 世纪的中学化学教育行动纲领 [M]. 北京：北京教育出版社，1999：13-30.

（本文获中山市 2014 年化学科教育教学论文评选一等奖）

从广东香港两地课堂的异同看活动式英语课堂

东区远洋学校　杨珊莉

【摘要】本文从广东和香港的两个课案得到启示，总结基于建构主义活动式英语课堂的三点策略：一、教师要通过小组合作实现活动式英语课堂；二、教师应将活动融入不同的课型之中；三、教师应以课堂的主要活动环节为基本单位建立简单易操作的课堂评价体系。

【关键词】建构主义　活动式　小组合作

2014 年我到香港参观学习，对当地的中学英语课堂进行观摩，发现广东与香港的课堂存在着异同。本文所选的两个课例具有一定的可比性，都是听说课，并且都有小组合作的活动。

一、案例呈现

广东课例：

中山市罗老师的课例在广东省初中英语教学录像评选中获特等奖，课题是人民教育出版社版《英语·八年级上册》Unit 10 "If you go to the party, you'll have a great time！"。学生全体面向讲台，座位分布较为传统。教学过程如下：

（一）Warming-up

1. 教师播放歌曲 If you are happy

2. 学生起立唱歌，配合肢体动作。

3. 教师引入教学内容，问学生问题——

If you are happy，what will you do？

（二）Presentation

1. 教师向学生讲解条件状语从句的概念。

2. 教师通过师生问答加深学生对条件状语从句的理解。

如，T：If you have a robot，what will you do？

Ss：If I have a robot，I will play with it.

（三）Listening 1

1. 与学生谈论课本的图片，作为听力前的预测。

2. 听课本的录音并完成听力任务。

（四）Speaking

1. 教师在 PPT 上呈现某学生的照片，该学生根据课件图片回答问题，如，

T：What are you going to do this semester？

Ss：I am going to join in a Christmas party.（屏幕预先出现圣诞节的象征物）

T：If you do, what will you do？

Ss：If I do, I will have a great time.

2. 教师在屏幕上呈现对话句型，要求学生讨论周末打算做的事。

3. 学生两人一组进行对话。

（五）Groupwork

教师引导学生进行句子接龙游戏，如，

A：I am going to be an athlete.

B：If I become an athlete，I will be famous.

C：If I am famous，I will be rich.

D：…

（六）Listening 2

1. 教师播放录音。

2. 学生听录音并完成练习。

（七）Groupwork

1. 教师引导学生运用 "if I ..., I will..." 句型，设想如何举办一个派对。

2. 教师展示学生小组汇报的范例。

3. 学生展示汇报。

香港案例：

2014 年香港东华三院马振玉纪念中学 Miss Mak 教授的一节口语课，有 20 个学生，按四人一组相向而坐。课堂教学过程如下：

（一）Introduction 引入

1. 教师介绍课堂的主题 Superhero（超人），播放关于超人的歌曲视频。

2. 进行 odd one out 的游戏，即教师在 PPT 上呈现四个单词，这些单词与超人的主题相关，学生从中选出一个不同类别的词，教师用英语简单地解释某个单词异类的原因，游戏结束后，教师将投影机用纸片挡住，学生看不到屏幕的任何内容。

3. 进行 Charades 的游戏，教师事先准备好一个篮子，里面装着小纸团，纸团内容是某个超人的名字，两位学生一组，挑一个纸团，一位学生用英语描述超人，另一位学生用肢体动作表演，由其他同学猜测超人的名字，如 Spiderman（蜘蛛侠）。表演者的语言幽默，动作趣味，笑声不断。

（二）Implementation 实施

1. 学生在小组中大声读 Superhero 的歌词，有一部分歌词被隐去换成空格，学生试着把所缺的单词读出来。

2. 教师播放 Superhero 歌曲，学生暂时不看视频，通过听歌将歌词补充完整。如，He can run faster than a _____.

3. 学生一边观看完整视频，一边对答案。

4. 从歌曲引出句型"If I had a superpower, I would be able to/ could/would..."。

5. 教师给学生发作业纸，让学生画图设计一个 Superhero 的海报，由学生介绍超人的名字及能力。

6. 学生用目标语言介绍超人，他们的语言和想象力非常丰富。

二、两个案例的异同

（一）两位英语教师都利用多媒体进行教学，如歌曲、视频等。广东的英语教师更倾向于将歌曲、视频用作引入目标语言或者活跃气氛，然而香港的教师则倾向于深度挖掘歌曲或电影中所蕴含的语言知识，甚至把歌曲或视频作为学习的内容。

（二）从课件来看，广东的教师把课件制作得相当精美，一个课件可能贯穿一节课的始末，而香港教师的课件则简单朴素得多，且不会一整节课都使用课件。

（三）从内容上来说，广东的教师更容易受到课程的束缚，课堂内容多以课本内容为主；香港的教师备课内容以考纲为依据，不受课本的束缚，有更大的灵活性和自主性，备课时将有利于教学的资料添加到课堂中。

（四）从教学的主体来看，两位教师都进行小组合作学习，广东罗老师的课堂大多数时间以教师为中心，学生在创建对话的时候，受到教师的控制，学生的创造性思维受到一定限制；而香港 Miss Mak 的课堂较为灵活，时而以学生为中心，时而以教师为中心，中心的转移穿插交替而不留痕迹，小组中的每个学生开口表达的机会更多，且在设计超人的过程中，创造性思维得以锻炼。

三、启示

香港 Miss Mak 的口语课是基于建构主义理论的课堂。"建构主义认为，理解是一个过程，学习者必须自主地发现、转换复杂的信息，以使信息真正为自己所有。"[1]。传统的讲授模式，存在一定的弊端，学生大多数时候被动地听教师讲授的各种知识，只是在进行记忆。"然而学习并非只是记忆。对学生而言，要真正地理解并能够应用知识，他们必须努力去解决问题，自主地发现问题，深入思考。"[2]以学生为中心的英语课堂意味着教师要给予学生更多的机会进行创造性地运用英语。因此，教师要有意识地在课堂中渗透建构主义的教学思维，将以教师为中心的课堂转变为以学生为中心的课堂，设计活动式的英语课堂。

那么，如何设计活动式的英语课堂呢？笔者结合自身的教学实践，提出三点策略。

1.教师要通过小组合作实现活动式英语课堂

建构主义强调合作学习，新课程标准提倡"学生在教师的指导下，通过体验、实践、参与、探究和合作等方式，发现语言规律，逐步掌握语言知识和技能"[3]。为了使活动能够在小组中顺利进行，教师在备课时应设计需要学生分工合作的活动，例如在一个话题情境中设置多个角色发言。其次，在组建小组的时候，教师应注意，小组成员的组成应强弱搭配，人数不应超过四人。人数太多，学生易推诿，能力弱的学生倾向依赖能力强的学生。

2. 教师应将活动融入不同的课型之中

在传统的听说课上，学生通过听录音完成练习，提高听力，通过背诵或者模仿课本的对话进行机械的操练提高口语，这不能让学生产生真正意义的交际。当然机械的训练必不可少，但不能作为课堂的全部，应当缩减时间比例，将更大比例的时间留给学生进行交流活动，教师应创造情境和信息，让学生在某种语境中运用语言，例如，笔者曾在 "Go for it！ 九年级 Unit 4 I used to be afraid of the dark." 的听说课中，让小组描述某位同学的特征，其他学生猜测被描述者的名字。在这样的课堂活动中，学生有一定的自主权，学生运用语言的创造性思维得以发展。

3. 教师应以课堂的主要活动环节为基本单位建立简单易操作的课堂评价体系

学生的行为需要不定时的强化，小组评价是一种强化的形式，但部分学校的小组合作评价系统过于复杂，教师几乎在每个课堂环节给学生加分，容易出现忙乱的状态。课后，由于小组的数量多，教师或学生陷入了统计的繁重工作之中。笔者在评价小组时，将所有小组合并为 AB 两大组，只在两三个大的小组活动中进行加分评价，例如，如果 A 大组中的某个小组得了 8 分，整个 A 大组记 8 分，下课时统计两个大组的分数，课后由科代表记录，每月统计一次总分，可以根据积分发不同层次的奖品。

参考文献

[1] 罗伯特·斯莱文. 教育心理学 [M]. 北京：人民邮电出版社，2013：209.

[2] 罗伯特·斯莱文. 教育心理学 [M]. 北京：人民邮电出版社，2013：188.

[3] 中华人民共和国教育部. 义务教育英语课程标准（2011 年版）[S]. 北京：北京师范大学出版社会，2012：4.

（本文获 2014 年中山市教育局举办的中山市学术论文评选一等奖）

品尝《孔乙己》里酒的味道

东区远洋学校　洪显佳

【摘要】酒，并不是生存的必需品，穷困如斯的孔乙己为何对酒难以割舍呢？文章以此设疑，穷根刨底，从中国传统的酒文化说起，结合时代背景、人伦常理，用诙谐的流行语言，对孔乙己充满酸甜苦辣的内心世界作了合理的想象、缜密的推断，道出了深受封建科举制度之害、穷酸落魄至死的孔乙己的辛酸独白。

【关键词】《孔乙己》　酒的味道　文本解读

　　《孔乙己》是人教版九年级下册的一篇课文，也是文学巨匠鲁迅先生的得意之作。对于这篇文章，大多教师突破了过去意识形态的束缚，审视角度趋于多元，使这部作品的教学呈现出丰富的多重意蕴。例如侧重时代背景的介绍，旨于让学生认识到封建统治思想重压下的病态社会适应不了社会的发展；例如侧重语言表达的训练，以期通过文本辛辣深刻的语言特色，让学生深入理解作品意蕴；例如侧重叙事角度的讲解，试图依靠叙述者"我"复杂的内心，含蓄的口吻，让学生感受小说这种文体的独特魅力；例如侧重小说人物的剖析，力求通过看客的四次哄笑以及孔乙己的外貌语言动作描写，揭示旧中国大众的麻木冷漠，以及知识分子的矛盾病态心理。

　　其实无论基于何种角度的文本解读，对阅读教学而言，都有其存在的必要。笔者以审慎的姿态、开放的视角，选择了这样的解码方式——透过酒的味道来品读《孔乙己》。

一、选址咸亨酒店很给力，酒里的味道是甜的

欣赏最美的风景，一定要占据最佳的位置。在外景选择上，鲁迅首选咸亨酒店，但茶馆也同样是三教九流汇聚之所，为何不入作者法眼呢？笔者认为最重要的原因就是鲁迅巧妙地把小说人物与中国传统酒文化关联起来，达到一种更为深刻的精神上的契合。[1]

古代四民：士、农、工、商。士乃文人雅士，位居四民之首，他们对酒依赖、迷醉甚至崇拜，情缘颇为复杂。所以中国文学史上，文人嗜酒的诗篇屡见不鲜。曹孟德的杜康，醉在成功者理想的最高处；陶元亮的"造饮辄醉"，饮得坦荡与率真；李太白的斗酒诗百篇，喝得才华横溢。孔乙己虽未入士，但确是一个追求士的文人。平日苦读诗书，岂能不知"以酒为名"的刘伶、"斗酒学士"王绩等传世之名人。所以乙己饮酒绝不是单纯买醉，而是受到历代文人雅士嗜酒传统的影响，认为喝酒是一种时尚，名士风流的表现，喝酒才能表现出俊杰才子超凡脱俗的生活情趣。纵酒豪饮与"穿长衫"是一样的，均能体现身份的高贵，彰显出自己的个性与风度。

在这种被酒精麻痹所产生的幻象下，入到乙己口里的酒是甜的。

二、舍新长衫而取喝酒，酒里的味道是酸的

孔乙己绝对是一个迷恋于"名牌"的人。有长衫为证，不管它多脏、多破、多旧，乙己也绝不嫌弃，一定是"舍乎，舍乎，舍乎哉，不舍也"。长衫虽然破旧，但毕竟贴着"身份地位"的标签，所以他拒绝穿印有"农民工"符号的短袖T恤。其虚荣之心已深入骨髓，不能自拔。此外，他还喜欢在"短衣帮"面前"之乎者也"地卖弄学问，喜欢不紧不慢地很斯文地"排出9个铜板"来展示自己的经济实力。

由此衍生一个小问题，他既然爱炫耀，为何不省下两顿酒钱购置一件新长衫呢？如果是因钱不够，不敢进高档的"专卖店"自取其辱，那尽可放心到"淘宝店"里淘一件物美价廉的"山寨长衫"啊，站在"短衣帮"面前同样是光彩照人、高人一头。既出了一口气，又赚到了实惠，何乐而不为呢？然而乙己确是不为。

新长衫乙己所欲也，喝酒亦乙己所欲也，二者不可得兼，舍新长衫而取喝酒者也。喝下这杯可以买新长衫的酒，乙己的心里应该很复杂，很矛盾。笔者

揣测咽到肚子里的酒味一定会很酸……

三、喝的不是酒是幻想，酒里的味道是苦的

取舍间的抉择真的很难，新长衫想要，旧酒杯更难放。原因何在？应该是乙己心里容的痛苦太多了吧，或许，他是用"驱愁知酒力"这种"化学反应"来消解内心的愁苦。

愁苦何来？虽穿长衫，却挤不进上层社会；同为读书人，从未得到"达者"的"兼济"却屡遭恶人毒打；同为底层人，不被接纳却经常被拿来消遣取乐，就连小孩子也认为他是乞丐一样的人，对他不屑一顾，世态冷漠炎凉皆莫过于此。浮生若梦，应及时行乐，以酒宽心，以醉避世。乙己生活在这样一种尴尬的社会境遇里，他只能以饮酒来麻醉自己，消解内心抑郁，暂时忘记生活重压。

所以他从平日的饥寒交迫中逃出来，从丁举人等上层社会的排挤和残害中逃出来，从自己的失败人生中逃出来，逃到了咸亨酒店，喝一碗薄酒或吃一碟茴香豆，幻想在酒精的麻醉中找回一点自尊与生命的乐趣。

"举杯邀明月，对影成三人"，借助这点酒兴，他看见自己的长衫焕然一新，踱到了酒店雅间，不仅点了茴香豆，又加了一碟荤菜，慢慢地坐喝热酒。店老板陪着一副笑脸，"短衣帮"更不敢过来滋事挑衅，就连店伙计也欣然来请教茴香豆中"茴"的四种写法。

只可惜好景不长，酒力既过，愁上心来，现实依旧，那灌入愁肠的酒味应该奇苦无比！

四、死了都要喝，酒里的味道是辣的

乙己自认为理想的避难所是咸亨酒店，然而他的幕幕悲剧都在这里上演。他为何不逃离这伤心地，为何腿被打断，还要用手爬来喝酒，更要遭人嘲笑，不喝能死吗？这不是自寻死路吗？

死了都要喝，他就是要自寻死路。

他一生当中最大的痛苦不是遭受丁举人的毒打，不是短衣帮的嘲笑，不是酒店老板的挖苦，也不是店伙计的不屑一顾，而是他的理想无法实现。身为读书人，他也有"朝为田舍郎，暮登天子堂"的追求，他也做过 "修身、齐家、平天下"的美梦，他也怀有"指点江山激扬文字"的理想。

文中说"他身材很高大",不要误认为是种田好手,那可是他年轻时形象甚伟,雄姿英发,书生意气的写照啊!年轻时,他一次次追求梦想,一次次追求……可是造化弄人,一次次失败,一次次失败……最终,他心灰意冷,屈服于命运的作弄,和古往今来的失意之人一起成为天涯沦落人。他浑浑噩噩,想保全读书人的颜面,却被自己的愚忠推向死亡的边缘。他虽没中秀才,但还写得一手好字,这也是很好的谋生手段,但因观念之差,弃之不用。无生计来源,却又耻于沿街乞讨,最终走上了与自己信奉的儒家思想相悖的偷窃道路,内心痛楚更不必说。

所有的辛酸只有酒了解,酒成为他唯一的朋友。只有在酒中,才能听到乙己撕心裂肺的呐喊,这就是他痛不欲生的苦楚,是他自寻死路的根源。

回天已乏术,乙己渐有求死之心。对待嘲讽,他用恳求和说谎来维护颜面,之前的针锋相对、理直气壮烟消云散,可见其身心俱废。"哀莫大于心死",乙己死局已定。

最后,用双手爬到咸亨酒店喝酒,乙己知道自己已经不愿再当这种苦命人,社会也不需要他这种多余人。喝下这杯最后的送行酒,他消失于"对苦人凉薄的社会"。

这最后一杯酒应该是最强劲的辣味,彻底地摧毁了孔乙己的生命。

参考文献

[1] 吕红霞.《孔乙己》中"酒"的深度解析 [J]. 文理导航, 2012（10）.

（本文 2012 年获中山市中语会原创论文评比一等奖）

物理"趣味微实验"的初步探索与实践

东区松苑中学　朱荣双

【摘要】"趣味微实验"是指师生立足于物理课堂教学现状，为提高教学能效，借助身边常见的生活用品，设计并制作有针对性的物理微实验，并在教学和学习中给予实践和应用。"趣味微实验"的设计制作秉承趣味性、科学性，装置微型化、易组装，材料易取、可重复性强，原理清晰，现象明显。"趣味微实验"的作用应体现为激发学生兴趣，引发探究，破解难点，提升理解，树立实践精神，培养核心素养。

【关键词】微实验　核心素养　趣味性　科学性

中学物理是建立在实验基础上的一门学科，实验教学是中学物理教学过程中的基础、重要内容和重要方法，其重要性自是不言而喻。为了增加物理课堂教学的趣味性、提升物理课堂的高效性、提高学生在课堂的活跃性、启发学生的物理思维，教师在设计物理实验时，应多考虑物理实验的趣味性，实验效果的直观性和显著性，实验装置微型化、实验可重复性强等。本文探讨的"趣味微实验"是指师生立足于物理课堂教学现状，为提高教学能效，借助身边常见的普通生活用品，设计并制作有针对性的物理微实验。下文就初中物理趣味微实验在教学实践中的探索和实践作一些阐述。

一、物理微实验设计的趣味性

高效的物理课堂教学，需要物理实验的趣味性和启发性。在物理实验设计时，要使学生在物理学习中达到"想学、乐学"，要让课堂充满生机和活力，启发学生的物理思维，在设计物理实验时，须优先考虑趣味性强的微实验，让物理实验激发学生的探究、求知物理世界的欲望。例如在学习"摩擦力"时，以表演魔术的形式演示"自动上升的小铁环"（如图1）。

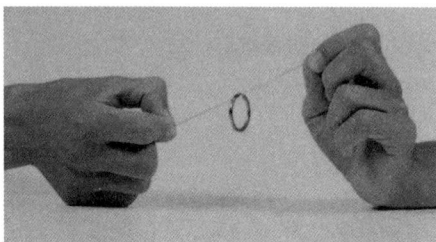

图1

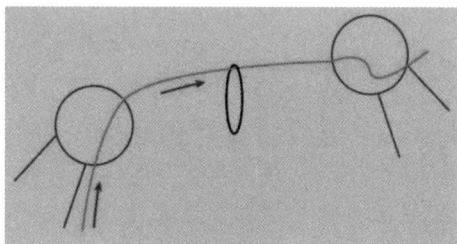

图2

小魔术中，随着小铁环的徐徐上升，能激发学生们的思考：是什么神奇的力量让小铁环自动上升了呢？神奇而有趣的魔术充分吸引了所有学生，提高了学生在课堂上的专注程度。而此神奇魔术的秘密就在于摩擦力，当我们拉长橡皮筋，然后慢慢松开下方的橡皮筋，由于弹性，橡皮筋向上收缩恢复原状，而小铁环与皮筋之间有静摩擦力，会随着皮筋一起上升（如图2）。当揭开魔术的秘密时，学生们都认真地聆听，注意力都非常集中，而在后续的学生分组表演中，学生动手表演魔术成功了，热情非常高涨，认识到物理其实离自己很近，有用、有趣。

在"电荷"的教学过程，教师设计了"会飞的精灵球"，利用常见的PVC管和装饰用的金属箔（如图3）：

图3

图4

手中的 PVC 管就是"魔杖",再找出 6 根装饰用的金属箔,把它们两端系在一起,剪掉打结处多余的部分(如图 4),形成"精灵魔法球"。现在把 PVC 管放到头发上或者毛衣上摩擦一会儿,注意哦,一定要保持干燥。拿起精灵魔法球的一个打结处,让它接触你的"魔杖",它应该伸展成球状并悬浮起来。"魔杖"可控制精灵魔法球在空中悬浮的高度和走向。利用此实验,学生课堂参与性极高,也能利用此实验很好演示了同种电荷相互排斥的实验效果,有趣、有效。学生在类似有趣的实验中一定能感受到物理学习的无限魅力。

二、物理实验装置设计微型化,材料易取,实验过程可重复性强

增强物理学习过程的参与性,也是提高学生物理学习兴趣的一种十分有效的方法。设计实验时,实现实验装置的微型化、提高实验可重复性。而实验材料易获取,是增加课堂分组实验,方便学生在课后易于重复物理实验的关键所在,同时也是提高学生物理自主学习、创新设计物理实验的优良途径和方法。例如在学习"沸腾"时,在学生分组实验中,均使用了小烧杯进行实验,而教师在讲台同时进行"纸锅烧水"的沸腾实验(如图 5)。

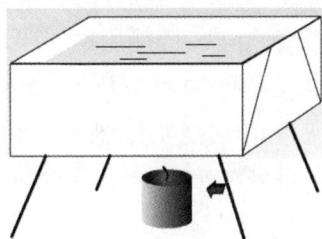

图5

在实验小结阶段,学生得到液体沸腾的特点时,再让学生观察并思考"纸锅烧水"的微实验,让学生思考纸锅能神奇烧水成功的原因,回顾并巩固了液体沸腾的特点及应用。可布置学生课后自行进行"纸锅烧水"的实验,提高学生学习物理的兴趣。

又如在"大气压"的学习中,教师设计了"水柱擎天"的演示实验,实验材料仅一个普通的瓶子和一大烧杯(如图 6),将装满水的瓶子,直接倒放入烧杯中,水流出一部分后,水很快停止流出,瓶内水位高于瓶外(如图 7)。

实验原理就是大气压力推挤杯中水面的力量，正好等于瓶内所剩水的重量加上瓶中空气所产生的压力，于是达到了力的平衡，因此我们可以看到瓶内的水不再流出，证明了大气压的存在及其作用。

图6   图7

上述所设计的物理实验，材料易取，可重复性强，现象明显，学生在课外重复实验的意愿会更强，也能让学生充分体会到学习物理的快乐，从而更加乐意投身到物理的学习中。

三、物理微实验原理应清晰、明确，现象直观

在设计物理课堂实验时，应考虑所设计的物理实验原理清晰、明确，与当节物理课堂的重、难点紧密相连，即能用本节课堂所学知识内容完美地解释其中的原理。尽量避免需要多个物理知识点才能完美解释一个实验。例如学习"浮力"时，利用在水中乒乓球的上浮现象（如图8），教师引导学生对此实验中的乒乓球进行受力分析（如图9）。

 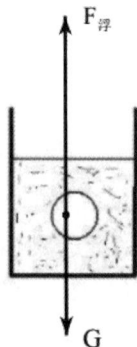

图8   图9

既巩固了学生分析物体运动和力的知识，又引导出了浮力存在的事实，得到浮力的概念，实验现象和效果直观明了。

又例如在学习"磁现象"的磁化和消磁时，引入了一个微型实验"汤匙变磁铁"，实验材料如图10。

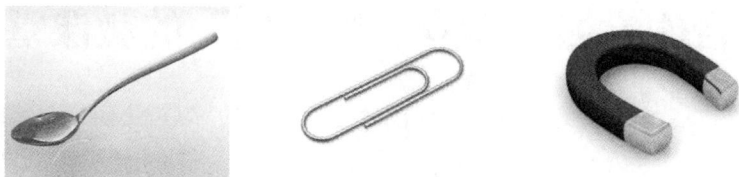

图10

先用金属汤匙去吸曲别针，发现并未吸起曲别针；然后用汤匙在磁体上来回摩擦几次，汤匙再次靠近曲别针时，发现曲别针被吸起，说明汤匙有了磁性，被磁化了；再将汤匙在桌子上敲一敲，汤匙的磁力神奇般地消失了。此类实验现象明显可见，原理清晰，易于学生理解和掌握。

物理实验是学习物理的最重要环节，教师在设计各类实验时，应根据《初中物理课程标准》的要求，积极开发低成本实验，提倡使用生活中随手可得的普通物品来设计物理微实验，结合学生的认识规律和教学过程中的现实情况，设计出一些科学、有趣、简易而又内涵丰富的微实验。通过自创微实验来扩大实验资源，增强实验的育人功能，引导学生在自主设计和主动探究体验中建构自己的知识，探求物理规律，增强实践意识及创新能力，从而有效提升学生的物理核心素养。当然，无论创设的微实验是基于"激趣"，还是基于"验证"；也无论是基于"引导"，还是基于"释疑"，都要适时恰当，才能收到应有的效果。

参考文献

[1] 陶洪. 物理实验论 [M]. 南宁：广西教育出版社，2016：24-26.

[2] 魏华. 在物理实验选修课中开展研究性学习的实验与体会 [J]. 实验仪器与实验，2017（4）：16-19.

[3] 汪德强，唐伯景. 中学物理"微实验"创设的价值思考 [J]. 现代中小学教育，2018（5）：50-53.

（本文获中山市 2018 年中学物理教学论文评比活动一等奖）

小组合作学习中设立"提问团"的微课堂实验

东区松苑中学 黄传昶

【摘要】在小组合作学习中设立"提问团"可以分成课前提问团的预习、课堂中提问团的发问、课后提问团的提问几个环节。提问团主要由班级中层学生组成，代表班级一般的知识构成、理解能力和困惑，他们课前预习中的困惑，是更"接地气"的学生储备调查和学情。提问团的困惑可以生成新的问题串，进而生成新的教学资源，同龄人的问题接近学生的理解和表达，适合小组讨论，也更容易引起学生的共鸣，推动小组合作顺利开展。最后，为检验课堂学习效果，提问团可以变为"发问团"，在课堂中实现由学生到"小老师"角色的转变，使学生主动学习，提高效率。

【关键词】"提问团" 微课堂实验

"想要营造一个具有创造力的学习环境，最重要的便是懂得提出一个好问题。"[1]而在小组合作学习中，问题的设置和提问更是能左右课堂的进程，并影响课堂效率。一个好的问题，不仅可以激发学生的探索兴趣，更能够让学生在讨论中产生思维碰撞，使课堂教学有序、高效开展。与之相反，一个"伪问题"虽然能够让课堂看似"热闹"，但缺少思维含量和开放性，往往使小组学习流于表面和形式。基于此，笔者在2014年中山市教育学会论文征集中，已作《基于问题的学习：小合作学习中的设问和提问策略》一文，从小组编排，问题设置的开放、多元，提问、回答的分层等维度进行初步探讨。在继续探索小组合作学习模式教学的基础上，在钟文平教研员的建议下，新学期历史课堂进行新的尝试，设立"提问团"，提高问题设置的水平，本文以初三上册《资本主义时代的曙光》一课为例，对"提问团"进行初步探讨。

一、提问团的课前预习：学生知识储备的调查

提问团的设立在三四人左右，成员由小组中等层次的学生构成，此种安排主要考虑到中等生代表班级一般层次的认知水平，他们的理解、表达和学习中的困惑有很强的代表性。在上课前，教师提前让提问团的成员进行预习，留意预习中的疑点和难点，并向老师提问，以《资本主义时代的曙光》为例，可直观地感受提问团的作用。

《课程标准》要求	一、知道《神曲》、莎士比亚的戏剧，初步理解文艺复兴对人的思想解放的意义。 二、通过哥伦布、麦哲伦环球航行，初步理解新航路开辟的世界影响。
2015年广东考纲要求	《神曲》；达·芬奇、哥伦布的主要活动；文艺复兴对人的思想解放的意义；新航路开辟对欧洲资本主义社会产生所起的作用
教师预想的重难点	重点：一、文艺复兴的主要代表人物及作品 　　　二、新航路开辟的过程和意义 难点：文艺复兴首先在意大利兴起的原因及实质。
教师预设的问题串	一、文艺复兴为什么首先发生在意大利？ 二、通过对比中世纪和文艺复兴时期耶稣、圣母画像，试分析文艺复兴提倡何种精神？ 三、试分析哥伦布发现新大陆和郑和下西洋有何不同？
提问团的困惑	一、标题"曙光"是什么意思？ 二、人文主义的"人文"是什么意思？ 三、课本58页第一段内容，和之前讲的西欧市民争夺城市自主权有联系吗？ 四、"但丁是旧时代最后一位诗人和新时代最初的一位诗人"该怎么理解？ 五、哥伦布去东方实现财富梦想，从陆上距离好像更短（之前老师讲过的丝绸之路不是汉朝就开通了吗），为什么不直接去东方，反而要从海上向西？哥伦布为什么相信自己到的地方是亚洲的印度？
提问团感兴趣的地方	达·芬奇

通过提问团的预习和疑惑，可以得到以下几点课堂观察：

（1）教师在制定教学重难点时，往往依据课程标准和考纲着手，如本课课程标准和考纲关注"意义"和"世界影响"等概念性知识，因此课堂上教师往往紧跟课标和考纲制定问题，推动课堂教学，通过对比两幅画作理解人文主义，通过对比两次航海理解哥伦布航海的世界影响。但此种问题的设置有很强的预设和目的性，出发点主要是基于教师完善的知识储备，却忽略了这些问题是否符合学生初三年龄段的知识储备和认知，是否是学生真正关心的历史问题，把这些问题放到小组讨论时，学生是否会无所适从。不难发现学生的困惑更多的是常识性的问题，这也是代表班级大多数的学情，换言之，这些看似简单的问题其实才是真正阻碍学生进一步学习的障碍。

（2）提问团抛出的问题，是更贴近学生的教学资源。提问团的五个问题，可以很好地串联本课，第一个问题已经把这一课承上启下的作用引出，即文艺复兴和新航路的开辟为资本主义的确立奠定了思想和经济基础，视为"曙光"。而第三个问题，学生可以从纵向联系西欧城市市民阶层争夺城市自主权这一知识点，说明学生具备很好的历史思维能力，也为课堂导入很好的素材。特别是第五个问题，哥伦布为什么不从陆上丝绸之路到达中国和印度，看似微不足道的问题，却关联诸多历史事件——奥斯曼土耳其帝国横跨三洲的阻挠、海洋技术的革新、地圆说的出现和对财富疯狂的追逐等。通过这些学生的提问，更加直观地理解哥伦布的探索精神——"一次只知道起点和终点，但不知道过程的航海"，也更加直观地理解美洲是印度这个"勇敢的错误"。

（3）学生学习历史的兴趣，往往和教师预设的重点、难点有关。出于课堂教学进度的考虑，教学过程中教师往往对知识点有所取舍，强调重点难点，但学生真正的兴趣点往往在别处。本课课堂中可以发现很多学生接触过推理小说《达·芬奇密码》，因此学生对达·芬奇的事迹极为感兴趣，其实此时教师可以因势利导，以及人文主义时重点讲授达·芬奇对人体解剖、工程、机械等近乎博学的事迹，来讲解人文主义对人的推崇，对自然、科技的不懈探索，对美的追求，既能让学生"尽兴"，也能更好地把知识融入兴趣。

二、提问团的课堂提问：新的教学资源的生成

提问团在课前预习提出的问题，不只是教师提前了解学前的手段，也是

班级大多数学生在接触新课时的第一障碍，及时处理这些问题是完成授课的第一步。此时教师可以事先把提问团的问题反馈到课件中，让学生在通读课本后，集中讨论三到四个问题。在具体的课堂讨论环节，会有更多的问题值得发掘和利用。

在提问团的第三个问题中，文艺复兴和前面所学的西欧城市市民阶层争夺城市自治权有无联系的探讨时，有学生指出西欧城市争夺自治权更多的是政治、经济领域的运动，而文艺复兴是思想解放运动，所以没有关联。回答虽然略显偏颇，但却能看出学生对着两场运动的范畴和实质有清楚的了解。但有学生也能够一针见血地指出二者都和"自由"有关系，此时教师可以进一步追问，为什么资本主义和"自由"有密切联系，在当时阻碍"自由"的有哪些因素，就能够很好的关联出"人文主义"的精神，更好地理解文艺复兴为何是一场"资产阶级的思想解放运动"而不是复古，进而理解文艺复兴为何为资本主义的发展奠定了思想基础。

而在哥伦布为什么不从丝绸之路到达印度，而是经过海上向西航行这一问题时，学生的答案更加丰富。此时教师可补充材料，如奥斯曼土耳其帝国的疆域、西方的航海技术和地理学的新进展的知识点。大多数孩子经过综合分析可以概括出哥伦布发现新大陆的几个因素，但有学生却指出，哥伦布航海的目的是寻找金银，假设他可以沿着丝绸之路到达印度，但金银通过陆上运输的风险和成本远远高于航海，看似不符合历史思维的假设，却能够非常贴切地指出一个关键信息——近代西方的征服是从海上开始的。联系初二所学的鸦片战争，再联系初三即将学的三角贸易，日不落帝国的崛起，学生就能够较为直观地理解海洋征服在整个资本主义发展过程中起到至关重要的作用，也是紧扣课标中哥伦布发现新大陆的世界影响。

从几个看似简单的问题可以看出，学生自发的问题更能够引起共鸣，讨论更热烈。虽然问题的设置和答案会有漏洞，但这些看上去不完美的问答，却能更好地激发历史思维碰撞的火花，取得意想不到的效果。

三、课后反馈：提问团的"小老师"作用

提问团的设置不只是在课前发现问题，向老师提问，在课堂中或课后提问团也可以根据教学设计，把提问面向学生，此种安排有以下几点好处。

首先，提问团在课前的问题有没有真正解决，是教师在整个教学过程中一直需要关注的。教师可以在授课巡堂过程中，不时观察、留意提问团的课堂学习效果。若提问学生的疑惑基本消除，说明本课的大概难点也基本消除，此时提问团起到检验课堂学习效果的作用。

其次，提问团因为较早的预习，较早地找到自己的知识盲区，一般能够相对迅速的完成学习任务，此时提问团把角色升级为"小老师"进行答疑解惑。对本课有疑问的同学，可以向提问团发问，提问团作出解答。学生具有相同的知识储备和相似的逻辑、表达，更好地理解提问团的解答，如笔者曾在课堂中反复讲述黄埔军校政治部的作用，但学生一直不明所以，有思维灵活的学生巧妙地用学校德育处这一例子向有疑问的学生解释，起到了事半功倍的作用。

最后，在课堂总结时，提问团可以变身为发问团，向其他同学提问，检验学习效果。相对于传统的老师问学生答，提问团这种学生问学生答的形式，会让学生之间有无形的压力和动力，有"我要把他难住"或"被他问住了没面子"的小心思，这种压力会促使学生在上课中更加主动听课，提高课堂效率。

参考文献

[1] 斋藤孝著. 教育力 [M]. 张雅梅，译. 上海：华东师范大学出版社，2011：67.

[2] 宋秀银. 历史课堂问题设计原则之我见 [J]. 中学历史教学参考，2015（8）.

（本文 2015 年获中山市教育教学研究室举办的中山市学术论文评比一等奖）

谈 STS 在初中物理课堂教学中的应用

东区松苑中学　危光明

【摘要】"从生活走向物理，从物理走向社会"是物理新课程标准的基本理念之一。物理课堂教学中每个环节各有其中心任务，都要达到其教学的目的。本文以物理课堂教学新课程标准出发，探讨物理教师如何在物理课堂的课前预习—情境创设—合作探究—巩固拓展—关注科技这五个方面应用 STS，达到最好的教学效果。

【关键词】课堂教学五方面　STS　生活

"从生活走向物理，从物理走向社会"是人教版最新版物理课程标准的基本理念之一。人类生活在一个神奇而美妙的星球上，而它又只是浩瀚宇宙的普通一员。物理学科区别于其他学科的重要标志就是物理学来源于生活，它反映了人类探索自然，认识自然，利用自然的过程。学生学习物理的终极目的也是利用自然，改变生活，造福人类。

随着新课程的深入，长期接受传统应试教育的那部分人目前担当了教师的角色，传统的教学观念早已经在他们思维模式中深入骨髓，因此让一群接受传统应试教育的教师去实践新课程标准是存在一定难度的。尤其是受中考高考应试教育压力的影响，物理课堂教学往往就为了达到考试所要求的知识目标，学生常常被淹没在无趣的课堂和繁重的题海中，使得生活中蕴含的有趣的物理被僵化成一个个机械的知识点和一道道生硬的试题，既束缚了学生从生活中感受到物理就在身边的美好情感，也影响了学生在对生活问题主动探索过程中的能力提升，更阻碍了他们对学好物理改变未来生活的美好追求。鉴于此，我们要追求一种更真实、更开放、更给力的课堂。本文从物理课堂的课前预习—情境创设—合作探究—巩固拓展—关注科技这五个方面来探讨如何应用 STS，让学生更好地将物理与生活相结合，让生活成为学生学习物理的源泉和动力，让初中阶段的物理学习为学生的终身学习和可持续发展奠定基础。

一、课前预习走进 STS

物理作为初中二年级才开设的一门课程，学生以往积累的生活经验和小学阶段的科学体验是走进初中物理课堂的金钥匙。在教学实践中，大多数老师都是采用课堂上提问，要求学生对生活已有的经验或体验进行回忆。但通过不断教学实践、对比、思考后发现，学生的这些经验或体验都是碎片式的、零散的、没有经过加工。如果学生先前没有对生活中涉及到的物理进行有目的的、重点的观察和体验，在实际课堂中还是非常容易陷入被老师"忽悠"牵着鼻子走的状态。在八年级上册第三章《物态变化》第1节物态的教学过程中，我对两个同层次的班级进行了一次对比分析。甲班，在课堂上直接让学生根据已有的生活经验或体验列举出生活中各种物质及其不同状态，结果学生也只能列举出玻璃、水、木头等少数物质，而身边触手可及的举不胜举的不同状态的物质反而没有进入他们的脑海中，因为太熟悉了，所以他们没有观察过。而在乙班，我采取另外一种教学方法，在课前要求同学预习，留心观察生活，把身边所见到的各种物质，按状态不同归类列表，下次上物理课之前留几分钟给学生交流。结果在下一节物理课堂上学生都非常踊跃地将自己的成果展示出来。在形成这种良好氛围之后，教师和学生一起讨论，不同状态物质的特征很快被归纳出来，物理知识目标就这样达成了。其实，课堂之外的时间是学生亲近生活、亲近社会、亲近科学的最好时段，我们物理教师如果能将课前预习物理课本知识目标创造性地改为以走进生活、走进科学、走进社会为主题的有目的的观察和体验，学生不仅乐意去做，而且在课堂上会更积极主动地参与课堂活动，使新课程标准所倡导的"问题的探究和能力的提升"

不再是空中楼阁了。在梳理初中物理知识时发现，其实有很多内容在课前预习都可以采取类似的方法。如光的直线传播预习问题，对着太阳做做手影游戏，想想影子是怎么形成的？学生准备一个放大镜，感知放大镜的结构特点，让放大镜对着太阳，观察会出现什么现象？如平面镜成像特点预习问题，对着镜子做广播操，看看镜中的你成的像有什么特点等。如观察水的沸腾预习问题（确保安全的前提下），采用家里的锅子烧水，记录所观察到的现象（听声音，观察气泡的变化）。

二、情景创设依靠 STS

由新课引入、讲授新知、课堂小结、训练巩固等环节构成的传统物理课堂教学，虽然仍然强调以学生为主题，教师为主导的原则。但由于学生的好奇心不强，没有能从内心激发出一种想学习的迫切愿望，因而教师在课堂教学中不知不觉的反客为主。从现实生活中发现问题，提出问题并解决问题，在这一过程中提升学生能力，应该是物理教学的真谛。

心理学家的研究结果表明，只有当外部刺激唤起主体的情感活动区时，更容易成为主体的注意中心，从而强化理解和记忆并且经久不忘。因此，创设真正来源于现实社会生活，具有悬念性、激趣性、挑战性、探索性和铺垫性的问题情境，学生一定会在心中萌发一种强烈的学习兴趣和急切的探究学习欲望。

情境创设是每堂物理课都必备的环节，而依靠生活创设的情境不同于传统意义上的课堂引入。一方面可以充分借助学生已有的生活经验或体验，另一方面可利用真实的生活环境创设实验情境，有时还可以在问题情境设置中渗透认知冲突，激发学生的求知学习欲望。

例如，在声音的产生和传播时可以创设这样的物理情景：在一个重低音的音响前摆放一只点燃的蜡烛，蜡烛就会随着音响的节奏在那儿起舞，学生回答火苗为什么会起舞呢？在压强的教学时可以这样创设情境：现实生活中我们会用到许多的尖头物体，如铁钉、钢针、注射的针头、图书钉等，那么它们为什么有一头都要制成尖头状的呢？下面请同学们拿出一端削好的铅笔，双手同时压住铅笔的两端，体验两手的感觉，想想感觉为什么不同呢？通过列举现实生活中这些常见的现象和物质，引发学生的注意中心，再通过一个简单而有趣的实验创设问题情境，学生在体验中生成疑问。在这样的氛围中学生必然会对现象背后的原因很感兴趣，非常想知道其中的道理。探究的欲望就此形成。还可以设置一些与学生之前生活经验相悖的教学情境，有助于学生产生认知冲突。当在学生脑海中产生悬念时，往往是学生求知欲望最强的时候，教师及时激发，能起到最好的教学效果。

三、合作探究解密 STS

物理课程中设置了一定量的物理探究实验，科学探究旨在让学生经历和科研工作者相似的思维过程和探究过程，从中主动的获取物理知识和科学技能，领悟科学探究方法，感受科学探究的乐趣，发展科学探究能力，培养自然科学中最重要的实事求是的科学态度和勇于探索的创新精神。目前实验探究是新课程物理学习的基本方法，也是学生学习的一个重难点。

在物理课堂实验探究过程中，将情境设置中遇到的生活问题模拟为一个个探究的活动，采取先自主后小组合作的方式，组内成员人人参与、人人思考、人人过关，同时又互相合作、取长补短，有针对性地弄清楚生活中遇到的问题。在整个探究活动中，教师始终都担当一个学生探究学习活动的参与者和学生的朋友，更有助于学生在合作中掌握物理学科知识、形成科学探究能力、体验科学探究乐趣，从而使学生在物理课堂中学得轻松愉快且高效。

例如，人教版第四章《光现象》第1节"光的直线传播"知识的教学。光在同种均匀介质中沿直线传播的规律，初看十分简单，并且小学科学就有所涉及，因此教材第70页仅用寥寥数语概括"实验表明，光在水、玻璃中也是沿直线传播的。空气、水和玻璃等透明物质叫做介质，光在同种均匀介质中沿直线传播。为了表示光的传播情况，我们通常用一条带有箭头的直线表示光传播的径迹和方向。这样的直线叫做光线"。新教材采用陈述的方式给出了两个重点知识：光的传播规律和建立光线模型。教师在讲授此课时往往是做光在空气、水、玻璃等物质中传播的实验或者是播放一些激光的视频而得出结论。但在后面的光的直线传播应用中却普遍出现学生只会照本宣科，不能灵活应用举一反三的现象。究其原因就在于教师对知识的处理没有从生活出发，学生失去了联系现实生活的欲望，从而变成了灌输式的教学模式，没有让学生经历合作探究的过程。通过改进，可以采取如下方法处理这部分内容。

首先提出我们要进行科学探究的问题。在现实生活中有许多有趣的自然现象与光的传播规律有关，早在两千年前人类就记载并解释了"小孔成像"的现象，那么小孔为什么能成像呢？小孔是怎么成像的呢？它成像的原理是什么呢？请同学们利用台面上的实验仪器、蜡烛、有小孔的挡板和光屏进行实验探究，同时观察像的特点并做好实验记录。小孔成像作为光沿直线传播的一个重要应用，学生对其原理进行科学探究，既来自于现实生活，又具有探究的价值。

其次再让学生进行小组合作探究，并在小组内完成组内互评。当学生通过自己的探究亲眼观察到倒立的像时，心中充满了激动和好奇。因为对于初中生而言，这也许是他们第一次看到倒立的像，自主意识强的同学把挡板往前移动发现倒立的像变小了，再往后移动又发现倒立的像变大了，这时学生就更激动了，求知欲也更强，急切地想知道产生这种现象的原因。

接下来教师在大屏幕上投影出小孔成像的示意图，让学生小组合作讨论后补上光线，完成光路图。学生在画图的过程中不知不觉的建立起了光线的模型，在这一系列的探究活动中不仅明白了小孔成像倒立的原因，还建立起了光线的模型，同时理解了光是直线传播的这一规律。整个探究过程几乎全程由学生自主完成，既加深了学生对物理基本知识的理解，又培养了学生在自主、合作探究过程中的动手和合作能力，形成了科学探究的意识，提升了合作探究的乐趣。在这个生惑、解惑的过程中，学生的自信心和自豪感便油然而生。当然，在整个探究过程中，教师在适当关节适时进行点拨与指导也非常重要。

四、巩固拓展回归 STS

巩固和拓展环节是每堂物理课不可少的环节。一堂物理课的高效巩固与拓展环节，有利于增强课堂教学效果，减轻学生过重的学业负担，激发学生对存在现象进行主动了解与探究。然而在实际课堂教学中教师在进行至巩固拓展环节时，最常用的方式是选取几道典型试题让学生当堂完成，检验学生是否已经完成学科知识目标，但这种做法会使学生在物理课堂上刚刚体验到的探究乐趣一下子又被一道道枯燥的试题所湮没。倘若老师把与生活有关的试题，改成一些讨论式的话题，由学生展开合作探究，再进行展示，学生既施展了表演才能，又收获了学业成功的喜悦，可谓一举两得。

例如，在《透镜》这一节的学习结束后，出示这样一个情景问题给学生讨论：给你一个透镜，你能用哪些办法去判断它是凸透镜还是凹透镜？又如，上完《眼睛和眼镜》这一节之后，给出这样一个问题来让学生讨论：小明到眼镜店去替爷爷、爸爸、同学小华和自己配眼镜。爷爷的是 +300° ，爸爸的是 +150° ，小华的是 –175° ，自己的是 –350° 。眼镜店的小工拿了四种镜片出来，让小明看一看，小明不小心将四种镜片混在了一起。四种镜片的直径一样，颜色也一样，上面又没有度数标签。小工由于经验不足，开始责怪小明。你能替小明想一个办法吗？这两题情景来自生活，贴近学生，体现物理知识在生活中的应用，既涉及到透镜的结构知识，又涉及不同透镜对光的不同作用这一知识点等。解决了这些问题，学生对生活探究的欲望一定会更强烈，更加关注生活，热爱生活，也更热爱物理。

五、关注科技改变生活

现代科技的飞速发展，尤其是信息技术的发展日新月异，要求学生必须具有较高的科学素养、较强的适应能力和终身学习的能力，这些都是物理教学的目标。但传统的物理教学在内容上过分强调知识目标，忽视物理学与其他科学，特别是社会科学的联系，安排的学习内容与社会发展的实际不相适应，导致学生找不到学习物理的动力，纯粹为了应付中考高考。

新课标物理课本非常关注物理与现代社会科技发展的联系。以已经开始实施的人教版物理八年级上册为例，教材中多处涉及物理与科技发展的知识。

例如超声波碎石、红外摄像、激光测距、密度与现代生活、紫外线杀菌等。当今社会网络高度普及，海量信息中已包含着大量与物理相关的科技应用知识，因此物理教师教学内容的选择也应该与时俱进，更多地关注现代社会，现代科学技术。

教师在课堂教学中引导学生关注物理与最新科技发展的联系，用实例说明物理对推动科技发展的作用，适时布置一些小调查等。这样对开阔学生的视野，培养学生学习物理的兴趣，激发学生的创造力，大有益处。

（本文 2013 年获中山市教育教学研究室举办的中山市中学物理教学论文评比一等奖）

生物教学中培养学生科学的实验思维
——以"绿叶在光下制造有机物"实验为例

东区松苑中学　梁倩雅

【摘要】以"绿叶在光下制造有机物"实验为基础，开展拓展性实验设计与探究，从而培养学生探究能力和科学的实验思维。

【关键词】生物教学　实验为例　实验思维

初中《新课程标准》提出了面向全体学生，提高生物科学素养和倡导探究性学习的三个理念，综合考虑学生发展的需要、社会需求和生物科学发展[1]，还设计了10个主题，其中第一个主题就是科学探究，这说明科学探究在初中生物教学中的重要性。《新课程标准》能力目标中要求初步学会生物科学探究的一般方法，发展学生提出问题、作出假设、制订计划、实施计划、得出结论、表达和交流的科学探究能力[2]。可见，初中生物教学中实验教学的重要性。学生参加探究活动的同时，更应该重视培养学生的探究能力，培养学生科学的实验思维。而人教版初中《生物学》（七年级上册）的探究实验"绿叶在光下制造有机物"，是一个培养学生探究能力和科学实验思维的好例子。

一、对经典实验进行探究与分析

"绿叶在光下制造有机物"的实验是探究光合作用的基础实验，该实验的目的要求是检验绿叶在光下制造的有机物是不是淀粉和探究光是不是绿叶制造有机物不可缺少的条件。实验步骤：取材→暗处理→部分遮光→光照—>取叶→加热（脱色）→漂洗→滴碘液→冲洗→观察（如图1）。实验步骤中暗处理的目的是把叶片原有的淀粉消耗掉，部分遮光的目的是形成对照，酒精隔水加热脱色的目的是酒精溶解叶绿素，滴碘液可以检验有机物是否是淀粉。得到的实验现象是叶片遮光部分不变蓝，未遮光部分变蓝。通过实验现象可以分析得出叶片遮光部分没有光，不能进行光合作用，没有制造淀粉，所以不变蓝；未遮光部分有光，能进行光合作用，制造了淀粉，所以变蓝。这个实验的变量是光照，按照单一变量原则，实验选取了同一片叶进行了部分遮光处理，形成了对照实验。最后得出实验的结论是光是绿叶制造有机物不可缺少的条件，绿叶在光下制造的有机物是淀粉。

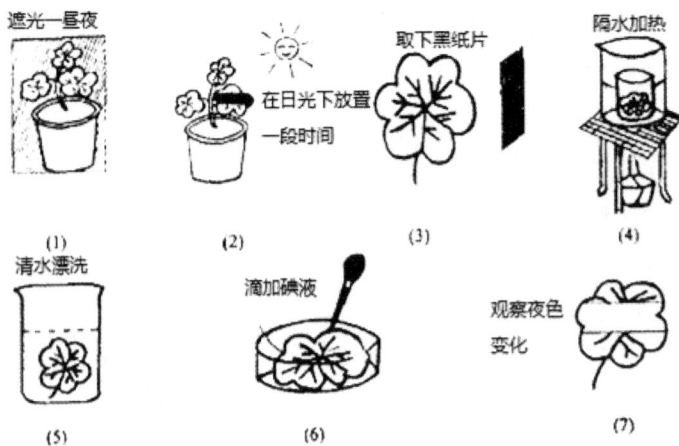

图 1

二、以经典实验为基础，开展拓展性实验设计与探究

1. 探究二氧化碳是光合作用的原料

在课本 P122-123，探究"二氧化碳是光合作用必需的原料吗？"要求学生设计对照实验，并完成探究。探究中给了学生一些提示，一氢氧化钠溶液能吸收二氧化碳，二建议学生参考前面做过的实验进行探究实验设计，三要保证实验中只有二氧化碳一个变量。教师可以引导学生通过对实验"绿叶在

光下制造有机物"进行分析，这个实验的变量是光，按照对照实验的单一变量原则，"部分遮光"这一实验步骤让同一片叶一部分有光，另一部分没有光，形成对照。也可以提出一些问题让学生思考、讨论，完成实验设计。例如把变量由光换成是二氧化碳，原本的实验步骤哪些可以保留，哪些需要改变呢？可不可以让叶片一部分有二氧化碳，另一部分没有二氧化碳呢？如果不能，应该怎样处理才能保证实验只有一个变量？

根据提示，学生进行讨论，设计以下步骤进行探究：取材→ 暗处理→ 遮光→ 光照→ 取叶→ 脱色→ 漂洗→ 滴碘液→ 冲洗→ 观察。

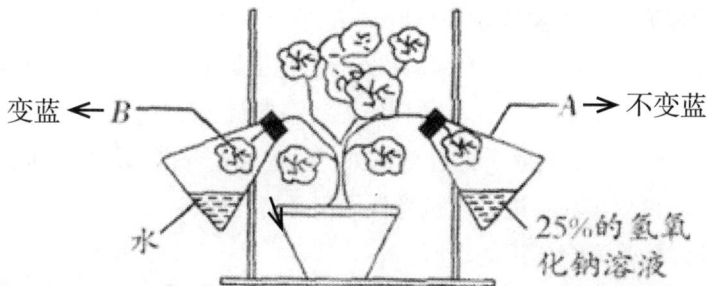

通过实验探究，得出实验现象：A 叶片不变蓝，B 叶片变蓝。再做进一步分析，A 叶片中因为有氢氧化钠溶液吸收了二氧化碳，A 叶片没有二氧化碳无法进行光合作用，没有制造淀粉，所以不变蓝；B 叶片有二氧化碳，进行了光合作用，制作了淀粉，所以变蓝。最后得出这个实验的结论：二氧化碳是光合作用必需的原料。

2. 探究水是光合作用的原料

以上两个实验的探究，一个变量是光，一个变量是二氧化碳，探究的思路按照单一变量原则控制变量形成一组对照实验进行探究，有了这样的设计思路后，教师可以提出进一步的探究：水是光合作用的必需原料吗？用同一种方法对学生进行引导，以"绿叶在光下制造有机物"实验为基础，把变量光变成水，提出一些问题让学生进行讨论，完成实验设计。如水分是怎么运输到叶片的？做什么处理可以让叶片的一部分有水，另一部分没有水呢？实验步骤中要修改哪一步骤就可以进行探究？

学生经过讨论，设计如下步骤进行探究：

实验步骤：取材—>暗处理—>█████—>光照—>取叶—>加热—>漂洗—>滴碘液—>冲洗—>观察

主叶脉剪断

通过实验探究，得出实验现象：叶片 A 部分不变蓝，B 部分变蓝。根据现象进行分析，A 部分位于叶脉上部，水分由下往上运输，由于主叶脉被剪断，水分无法运输到 A 部分，无法进行光合作用，没有制造淀粉，所以不变蓝；B 部分在剪断的叶脉下部，有水分运输到此处，能进行光合作用，制造了淀粉，所以变蓝。最后得出实验结论：水是光合作用必需的原料。

3. 探究叶绿体是光合作用的场所

最后还可以继续提出实验探究：叶绿体是光合作用的场所吗？由于学生有了前面三个实验的设计思路，初步掌握了根据变量设计对照实验的方法，这时老师只要提出一些问题进行引导就可以了。如这个实验中的变量是什么？如何做到实验中只探究这一变量？实验步骤中做哪些修改才可以进行探究？

学生进行讨论时，可能会想如何做到把叶片的叶绿体去掉再进行对照实验，教师可以把实验用的天竺葵和银边天竺葵两种材料让学生观察，进行选择，最后做出如下探究实验设计：

实验步骤：取材—>暗处理——遮光—>光照—>取叶—>加热—>漂洗—>滴碘液—>冲洗—>观察

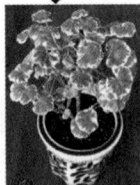

银边天竺葵
（叶片绿色部分有叶绿体，
边缘白色部分无叶绿体）

通过实验探究，得出实验现象：叶片绿色部分变蓝，边缘白色部分不变蓝。对实验进行分析，叶片绿色部分有叶绿体，能进行光合作用，制造了淀粉，所以变蓝；叶片白色部分没有叶绿体，不能进行光合作用，没有制造淀粉，所以不变蓝。得出实验结论：叶绿体是光合作用的场所。

"绿叶在光下制造有机物"这一实验按照常规的实验教学方法进行探究，学生可以通过实验探究活动的体验掌握光合作用的条件是光，光合作用的产物是有机物淀粉这些知识。探究实验设计"二氧化碳是光合作用的原料"放在了另一章里面，若单独地进行探究，学生会感觉这个实验设计具有一定的难度。但是现在以"绿叶在光下制造有机物"这一经典实验为基础进行拓展，不仅可以培养学生的探究能力，也在一定的程度上培养了学生科学的实验思维，让学生认识到实验并不是遥不可及高不可攀的。当自己对于某个现象产生兴趣，就可以应用学到的科学探究方法进行实验设计和探究，促进科学实验思维的发展。

其实，在初中生物的科学探究中，有很多实验都可以通过教师进一步思考和发掘，进一步培养学生的探究能力和实验思维。初中的学生充满了好奇心，喜欢动手实验，但是实验的教学是让学生遵循教材验证性的完成实验探究，还是让学生去思考为什么要这样做？如果让我去设计可以怎样做？这些都是培养学生科学的实验思维时值得思考的问题。

（本文 2018 年获中山市教育和体育局举办的中山市理科论文评比一等奖）

"翻转课堂"在英语教学中的有效运用

东区松苑中学　黄茜

【摘要】随着翻转课堂理念逐步受到重视，国内外越来越多的课程开始采用翻转课堂教学模式。本文深入探讨了翻转课堂理念的起源，其核心内容以及在英语教学中的意义，并结合了笔者在英语教学实践中对翻转课堂模式的尝试，反思了翻转课堂理念对英语教学的启示。最后，对高效实施翻转课堂理念提出一些具体建议。

【关键词】翻转课堂　英语教学　有效运用

目前，翻转课堂成为全球教育界关注的热点，这种新的教学模式在国外一些国家日渐流行和成熟，国内一些学校也从认识阶段逐渐走向了实践，并产生了良好的教学效果。随着翻转课堂如火如荼地开展，如何在教学中更好地运用这种教学形式引起了教师们的关注，本文就翻转课堂在中小学英语衔接教学中的应用进行了探讨。

一、现状分析

从语言的性质及学习规律来看，语言是社会实际需要和实践的产物。语言在交际中才有生命，人们在使用语言过程中才能真正学会语言。然而，在如今的英语教学中，部分教师还是采用传统的教学模式，以教师为中心，通过讲授、板书及教学媒体的辅助，把教学内容传递或者灌输给学生。老师是整个教学过程的主宰，学生则处于被动接受老师灌输知识的地位。在这样一个模式下，老师是主动的施教者，学生是被动的灌输对象，很难提高学生的学习兴趣和效率，师生之间、生生之间的互动很少，很难激发学生的创造性思维。特别是对刚升入中学的小学生而言，不管从心理上还是学情上，他们都适应不了这种教学模式。在这种形势下，就迫切需要一种新的教学模式给中小学的衔接教学注入新鲜的血液，因此翻转课堂应运而生。

翻转课堂的创始人萨尔曼·可汗，在给亲戚的孩子辅导功课时，把讲解过程拍成视频，这一做法后来被传上网络，迅速向周围蔓延，并从家庭走进学校，打开现代化模式下的学习大门。那什么是翻转课堂呢？所谓翻转课堂，就是教师创建视频，学生在家中或课外观看视频中教师的讲解，回到课堂上师生面对面交流和完成作业的这样一种教学形式。在我校的初中教学中，翻转课堂是这样翻转着的：它是一种学生自学和老师辅导相结合的学习模式，学生在家观看教学视频学习新的知识，而原来需要带回家做的作业则改为在课堂上进行，老师的主要任务不是讲授，而是为学生提供更多有针对性的辅导，学生之间有更多的交流的一种新型的教学模式。

二、翻转课堂在英语教学中应用的意义

翻转课堂的运用为促进英语教学改革产生了积极的作用。

1. 增加了课堂语言运用的空间和时间

以前英语课堂上，知识传授的比重较大，学生语言实践不足，而翻转课堂将知识的传授放到了课外，课堂上通过课堂活动，增强师生、生生的交流和互动，课堂的重心由注重"教"移到了"学"和"用"上，学生运用语言的能力得到了培养和提高。

2. 增强了学生学习的自主性

翻转课堂中课前学习，课堂中的任务型语言活动，都需要学生参与，并对自己的学习负责。这促使他们只有通过学习，才能够与教师、同学交流探讨，学生从被动接受地学习转变为积极主动地学习，自主学习能力和意识得到了培养。

3. 增强了课堂的互动性

课堂里老师与学生、学生与同伴们的交流探讨，改变了从前沉闷压抑的课堂氛围，同学间的相互学习，思维的相互碰撞，常常会产生智慧的火花，让课堂焕发出生命活力。

4. 转变了师生角色

教师从以前的知识传授者，渐渐成为学生语言学习的指导者、促进者和推动者等。学生通过老师的指导，积极参与到学习中来，从课前的自主学习到课堂活动的参与，学生真正成为了学习的主角。

三、翻转课堂在英语教学中的运用

《英语课程标准》倡导通过运用"任务型"的教学途径，培养学生综合运用语言的能力。教师应依据课程的总体目标并结合教学内容，创造性地设计贴近学生实际的教学活动，吸引和组织他们积极参与。学生通过思考、调查、讨论、交流和合作的方式，学习和使用英语，完成学习任务。在初中阶段的英语教学中，特别适合运用翻转课堂来开展教学，下面介绍一节用此模式上的语法课——感叹句的教学过程。

1. 课前视频，知识传递

（1）制作微课。笔者事先制作了一个有关感叹句知识的教学视频，时长大约5分钟，该视频简洁明了地介绍了感叹句的两种结构。（2）编制课前练习题。根据视频内容，编制基于微课学习后学生需要完成的10个问题。（3）观看微课，自主学习。上课前的一天晚上，学生在家中登陆学校的教育平台观看老师上传的微课，观看的节奏全由自己控制，如果哪个地方没有看懂，可以倒回去反复看，直到看懂为止，也可以暂停做些笔记，找到自己的疑惑点，便于第二天有针对性地解决。

2. 课堂活动，吸收内化

（1）练习反馈，答疑解惑。把班上50人分成了12个小组，确立组长，通过小组合作的方式，探究学习单上的题目是否正确。同时，还给每小组配备了一块小白板，如果组里遇到难的知识点而组员之间无法解答的，就把难题写在白板上，待讨论结束后，带着白板到讲台上，向全班同学或老师求助。此外，还设计了一个游戏环节，通过抽取学生学号的方式，进行有奖竞答，答对者给予小组加分奖励，得分最高的小组则进行物质奖励。这种小学里经常使用的奖励措施，极大地提高了学生的参与热情，让学生在玩中学，在玩中运用所学知识，起到了潜移默化的作用。

3. 课后巩固，问题跟踪

（1）督促、引导学生进行自我跟踪。就课堂练习中的错进行标记，标记的错题每周一测，每单元一结。（2）学生相互编制"问题跟踪"卷，题目来自于课前练习题和当堂反馈练习中所出现的错题。（3）对于一些通不过测试的同学，建议回家再次观看教学视频上的内容。

4. 课后反思

语法是初中英语教学中最难的内容，传统的语法教学课堂死板，老师讲解过多，学生操练过少，刚升入中学的学生的学习兴趣很淡，甚至骨子里有一种未学先怕的思想，这就导致了课堂教学效果的弱化。而采用翻转课堂这一教学模式后，学生可以在课后的空余时间里，自由选择观看视频的内容和次数，成为自己学习的主宰者。同时，通过预习发现自身不理解的地方，就是问题的发现者。通过第二天课堂上的小组讨论，互帮互助解决问题，更是问题的解决者。翻转课堂，不是重"翻"而是重"转"，教师一定要转变教学思路，采用"反转"的课堂设计，只有真正地把课堂还给学生，才能最终发展学生、成就学生。

四、翻转课堂在英语教学应用中需要注意的问题

通过英语翻转课堂的实践，笔者认为在实施中需要注意如下一些问题：

1. 要取得技术上的支持

在实施翻转课堂教学模式前，教师有必要接受一段时间的专业训练。另外，翻转课堂教学过程中，教师的知识传授和学生的知识内化都离不开电脑和互联网的支持。

2. 教学观念的转变

在实施初始阶段，很多学生会不太适应这种新型教学模式，不知道该怎样学习。甚至在学习效果不理想时，还会出现抵触情绪。遇到这种情况老师应及时对学生进行开导和劝慰，帮助它们尽快适应。教师在探索翻转课堂教学模式的过程中也会存在很多疑虑，要承担极大的风险。一方面，教师要面

临自身的挑战，翻转课堂毕竟是一种新型教学模式，我国在这方面的研究和实践都比较少，尤其是英语翻转课堂教学，教师可以借鉴的理论和实践经验很少，多数情况下要靠自己的能力去探索。另一方面，老师可能还会面临外界压力，比如来自家长的压力。

3. 学习者应具备较强的自主学习能力

自主学习能力不是与生俱来的，需要经过长时间的锻炼才能养成，因此无论是教师还是学生都应具备足够的耐心，做好迎接困难和挑战的准备。而且学生自主学习能力的提高离不开教师指导和监督，任何一种活动过程，学生的自主学习不可能完全游离于老师指导之外。

4. 制定新的教学评价机制

实施翻转课堂教学模式最好采用形成性评价和终结性评价相结合的方式，检查教学效果，以便及时有针对性地补偿矫正。通过口语、听力和笔头测试，可了解并评价学生的学业，并及时给予帮助。

随着老师们对翻转课堂的不断实践，翻转课堂的教学理论会不断地完善和得到发展，实践经验也会更加丰富，翻转课堂将给我们的教学改革注入更新的活力，带来更多的启迪和思路。

参考文献

[1] 张金磊. "翻转课堂" 教学模式的关键因素探析 [J]. 中国远程教育，2013（10）.

[2] 王海杰，张黎. 翻转课堂在英语教学中的应用 [J]. 中学外语教与学，2014（11）：21.

[3] 刘道义. 启智性英语教学之研究 [J]. 课程·教材·教法，2015（1）：80-90.

（本文获 2015 年中山市初中英语论文评选一等奖）

小学英语文化体验式教学的必要性

东区竹苑小学　巴梦龙

【摘要】跨文化语言交际能力是英语学习的重要目标。英语文化教学是小学英语课程的重要组成部分。本文通过理论研究分析在小学英语文化教学中采取体验式教学法的必要性。

【关键词】体验式　文化教学

随着我国科技经济和社会发展，国际交往日益频繁，英语的实际应用功能日益突出，而保留和传播本国文化，尊重和接纳异国文化也成为国际交往中的重要组成部分。然而文化知识教学和传统的讲授教学法已不能满足时代对英语人才的要求。《英语新课程标准》也及时地提出培养学生的跨文化交际意识，发展跨文化交际能力的教学建议。本文正是在这样的背景下提出在文化教学中实施体验式教学法的。体验式教学是指在教学中教师创设各种情景，引导学生由被动到主动，由依赖到自主，由接受性到创造性地对教育情景进行体验，并且在体验中学会避免、战胜和转化消极情感与错误认识，发展、享受和利用积极的情感与正确的认识，使学生充分感受蕴藏在这种教学活动中的欢乐和愉快，从而达到促使学生自主发展的目的。体验式教学是一种强调知识与学习主体活动联系的教学，注重学习者的深入参与。虽然体验式教学法已经不是一个很新的教学法，但在一线的小学英语文化教学课堂中还是很少见到。主要原因是一直以来小学英语课堂重词汇和句型而轻文化的教学以及重教师讲授法而轻学生参与的体验式教学法。

《英语新课程标准》对二级（即小学六年级）的文化意识也有具体分级目标。从新课标中的文化教学目标可以看出，英语文化教学是英语教学不可或缺的重要组成部分。那如何在文化教学过程中有效地培养学生的文化意识和跨文化交际能力呢？本文将从几个主要方面阐述体验式教学法在文化教学中的必要性。

一、英语文化教学的两个层面都需要体验式教学法

英语文化教学的两个层面指的是"文化知识层"和"文化理解层"。文化知识层培养的是具有观光客型生存技能的学习者，而文化理解层培养的是具有参与者型跨文化交际能力的语言学习者。

1. 文化知识层的局限性要求使用体验式教学法

首先，文化是由个体行为来反映的。有学者指出，文化是一个社会的框架，而这一框架是由个体人组成的。文化知识教学以目的语民族为一整体，笼统概括的描述其文化行为，忽视了个性在文化中的作用，单纯的文化知识给学生的是一成不变的事实性描述。如果采取传统的教师讲授式教学法，会让本来就枯燥的文化知识变得更加枯燥乏味。体验式教学能够解决学习文化知识层面临的这些问题，因为它是以学生发展为本的教学法，更关注学生体验、感悟和实践的过程。通过学习情境的创设、实践环节的开发和学习渠道的拓宽，丰富学生的经历和经验，改变学生的学习方式。具体来说，采用体验式教学法后，学生需要把更多的时间放在课外，利用先进的网络技术和资源搜集资料，了解相关知识。而在课堂中老师已经不只是一个文化知识的传授者，而是一个文化活动的组织者和指挥者。学生在参与目的语相关的活动中，体验与目的语相关的文化。这样的形式，学生不但不会因排斥学习枯燥的知识而过早地失去对目的语的兴趣，反而能够在体验活动中收获快乐。不仅如此，学生还能收获比文化知识更重要的东西：获取知识的方法，正确看待分析问题的技能。而这些将是他们一生的财富。

2. 文化理解层需要体验式教学法

有学者发现有两种跨文化语用失误现象，一种是语用语言失误，另一种

是社交语用失误，即语言学习者因对目的语某一约定俗成的交际规则不符合其文化价值而有意不去纠正所产生的交际失误。前一种可以通过文化知识的增长解决，而后一种需要经历一个对目的语文化理解的过程，而这个过程正需要体验式教学法的帮助。体验式教学是以学生动手操作、直观感受、模拟真实等活动方式，获取感性材料作为思维活动的基础，去认识抽象的概念。学生可以在活动之前接受生活中早已有的概念，在活动中用"试一试""比一比""做一做"等方法，将"抽象"上升到具体的"再现"，使之成为丰富思维的活动。学生正是在这种体验、认识、再体验、再认识的创造性活动中，促使自己行为和认知的统一。当学生自己和外国人交流时能够实现行为和对目的语文化的认知统一时，跨文化交际的能力也就自然而然地形成了。

二、体验式教学方法的原则和策略适合小学英语文化教学

1. 体验式教学方法的基本原则适合小学英语文化教学

首先，开展体验式教学遵循"回归生活原则"。在英语文化教学课堂中"回归生活"，选取目的语国家本地的生活片段和生活素材，能让学生更加直观地感受到目的语国家的当地文化，选取本族当地的生活素材，能让学生感觉到更加亲切和容易接受。当学生开始认可本族文化，并乐于尊重和接纳外族文化的时候，文化教学的目的其实也已经达成一半。其次，开展体验式教学遵循"情感性"原则。情绪心理学研究表明，个体的情感对认知活动至少有动力、强化、调节三方面的功能。动力功能是指情感对认知活动的增力或减力的效能，即健康的、积极的情感对认知活动起积极的发动和促进作用，消极的不健康的情绪对认知活动起阻碍和抑制作用。体验式教学法就是要在教学过程中引起学生积极的、健康的情感体验，直接提高学生对学习的积极性，使学习活动成为学生主动进行的、快乐的事情，在英语文化教学的过程中也不缺少对学生的情感教育。比如说，在涉及到与本民族文化相关的事物的时候，我们可以利用体验式教学的方法让学生再次感受本民族文化的博大精深，培养学生为本民族而自豪的爱国情感，在讲到其他民族的文化事实的时候，也可以利用体验式教学法，让学生更加直观地感知其他民族文化，培养学生的国际视野和博爱精神。

2. 体验式教学的策略适合小学英语文化教学

把体验式教学中的"激活相关经验，让学生在联想中体验"的策略用在英语文化教学中，通过给学生展示他们熟悉的带有本民族文化特色的事物，加强学生对本民族文化的认识，再呈现其他民族的文化事物，让学生自己去发挥想象力，去观察、发现和体验文化的异同。"创设教学情境，让学生在活动中体验"的策略，可以充分调动学生学习的主观能动性。比如，在中山市文化教学比赛当中，欧阳老师就在教室摆好座椅和广东早茶相关的一些吃喝的具体实物，让学生在参与活动的过程中既体验到了本族文化的特点，又有兴趣继续体验外国的文化。对于能吃到嘴里的"文化"，哪个孩子不喜欢呢？

参考文献

[1] 中华人民共和国教育部 . 义务教育英语课程标准（2011 年版）[M]. 北京：北京师范大学出版社，2012.

[2] 贾冠杰 . 英语教学基础理论 [M]. 上海：上海外语教育出版社，2010.

[3] 杜春英 . 英语教学中的文化教育 . 中小学英语教学与研究 .1997.2

[4] 陈申 . 外语教学中的文化教学 . 北京语言文化大学出版社 .1999.

（本文获 2014 年中山市小学英语优秀论文一等奖）

小学英语阅读教学中读后活动的问题与对策

东区竹苑小学　　巴梦龙

【摘要】本文主要从小学英语阅读教学读后活动的关联性、真实性、人文性、思维性四个方面分析小学英语阅读教学中读后活动存在的问题，并从创造多层次的语言活动、强化输出语言以及提供语言支架三个方面提出了相应的对策。

【关键词】读后活动　学生中心　输出活动

读后活动（post-reading）一般侧重检查阅读效果以及所学语言的巩固和运用，使学生能在阅读基础上将阅读材料相关的主题内容、观点和所学的语言知识结合起来，进行语言输出。因此，读后语言输出活动的设计是否有效，也成为提高学生综合语言运用能力的重要环节。但是实际教学中，教师设计的读后活动存在一些问题，导致学生语言输出质量低下。

一、问题分析

英语阅读教学不仅仅需要关注语言形式，也要关注文本内容，感悟其文化内涵和作者观点，进而开阔视野，发展语言水平，提高阅读能力，提升阅读素养。但是，在实际阅读教学中读后活动存在诸多问题。笔者将通过广东版《开心学英语》的教学案例对这些问题进行分析。

1. 读后语言输出与语言输入不一致，活动主题与文本主题不一致

与读中重点训练学生的阅读技能不同，读后活动承担着更多的语言输出练习的任务。但实际教学中，部分老师设计读后活动容易忽略主题内容和重点语言，导致核心语言知识教学没有落实，主题内容没有得到深化，缺乏语言学习的意义。

例如，广东版《开心学英语》五年级上册 Unit 5 "School Lunch" 的 reading and writing 阅读课中，授课老师在学生学习完关于做蔬菜汤的文本内容后，设计学生在读后尝试写出做炒饭的过程。这一读后活动的主题与文本做汤的主题不一致，所使用的语言也与文本出现的语言不一致，偏离了教学重点，导致学生不能有效地掌握核心语言知识，不利于学生语言运用能力的培养。

2. 读后活动不符合学生的语言水平和认知水平

实际教学中，部分老师设计的读后活动是没能合理地预设学生的语言水平和认知水平，提供足够的支架，导致学生在读后活动中不能有效地进行语言输出。

例如，六年级上册 Unit 2 "Looking for a Hospital" 的 more reading and writing 阅读课中，授课老师在读后安排学生讨论更多的交通标志。虽然主题和文本主题相关，但是在学生刚学完一些交通标志还没有完全消化吸收的情况下，要求学生讨论其他标志，其中涉及的部分语言是超出学生语言水平和认知水平，让多数同学表现出无所适从的情况。

3. 读后活动缺乏对学生的情感态度价值观和文化意识的关注

在实际阅读教学读后活动中，部分老师过分依赖教材已有的语言输出练习，没有认真挖掘文本中值得学生关注的中外文化异同，缺乏对文本内涵和价值观的基本尊重，缺少开放性的语言输出活动。

例如，Unit 6 "Planting Trees" 的 more reading and writing 阅读课读后活动中，授课老师把教材中练习部分出现的邮件作为重点和突破口。设计学生模拟 May 回复 Mingxia 再写一封电子邮件，用过去时态写一写自己的 weekend。这节课文本的内容是介绍植树节的由来，其核心价值观是人与自然和谐相处，保护自然。中外植树节的异同是这节课值得挖掘的文化点，还可以拓展其他的节日由来。但是这节课并没有很好的关注到学生的情感态度、文化意识和价值观的培养；模拟 May 回复 Mingxia 的邮件，语言输出也很不真实，不利

于学生思维能力的发展。

二、设计有效读后活动的对策

1. 强化输出语言和活动主题的关联性

（1）强化读后输出语言与目标语言的关联性。

语言输入的目的就是为了能够进行有效的语言输出，读后活动必须与目标语言紧密相关，才能达到语言输出的最佳效果，才能锻炼学生运用语言的能力。

例如，六年级上册 Unit 5 "A Circus in the Park" 的 reading and writing 阅读课读后活动中，授课老师设计一个仿写句子的活动，让学生在模仿目标语言的过程中进一步巩固掌握目标语言。其中目标语言是：I was in Canada last winter，需要学生写的句子是：She was in London last summer/We went sightseeing yesterday 等。

（2）强化读后活动主题的关联性。

文本的阅读教学不管在什么阶段，都应该始终围绕着其特定的核心价值观与主题，从整体构建的课堂教学观出发，在统领整节课的主题下来处理教学内容，设计拓展活动，确保学生的语言输出基于教学主题，基于语言输入。

例如，六年级上册 Unit 5 "A Circus in the Park" more reading and writing 阅读课读后活动中，授课老师在学习完文本 My Christmas Dinner 和 Festivals and Food 之后设计一个拓展活动很好地结合了文本主题 "festivals"。该教师通过图片搭配文字，语篇填空的形式，引导学生一步一步加深对 Spring Festival 期间，中国南方和北方在天气和饮食等方面的异同。具体内容如下：In China, people like to buy flowers in the south, but in the north they make snowman during the Spring Festival.

2. 以学生为中心，创造多层次的语言输出活动

学生是语言输出活动的主体。因此，读后活动的设计必须以学生为中心。具体来说，应以学生认知发展、语言发展、情感态度价值观和文化意识发展为中心。

（1）以学生语言发展为中心，设计层级较低的语言输出活动。

由于班级学生认知水平参差不齐，层次较低的语言运用活动有利于更多

学生获得学习的成就感和更好地实现综合语言运用能力核心素养的培养。教师设计活动时可以考虑设计朗读、复述、转述、仿写等一些基础性的语言输出活动。

（2）以学生认知发展为中心，设计层次较高的语言运用活动。

在实际阅读教学读后活动中，教师可以考虑结合学生的生活经验和与文本主题相关的现实情境，设计一些活动。例如：根据文本内容，续写或者改编故事，合作讨论如何做蔬菜汤、商店购物、义卖、表演、写信等活动。

（3）以学生的情感态度价值观和文化意识发展为中心，设计高层次的活动。

授课老师在设计读后活动前，不仅应充分挖掘文本及目标语言的中心思想、情感态度价值观和文化意识，还要根据学生的能力水平提供需要的语言支架，降低一点语言输出的难度。例如设计和 festivals、社交礼仪、保护环境、爱护自然等相关的拓展延伸活动。活动形式可以是：以视频、图片为主的欣赏形式；以图文加语篇填空的互动形式；以小组合作讨论为主的参与型活动；以展示演出为主的会话形式活动。

3. 提供语言支架，给予学生足够思考时间

教师在设计读后活动前，不仅要预设学生会遇到的语言障碍，提供足够的语言支架，还要预留足够多的时间给学生去思考、组织和交流。

例如，六年级上册 Unit 1 "Feeling Sick" reading and writing 阅读课读后活动中，教师在设计了一个模仿现实生活中医生和患者对话情境的语言输出活动。该活动涉及到的重点语言包括：headache，toothache，stomachache，take some medicine，go to the dentist 等。虽然这些单词和短语学生在之前的语言输入环节学习过，但对于如何把单词、短语整合成有意义的句子，对学生来说是有一定困难。尤其是，脱离文本用英语面对面与他人交流，许多学生存在紧张，忘词等问题。授课老师在开展这个拓展活动之前，先通过提供范例：He has a fever. He should stay in bed and rest，让学生完成教材练习 3 中连词成句的练习，然后通过合作完成一个对话填空帮助学生熟悉医生和患者真实的对话内容，最后让学生小组合作先熟练对话，再上台脱稿展示。这一系列的过程中，老师有给学生提供足够多的支持和充分的思考组织时间，学生最后能够有效地进行语言输出。

参考文献

[1] 中华人民共和国教育部 . 义务教育英语课程标准（2011 年版）[M]. 北京：北京师范大学出版社， 2012.

[2] 英语（供三年级起始用）五年级上册 、六年级上册 [T]. 广州：广东人民出版社 .2014.

[3] 贾冠杰 . 英语教学基础理论 [M]. 上海：上海外语教育出版社，2010.

[4] 戴军熔，吴璇 . 英语阅读教学中读后活动：设计与实施（第二版）[M]. 杭州：浙江大学出版社，2013.

[5] 葛炳芳 . 英语阅读教学的综合视野：理论与实践 [M]. 杭州：浙江大学出版社，2015.

（本文获 2016 年中山市小学英语优秀论文一等奖）

利用有效追问深化师生互动

东区竹苑小学　巴梦龙

【摘要】小学英语课堂互动中，师生互动存在深度不够、意义缺失、参与度不高、缺乏连贯性的问题，而追问能够很好地深化师生互动。本文将主要从深化生成内容、深化互动意义、深化师生互动参与度以及连贯性四个方面阐述追问如何深化师生互动。

【关键词】师生互动　追问

"追问"，顾名思义就是追根究底地问。它是课堂教学中对话策略的组成部分。建构主义理论认为，互动是课堂上主要的学习途径之一。在语言课堂上，互动的作用尤为重要。互动是交际的核心。在传统的课堂上，教师一般向学生讲解知识或者简单的自问自答，有时随意提问不进行进一步的追问，这些都是互动，但是学生在这种互动中参与度很低，互动的意义缺失，没有连贯性。"追问"能够深化"师生互动"，但是，在教学实践中"追问"的次数和效果并不是很好，这不是"追问"本身的问题，而是教师使用"追问"的时机效果、真实性、互动性和层次性方面没有做好。

一、有效的追问——深化师生互动的生成内容

课堂追问是以互动教学法为理论依据的。互动教学法就是以师生、生生

互动为桥梁，使课堂教学的四要素之间形成立体的信息交流和传递的加工图式网络，让学生主动在情景与对话中进行积极的知识和意义构建。有效的追问能够拓展师生互动的话轮，生成更多的语言内容，而形成这些新的语言内容的过程就是知识意义建构的过程。

1.有效的追问是和学习的内容或主题相关

"追问"并不是漫无边际的发问，有效的课堂追问永远立足于这节课的主题和学习内容。只有结合学习的内容和主题的追问，才能让学生理解你所问的内容，否则学生会出现不知所措的感觉，其次，只有结合所学语言知识的追问才能让学生进行语言的输出，否则他们即便知道答案，但不会用英语表达。

例如，广东版《开心学英语》五年级下册 Unit 3 "On Vacation" 的同课异构的对话课中，两位教师都使用了追问策略，但效果明显不一样。

Teacher 1——Student 1	Teacher 2——Student 2
T1：What are you going to do? S1：I'm going to surf the internet. T1：Do you like surfing the internet? S1：Yes，I do.	T2：What are you going to do? S2：I'm going to surf the internet. T2：What are you going to do on the internet? S2：I'm going to play games.

通过分析两位教师的追问不难发现第一个教师的追问不仅太过于简单，而且和这节课的主题不一致，这节课的重点是学习将来时 be going to 的句型，表达将要做什么事，并不是讲兴趣爱好。第一个教师的追问属于无效追问，相反二号教师的追问才是有效追问。不仅围绕将来时的用法，而且对于上网这件事进行进一步追问，能够深化师生互动，生成新的语言知识：We can play games on the internet.

2.有效的追问是尊重学生的差异性和兴趣

有效的追问就是要针对每个学生的特殊情况，选择相适应难度的和感兴趣的问题。只有这样的有效追问才有可能深化师生互动的生成内容。

例如，广东版《开心学英语》五年级下册 Unit 4 "Going Outing" 的同课异构的对话课中，两位教师都使用了追问策略，但效果明显不一样。

Teacher1——Student 1, Student2	Teacher 2——Student 3
T1: How do you go to school? S1: I usually take a bus. T1: How does she go to school? S2: ...	T2: How do you go to school? S3: I usually take a bus. T2: Do you usually take a taxi to school? S3: No! I never take a taxi to school.

通过分析两位教师的追问不难发现，第一个教师的追问从第二人称直接过渡的第三人称的问题，难度偏大，导致学生无法回答，所以面对这个学生第一个教师的追问是无效的，如果问的学生语言水平高，同样的追问也许是有效的。第二个教师的追问难度不大，学生能够轻松回答出来，而且还能生成新的频率副词 never 的用法，很明显是有效的追问。

二、真实追问——深化师生互动的意义

真实的追问就是要构建一个接近现实生活的情景，让学生在情景中习得语言知识。师生互动的最大意义就是在互动中进行意义协商和知识的构建，跨文化交际能力的培养。真实的追问就是要让学生在一问再问的过程中理解意义，构建知识，提升跨文化的交际能力。

例如，广东版《开心学英语》四年级下册 Unit 3 "Bank or Beach" 的同课异构的对话课中、两位老师都使用了追问策略，但效果明显不一样。

Teacher 1——Student 1	Teacher 2——Student 2
T1: It's a hot day. Where are you going? S1: I'm going to the swimming pool. T1: What can you do at the swimming pool? S1: I can swim. T1: Can you drink some juice at the swimming pool? S1: Yes, I can, I can play with my friends, too.	T2: Where are you going? S2: I am going to the restaurant. T2: Are you going to the supermarket? S2: Yes, I am. T2: Are you going to the shopping mall? S2: No, I am not.

通过分析两位教师的追问不难发现，第一个教师的追问才是真实有效的追问。他通过创设接近真实的语言情境，让学生在真实的语言对话中习得语言，

这个过程也是一个意义协商的过程。通过这个追问，学生对于 swimming pool 的概念意义理解更加深刻。相反第二个教师的追问很不真实，没有情境地问，没有情境地回答，学生只是在机械的操练句型，并不真正理解单词背后的意义。因此，只有真实的追问才能深化师生互动的意义。

三、相互追问——深化师生互动的参与度

在意义协商过程中，教师和学生通过说话的方式传达信息，沟通思想，建构意义。但是，单方面的追问，并没有尊重学生的主体地位，也不总能激发学生的兴趣。因此，特别需要发挥学生向老师追问的作用，进一步深化师生互动的参与度。

例如，广东版《开心学英语》五年级下册 Unit 2 "Vacation Plans" 的同课异构的对话课中，两位教师都使用了追问策略，但效果明显不一样。

Teacher 1—— Student1	Teacher 2—— Student 2, student3, student 4
T1: Where are you going for vacation? S1: I am going to Hong Kong. T1: How do you go to Hong Kong? S1: I am going by ship. T1: Where do you go to stay? S1: I am going to stay in a hotel.	T2: Boys and girls, look at this picture! Can you guess, where am I going? S2: Are you going to Shanghai? T2: No! It's hot in Shanghai in summer! I don't like hot days. S3: Are you going to Australia? It's cold in Australia. T2: No, I don't like cold days, neither! S4: Are you going to Yunnan? T2: Yes, I am.

通过分析两位教师的追问不难发现，第一个教师的追问只是老师问学生答，方向单一，学生参与的兴趣并不积极。反而是，第二个教师通过让学生猜猜老师将要去哪的追问非常有吸引力，学生是学习的主体，通过学生来追问，解决问题，能够很好地加深师生互动的参与度，活跃课堂气氛，提升学习效果。

四、多层次追问——深化师生互动的连贯性

根据交互假设，不可理解的输入对于学习者无用。因此，只有能够被学生理解的追问，才能保证师生互动的连贯性。但是由于学生已有语言知识水

平和能力不一样，只有多层次性的追问才能保证不同层次的学生在不同课时课堂中都能有效地吸收所学，才能深化师生互动的连贯性。

例如，广东版《开心学英语》四年级下册 Unit 8 "Weekend Fun" 的同课异构的对话课中，两位老师都使用了追问策略，但效果明显不一样。

Teacher 1——Student 1， Student 2	Teacher 2——Student 3， Student4
T1： It's a hot day. What do you want to do? S1： I want to eat an ice-cream. T1： Do you want to drink some juice? S1： Yes，I do! T1： Does she want to drink some juice? S1： Yes， she does. T1： What does she want to do? S2： She wants to drink some juice and eat an ice-cream.	T2： What do you want to do? S3： I want to make a snowman. T2： Do you want to read a story? S3： No，I don't. T2： Do you want to make a snowman? S4： Yes，I do. T2： How to make a snowman? S4： ...

通过分析两位教师的追问不难发现，第一个教师的追问是有层次性的，由简到难，由第二人称逐步过渡到第三人称，面对学生的水平不一样，追问相应难度的问题，使得师生互动更加的连贯。而第二位教师提的问题没有针对性的区分层次，而且最后一个问题四年级的学生不理解也无从回答。所以，多层次的合理的追问能够深化师生互动，使得师生互动更加连贯。

参考文献

[1] 中华人民共和国教育部. 义务教育英语课程标准（2011 年版）[M]. 北京：北京师范大学出版社 .2012.

[2] 英语（供三年级起始用）五年级上册 、六年级上册 [T]. 广州：广东人民出版社，2014.

[3] 贾冠杰 . 英语教学基础理论 [M]. 上海：上海外语教育出版社，2010.

[4] 王笃勤 . 小学英语教学策略 [M]. 北京：北京师范大学出版社

[5] 程晓堂 . 英语教师课堂话语分析 [M]. 上海：上海外语教育出版社

（本文获 2017 年中山市小学英语优秀论文一等奖）

利用教育戏剧活动提升小学高年级学生英语口语技能的实践与思考

东区雍景园小学　　唐凌珊

【摘要】本文探索了在小学五、六年级学生中，实施英语课本剧活动、提升学生英语口语技能的教学实践，探讨了小学英语课堂引入课本剧教学模式，展示了雍景园小学开展英语戏剧节的实践，为开发基于课本的小学英语戏剧提供了启示。

【关键词】课本剧　小学英语　口语技能

《义务教育英语课程标准（2011 年版）》要求小学六年级学生的口语技能应达到二级水平，即：能在口头表达中做到发音清楚，语调基本达意；能就所熟悉的个人和家庭情况进行简短对话；能运用一些最常用的日常用语；能就日常生活话题作简短叙述；能在教师的帮助和图片的提示下描述或讲述简单的小故事。

而小学生除了课堂上接触英语外，课外使用英语口语交流的机会较少。在多年教学实践中，笔者深感小学生的口语能力远远不能达到课程标准的要求。特别是五、六年级学生，随着进入"自我意识情绪识别"发展的重要时期，他们愿意开口说的不多，能真正用英语思维说地道英语的学生更是少之又少。如何提升高年级学生的英语口语技能就成为英语教师面临的重要课题？近年来，我校在五、六年级英语教学中，引入基于《广东人民出版社 2011 课标版小学英语教材》课本的英语教育戏剧活动（以下简称课本剧），通过搭建英语课本剧表演平台来突破高年级孩子的交流障碍，尝试提升学生的英语口语能力，取得了较好的效果。

一、问题的提出

英语教育戏剧活动在国外的语言教学中扮演着很重要的角色。如：英国就是将英语和戏剧进行联合教学发展比较广泛而完善的国家，中小学校园里都设有戏剧课。美国等国的教育大纲都有明确规定，中小学必须开设戏剧课程。为此，许多校园都设有小剧场供学生进行戏剧演出活动。同时，在国内的研究中，利用戏剧活动来提高学生英语口语能力这一课题，也有效地渗透到高等教育层面。而同类课题在基础教育特别是小学阶段英语教育的研究与应用还比较缺乏。

从国内外学校开设教育戏剧课的情况来看，在小学英语教学中开展英语教育戏剧活动同样能够对语言学习发挥重要作用。英语戏剧活动，不仅满足了高年级学生爱表演的天性，激发了学生爱学、爱说英语的兴趣，而且在表演中说，不仅可以打破学生怕说错英语被人笑的局限，还可以让学生在快乐的氛围中接受英语文化和英语思维方式。"首先，有利于学习者学习动力的提高。其次，戏剧教育作为一种认识并掌握英语的途径，在学生综合素质教育中是一个新的突破。此外，戏剧教育与英语教育的融合承担了一国的语言教学与综合素质教育的使命"。

语言心理学研究表明：五、六年级的学生正处于儿童语言向正常的成人语言过渡的"语言变化时期"。此时的学生尝试用成年人的眼光观察世界，用成年人的语言来表达自己日益复杂的思想。这时语言发展已处在关键期的末期，有针对性的教育戏剧活动能让儿童的语言向规范、健康、得体的方向发展。那么如何才能实现学生言语的有效表达呢？现代认知心理学家安得森认为，言语表达的过程可划分为构造—转换—实行三个阶段。因此，小学英语教师在教育戏剧教学中需注重"听、说、读、写"同步发展，有意识关注学生内部意识，以听读写促说，帮助学生"想好了再说"，促进学生顺利地完成从内部言语向外部言语的转换，进行规范的英语口语交际。

二、课本剧的内涵

本文中的课本剧就是在课本即原有教材的基础上，把课本中的对话改编为戏剧形式，或在原来学生学情的基础上，结合课本已学语言知识，以戏剧语言来表达一个主题，进行教育戏剧活动。这里的教育戏剧，是运用戏剧与剧场的技巧从事学校课程教学的一种方式。在教师有计划的引导下，以戏剧的各种表演元素如即兴表演、角色扮演、戏剧游戏、情景对话表演、课本剧排演、分角色朗读课文、模仿等方法进行教学工作，让学生可以在彼此互动、合作的关系中充分地发挥想象、表达思想，从学习中获得美感经验、增进智能与生活技能。

三、利用课本剧活动提升小学高年级学生口语能力的实践

1. 实验设想的提出

近年来，随着国际教学交流活动的日益发展，我校也多次接待英国校长来访和美加学者交流，接纳外籍学生入读，更有高年级学生移民英语国家。这既为我校师生打开了一个认识世界的窗口，也使我们更加认识到提升高年级学生英语口语技能的重要性。而小学生除了课堂上说英语外，课外使用英语口语交流的机会较少。如何提升学生的英语口语学习力呢？带着这个问题，我们观摩了香港小学英语戏剧节，探索在五六年级的英语教学中适时引入课本剧系列活动，提升小学生口语技能。

2. 实验准备及实验班概况

2012年起，我校以五、六年级学生为主要研究对象，开展课本剧活动，探索提升高年级学生的英语口语技能的方法。参与实验的学生均从一年级开始开设英语课，有四年以上的英语学习基础，积极参与学校活动，在集体活动中表现出较强的合作精神与相当的创造性。实验年级于实验前进行问卷调查，检测学生对英语学习的兴趣、合作态度、敢于表达、自主完成口语作业及阅读作业等情况，并通过网络口语测试平台先进行五、六年级学生口语能力水平测试。网络口语测试平台，就《义务教育英语课程标准（2011年版）》教学目标，设计人机对话口语试卷，检测如下技能：能认读新词句，做到发音清楚，语调基本达意；能就所熟悉的个人和家庭情况进行人机对话；能人

机对话常用的日常用语；能就日常生活话题作简短叙述；能在图片的提示下描述或讲述简单的小故事。

由于课本剧活动既有课堂教学部分，也有课外排练部分；既要选择合适的剧本，也要学生准备道具、服装。于是实验前需要家长在财务、物力上的支持，以便实验的开展。

3. 实验过程

本实验围绕提升五、六年级学生的英语口语问题，尝试从三个阶段进行实验：第一阶段设计口语实践课来提升学生英语口语技能，请外教教纯正口语，开发课本剧口语课程，让学生在课堂里多听多说，得体表达，引导学生进入言语发展的构造阶段；第二阶段以剧本里丰富多彩的英语故事进行文化渗透，让学生按照自己的兴趣爱好去选择故事，自己准备剧本，以读写促说，完成转换阶段；第三阶段用"小莎士比亚戏剧节"为学生搭建英语口语展示舞台，这是实行阶段，即把信息有声化、有形化地表达出来。

下面从英语课本剧口语实践课堂、英语剧本故事读写活动、英语戏剧节三阶段介绍：

（1）以英语课本剧口语课为依托，提升英语口语能力。

实验初始，我校将英语课与综合实践课结合，开发了英语口语实践课。首先，在口语实践课里，教师将戏剧的各种表演元素如角色扮演、戏剧游戏、情景对话表演、课本剧排演、分角色朗读课文、模仿配音等渗入课堂教学。每周一节英语口语课，外教教课或英语教师训练，对学生发音进行及时纠正，使学生能说、爱说。在课堂教学中，教师刻意启发学生表演才能，使课堂成为学生乐于参与、大胆实践的大型口语学习场所。

再次，以课本剧为科研的切入点，申报课题。在教与研中突显戏剧教学艺术，把"戏剧化、口语化"教学理念内化为教师的思想，在反复的研讨、反思中，探索出了"口语操练英语课堂教学模式"，即：歌曲热身、激发兴趣——故事情境展示、初步感知故事——机械性操练、活动操练、交际性操练新句型——改写故事、分组角色扮演、实现口语交际。这样，英语口语课激活了学生参与兴趣，营造出良好的课堂戏剧文化，使学生在多听多说中提升口语能力。

（2）在英语故事读写活动中创编剧本，强化学生思维能力。

英语口语实践课提升了学生的听说能力，这时高年级学生随着视野的扩大，力求用结构复杂的长句来传递丰富的思想。但他们的词汇储备和驾驭复杂长句的本领还不足以适应思维的需要。于是，思维的迅猛发展与言语能力的相对滞后，导致了一个语言发展的"低谷期"。

如何帮助学生跨越这个语言"低谷"呢？英语教师精心策划了英语故事阅读活动。根据学生不同的年龄段特点，由学校图书馆外借适合各年级学情的英语课外读物，存放在班级图书架上。学校设置实验班级每周一节英语阅读课，逢英语阅读时间，英语教师教学生查字典、阅读英语读物，将英语课堂上的新知识，灵活延引到课外阅读。

逢戏剧节，组织学生找出自己喜欢的英语故事，分组分角色编写成自己喜欢的个性化英语戏剧剧本，交教师批改润色，灵活地转化为校本教材。通过剧本读写活动，促使学生用长句、规范句式来传递自己的思想，让学生通过写个性化剧本选择自己想表达什么和怎么表达，让学生"想好了再写，写顺了再说"。以读写促说，强化学生思维能力，实现内部言语向外部言语的转换，从而为戏剧活动说地道英语夯实了基础。

（3）以英语戏剧节为顶层设计，构建口语文化。

为了全面展示学生在英语方面的口语能力和表演才能，逢春季学期举办一届"小莎士比亚"英语戏剧节活动。现已经成功举办两届英语戏剧节，获得家长学生的积极参与及称赞。

英语戏剧节以"Love English，Enjoy English！"为活动主题，五、六年级以班级为单位参加，尽量做到让每一个学生都参加表演，鼓励实验学生自编自导自演所有节目，教师和部分家长也积极参与指导。在戏剧节中，涌现出一批批充满表演力与想象力的小演员，如：《Three Little Pigs》，学生真情、活泼的表演，引人入胜；《The Snow White》学生模仿得惟妙惟肖，特别是演员们标准的语音、语调，吸引着在场的每一个人；生动活泼的话剧《Sound of Music—Introduction》音乐之声之自我介绍，带学生体验英伦文化；载歌载舞的《Gogo's in Class 2，Grade 6》，无处不洋溢着学生的智慧与创造力。

在英语戏剧节中，我校通过校园电视台播放莎士比亚的相关故事，讲述戏剧文化。在活动中，渗透丰富的英美文化内涵，进一步培养学生国际意识，营造出爱说会说的英语口语校园文化。

4. 实验成效与成果

英语课本剧系列活动为学生提供了大量课内外交流英语的机会，让学生在表演中感受英语、应用英语、享受英语。三个阶段后，实验班级英语学习兴趣与主观能动性有了明显进步，在实验前后问卷调查数据对比如下：

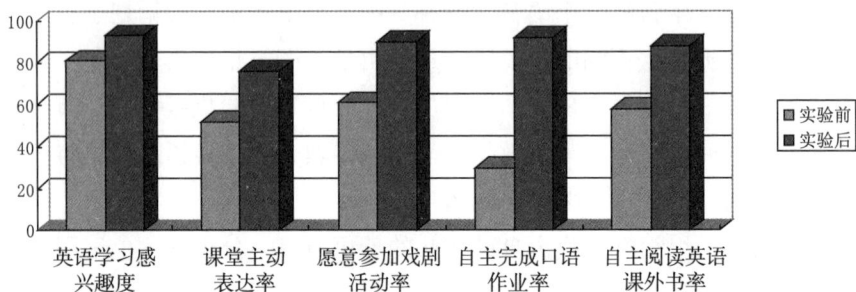

三个阶段后，实验班级英语口语水平也有了较大的提升，参与活动前后口语测试成绩概括如下：

年级	阶段	测试人数	合格人数	合格率	优秀人数	优秀率	最高分	最低分
五年级	实验前	158	140	88.6%	124	78.5%	95	48
	实验后	160	153	95.6%	138	86.3%	99	53
六年级	实验前	165	149	90.3%	119	72.1%	98	42
	实验后	164	158	96.3%	140	85.4%	98	55

在家长问卷调查中，学生家长也认可实验过程提升了孩子的英语思维能力及人文素养，以下为参考情况：（1）83%参与调查的家长认为，孩子英语对话能力从刚开始的一问一答转变为多问多答;（2)88%参与调查的家长认为，孩子能自己创作或改编英语小故事；（3）81%参与调查的家长认为，孩子英语听力提升，可以在字幕的配合下听懂、看懂英语卡通片及电视电影内容;（4）78%参与调查的家长认为，孩子能结合字典读懂简易英语故事；（5）86%参与调查的家长认为，孩子懂得英美国家重大节日及习俗；（6）68%参与调查的家长认为，孩子能自己创作或改编英语小故事；（7）86%参与调查的家长认为，孩子能区别中西文化的不同并懂得尊重文化差异。三次来我校指导课题的美国启发潜能博士 DR B 访问中谈到，课本剧教育活动启发了学生潜能，

提升了学生英语口语学习力，发挥了学生的天赋，有效地提升了学生思维能力。

在课本剧系列活动开展过程中，学校还取得了一些可喜的成绩。如：2012 年我校成功申报了区小莎士比亚英语戏剧特色项目及区课题《利用戏剧活动，提升英语口语能力》。2013 年因为戏剧活动的有效开展被中山市教育局评为品牌科组。在指导学生创作英语剧本的过程中，教育论文《浅谈新课标下小学高年级英语写作能力的有效培养》发表在全国核心期刊《中国校外教育》2013 年第 1 期上。2014 年 9 月申报的课题《基于课本剧编演的小学英语教学模式探索》立项为中山市教育科研规划项目，由中山市教育科研领导小组办公室批准。

四、总结与反思

英语课本剧系列活动让我校五、六年级的学生愿学英语，乐学英语，同时口语水平明显提升。但是在活动中也存在许多不足，需要进一步改进，比如：个别学生因为害羞或怕上台，不愿意参加活动；学生在挑选角色或彩排戏剧中时有摩擦或矛盾，影响节目进度；学校英语教师少，需要辅导的学生多，工作量大；英语教师的舞台演出经验不够，导致部分节目质量不高。

那么英语教师在今后的工作中应如何改善并提高活动的质量呢？应注意如下事项：

1. 发挥学生的主观能动性

对于小学高年级学生，责任感与集体荣誉感常常成为他们参与学习活动的强大动力，在戏剧节中设置不同的集体及个人奖项，激发学生主动参与的积极性，如：最佳表演奖、最佳组织奖、最佳剧本奖、最佳道具奖。在排练过程中，关注学生的心理动态，深入做好不参与学生的思想工作，动员每个学生都开心参加活动。

2. 注意跨学科的协调

"戏剧是综合的艺术节，它要求参加者懂得文学、表演、舞台、美术、音乐等各个组成部分……"。在校园里实施戏剧教育活动时，不仅涉及英语学科，而且涉及到艺术学科甚至班主任教师的工作，所以取得其他科组的支持是成功开展戏剧活动的基石。艺术科组可协助提高舞台效果与节目质量，班主任可协助辅导学生思想工作，并易与家长有效沟通。

3. 借助家长与社会力量

开展课本剧教学系列活动并不局限于课堂内，而要延伸到课外，非常需要学生家长与社会的支持。活动前可利用短信平台及家长会，把学校的课本剧活动计划告诉家长，取得家长的配合。在家长群中有一些懂得表演及服装租借的专业人士，可擅用这一部分资源，提升节目质量。在戏剧节演出时，可邀请家长观看学生表演，得到家长最大的认可与支持。

把课本剧引入英语教学中，为学生搭建了一个广阔的操练英语口语的平台。我校学生在课堂内外的口语实践中，语音语调明显提升，能用英语讲小故事并能进行简单描述及改编，能在创设的情景中进行日常对话。戏剧教育活动不仅提升了学生的口语能力，还提升了学生的思维能力和人文素养。

参考文献

[1] 宋佳样. 聚光灯下的精彩——怎样排练英语戏剧. 重庆：重庆大学出版社，2011.

[2] 张晓华. 创作性戏剧原理与实作. 上海书店出版社，2011.

[3] 冯冬燕. 小学英语戏剧教学的实践研究. 南城阳光一小. http：//www.docin.com/p-598720610.html.

[4] 刘哲君. 教育戏剧在小学英语教学中的应用探究 [D]. 山东师范大学，2012. http：//www.doc88.com/p-5611647358424.html.

[5] 胡志海. 徐俊华. 小学生心理学. 合肥：合肥工业大学出版社，2011.

[6] 维果茨基. 思维与语言. 李维，译. 浙江教育出版社，1998.

[7] 卡罗尔. 语言心理学. 缪小春等，译. 华东师范大学出版社，2007.

[8] 安德森. 认知心理学及其启示 [M]. 秦裕林等，译. 人民邮电出版社，2012.

（本文获 2014 年中山市教学论文评选一等奖）

浅谈小学英语文化课的教学策略

东区雍景园小学　向芳艳

【摘　要】本文从巧用素材、创设情境、活用歌谣、设置任务四个方面阐述了小学英语文化课的教学策略，能够有效促进学生的英语学习。

【关键词】素材　情境　歌谣　任务

任何一种语言都是文化的载体，不存在没有文化的语言。英语作为世界上较广泛使用的语言，蕴涵着丰富的文化内涵。因此，学生要学好英语离不开对文化的学习和理解。小学英语教学中开展文化课教学是对英语语言知识赋予了活力，让学生的语言学习不再单调乏味。学生接触到了异域风情等新鲜的事物，激发起了强烈的好奇心和求知欲，进而有效地促进英语学习。那么，在小学英语的文化课教学中，教师应怎样根据学生的年龄特点和认知能力，逐步扩展文化知识的内容和范围呢？下面，笔者结合观摩中山市成功举办的英语文化课教学比赛及自己实践文化课教学的过程，谈谈成功的小学英语文化课的教学策略。

一、巧用素材　感知文化

文化是一个非常广泛的概念，如何在英语课堂中将抽象的文化知识展现给年龄幼小的学生呢？心理学研究表明，儿童的思维形式以形象思维为主，他们喜欢色彩鲜明、生动有趣、感染力强的事物。因此，在小学英语文化课的教学中，巧用丰富多样的素材，如精美的视频、音乐等音像资料、与教学内容相关的图片和实物等，让学生通过各种素材感知文化知识，可以取得事半功倍的效果。

案例一：在教授五年级的《It's cold in winter》时，我校一位教师向学生渗透了以下文化知识：同一时间内，世界上不同地方的天气不同。老师问学生："When it's winter in China, What's the season in Australia？"有的学生回答说是 winter，也有的说是 summer。教师随即向学生展示了一个有关澳大利亚目前天气（即夏天）的视频。

视频中的人们正在游泳、在海滩上度假，正穿着短袖、裙子等在海边过圣诞节等。这与我国圣诞节时寒冷的天气截然不同。通过这样的视频，学生立刻感受到了目前澳大利亚和我们国家不同的天气，理解了同一时间内不同地方的天气不同这一概念，并且激发起了他们了解世界上其他国家天气的兴趣。

二、创设情境 体验文化

合适的情境可以帮助小学生更好地理解所学知识，亦能很好地调动学生英语学习的积极性和主动性，进而帮助学生掌握学习内容，实现有效学习的目标。对于学生接触较少的外国文化知识，教师更应尽可能地创设情境，让学生身临其境地体验。

案例二：中山市文化课堂教学比赛中，一位老师授课的内容为五年级的《Holiday》。这位老师在教授 Halloween 时，给每个学生发了万圣节的面具。老师教会学生说"Trick or treat"，并播放万圣节的背景音乐，然后让学生去向舞台下观课的老师说"Trick or treat"，以获得糖果。通过这样的情境，学生体验到了有关 Halloween 的文化知识，学得轻松又愉快。而当教师教授圣诞节时，则让一位背着大袋礼物的圣诞老人（由另一位教师扮演）来到教室，向同学们说"Merry Christmas！"并赠送圣诞节礼物，学生感受到了一个大大的惊喜，愉快地体验了圣诞节的文化知识。

三、活用歌谣　内化文化

小学生活泼好动，注意力集中的时间不持久。他们易于接受形象生动的内容，而难以记忆抽象的知识。因此，朗朗上口、节奏鲜明的英语 chant，rhyme 和 song 等正符合小学生的身心特点。在小学英语的文化教学中，教师活用 chant，rhyme，song 等，能化繁为简、化难为易，让学生轻松地内化文化知识。

案例三：中山市文化课堂教学比赛中，另一位老师在教授《Culture 1 Time》时，自编了下面的 chant，让学生有节奏地练习：

Time，time，what's the time？

2：30 p.m. 2：30 p.m. in China.

1：30 a.m. 1：30 a.m. in USA.

通过吟唱，学生将时差的知识点内化到心中，且记忆深刻。

四、设置任务　运用文化

学习的最终目的是学生运用所学的知识解决问题，将知识转化为能力。当学生感受、体验和内化文化知识后，教师应进一步为学生提供运用文化知识的机会。具体来说，教师可以通过设置各种任务让学生运用文化知识，从而让学生明确所学知识的实用性，进一步增强英语学习的动力。

案例四：2013 年圣诞节的前一天，笔者在班上向学生介绍了有关圣诞节的来历、习俗等文化知识，学生学得兴致盎然。然后，笔者布置了当天的家庭作业：首先，向家人讲解圣诞节的来历和文化习俗。接着，选取圣诞节习俗中的一件事来实践（如装扮圣诞树；写圣诞节贺卡并送给朋友；挂圣诞袜在床头，可能会收到圣诞礼物等）。教师通过布置这样的任务，给学生提供了良好的运用圣诞节文化知识的机会，学生也非常乐意接受这样的任务。

综上所述，小学英语教师在文化课教学中善于巧用素材、创设情境、活用歌谣、设置任务等策略，为学生提供丰富多彩的素材和真实有趣的语境，让学生感知、体验、内化和运用文化知识，能有效地促进学生的语言学习，同时也能让学生开阔视野，增强其跨文化意识和提高跨文化交际能力。

参考文献

[1] 赵春生. 义务教育英语课程标准（2011 年版）. 北京师范大学出版社，2012.

[2] 林立. 新版课程标准解析与教学指导（小学英语）. 北京师范大学出版社，2012.

[3] 张红玲. 跨文化外语教学，上海外语教育出版社，2007.

（本文获 2014 年中山市小学英语论文评选一等奖）

在小学科学教学中培养学生发展核心素养

东区雍景园小学　麦金梅

【摘要】核心素养主要包括实践创新、人文底蕴、健康生活、责任担当、科学精神、学会学习这六大核心素养，科学教学与学生发展核心素养有着密切的联系。本文结合小学科学工程设计课例《水火箭的设计与制作》，介绍在小学科学教学中该如何培养学生发展核心素养。

【关键词】学生发展核心素养　小学科学教学　水火箭

　　《中国学生发展核心素养》提出要培养"全面发展的人"，即学生应具备实践创新、人文底蕴、健康生活、责任担当、科学精神、学会学习六大核心素养。2017年版《科学课程标准》中科学素养是指了解必要的科学技术知识及其对社会与个人的影响，知道基本的科学方法，认识科学本质，树立科学思想，崇尚科学精神，并具备一定运用它们处理实际问题、参与公共事务的能力。科学教学与学生发展核心素养有着密不可分的关系，这六大核心素养是今后科学学科教学的重要指导标准和评价标准。小学科学教育承担着培养小学生核心素养的重任，然而具体到小学科学教学中，又应该从何入手呢？现以《水火箭的设计和制作》为例，作为如何将核心素养融入到小学科学课堂中的理解。

一、动手操作，培养实践创新之核心素养

实践创新是学生在日常活动、问题解决、适应挑战等方面所形成的实践能力、创新意识和行为表现，具体包括劳动意识、问题解决、技术应用等基本要点。实践创新要求学生具备工程技术思维，积极动手提高将创意和方案转化成物品或对已有物品进行改进与优化的能力。

在《水火箭的设计与制作》工程设计活动中，学生学习水火箭结构及直观地感知大气压力在生活中的应用。活动重点是让学生像工程师一样学习、思考，设计并制作水火箭，体会在工程领域中认真设计、积极动手、反复修正的重要性。另外，学生在玩水火箭的过程中思考和总结水火箭如何飞得更远更高，根据自己所准备的材料对水火箭进行改进和创新，无形中提升自身的动手操作和优化能力。

二、鼓励课外阅读，丰富人文底蕴之核心素养

人文底蕴是学生在学习、理解、运用人文领域知识和技能等方面所形成的基本能力、情感态度和价值取向，具体包括人文积淀、人文情怀和审美情趣等基本要点。在科学教学中，我们引导学生去了解古今中外的贤能智士在科学探究上的成功与失败。学生在知识积累中，理解人文思想中所蕴含的认识方法和实践方法，提升人文情怀和审美情趣。

课前准备，我们引导学生阅读《图说历史的发展和历史》和《神箭凌霄》等书籍，了解人类研究火箭的历史。通过科学课外阅读学习，学生了解到中国古代的火箭就是现在火箭的鼻祖，后来火箭技术经由阿拉伯人传至欧洲。火箭由普通投射武器经过一千多年的发展才演变成现代速度惊人的航空火箭，学生了解到科学的发展不是一蹴而就的，而是一个日积月累，不断发展的过程。多样化的科学课外阅读能大大地丰富学生的人文底蕴。

三、巧变废品为学具，养成健康生活之核心素养

健康生活主要是学生在认识自我、发展身心、规划人生等方面的综合表现，具体包括珍爱生命、健全人格、自我管理等基本要点。在科学教学中，我们引导学生多接触到生动活泼的生命世界，热爱并尊重自然，养成绿色生活方式。

科学教学离不开丰富多彩的教具和学具，然而学校教具满足不了师生的多样性需求。小学生科学课堂对学具的要求并不高，材料粗糙的自制品会更有吸引力。在科学课堂上我们引导学生变废为宝，将绿色、可持续的发展理念融入课堂，帮助学生养成健康生活方式。制作水火箭时，我们引导学生选择随手可得的废弃瓶子做箭体，废弃硬纸板做箭翼。巧变废品为学具这种模式会增强学生科学课上课热情，同时也让学生知道科学来源于生活，又服务于生活。

四、加强团队合作，增强责任担当之核心素养

责任担当是学生在处理与社会、国家、国际等关系方面所形成的情感态度、价值取向和行为方式，具体包括社会责任、国家认同、国际理解等基本要点。工程实践的每一个环节都离不开团队合作，学生需要共同交流讨论设计方案的细节，合作完成工程设计、作品制作和完善等工作。团队合作集合小组成员的智慧和创造力，从而提高项目完成的效率，增强自身的自信心，增进组员间的认同感，提升责任担当的核心素养。

在小组活动开始，我们要求每个组长根据小组同学的特点合理分工，团结互助，才能有效地在规定时间内完成任务。其中有个小组在制作水火箭，他们是如何分工合作呢？这个小组分工明确与合作默契，男孩子力气大剪可乐瓶子做箭体，女孩子力气小剪箭翼并粘好。在学生小组活动过程中我会引导没做到分工合作的小组向表现优秀小组学习，慢慢地渗透小组合作团结互助意识，加强团队责任感。在发射水火箭时，另一个小组成员紧密合作、有序地完成水火箭装水、安装水火箭、压打气筒、控制开关和测量飞行距离等步骤，成功地发射水火箭。通过合作，学生认识到只有每个成员都发挥应有的作用，才能顺利完成一项工程。

五、渗透探究意识，提升科学精神之核心素养

科学精神主要是学生在学习、理解、运用科学知识和技能等方面所形成的价值标准、思维方式和行为表现，具体包括理性思维、批判质疑、勇于探究等基本要点。在科学探究活动中，学生形成尊重事实、善于质疑的科学态度，提升自身勇于探究、热爱探究的科学精神。

在观察、实验、制作、搜集数据以及分析数据等过程中，学生往往会遇到实验现象、数据与预设不符的情况，这正是培养学生的严谨、求真、求实的科学精神的良好时机。我们要求学生尊重事实、质疑实验过程是否严谨、反思可能存在的问题。在发射水火箭时，学生发现气压大小和瓶子大小都会影响火箭飞的远近。我们抓住这个契机，引导学生设计实验方案验证猜想，接着指导学生科学地设计实验探究表格和填写实验表格，进而渗透常用的探究实验方法。下图的两个表格都体现了重要的科学探究方法——控制变量法，只改变某一个因素，控制其余几个因素不变，从而研究被改变因素对事物的影响。科学探究过程是让学生用求真的态度去分析实验结果，培养学生质疑和求真务实的科学精神。

实验1：探究箭身大小的影响

步骤：发射箭身大小不同的水火箭

我们装的水量比例：½体积　　压打气筒的次数：5次

瓶子大小	500mL	1.25L	2L	我的结论
射程距离	8米	6米	5米	500ml的箭身飞得远

按实际测量距离填写，单位：米

实验2：探究气压大小的影响

步骤：用不同气压发射水火箭

我们选择的箭身：500ml　　水量多少：½体积

气压大小	压4下打气筒	压6下打气筒	压8下打气筒	我的结论
射程距离	5米	8米	10米	打压的次数多飞得就越远

按实际测量距离填写，单位：米

六、勇于反思评价，提高学会学习之核心素养

学会学习主要是学生在学习意识形成、学习方式方法选择、学习进程评估调控等方面的综合表现，具体包括乐学善学、勤于反思、信息意识等基本要点。《科学课程标准》中明确指出：要关注学生的学习过程，关注学生的情感体验，在评价上要体现多元化，强调评价的促进功能。

活动快结束时，组长分享了工程完成情况、发射测试情况以及小组合作情况。有一个小组汇报了他们关于"水量的多少和水火箭射程远近的关系"的深入探究，还有些小组介绍了他们遭遇到的挫折和不放弃的经历。学生回顾自己的探究历程，逐步意识到自己的进步和不足，提高自我反思和自我评价的能力，努力发现自己的闪光点。我们鼓励学生敢于在他评和自评中明确优缺点，争取在反思和批判中不断地提升自己的学习能力。

科学学科本身就是包罗万象，它能够给予学生直观体验，能让学生亲身体会自然的奥秘以及科技的力量，有助于学生成为一个全面发展的社会人。因此，科学教学应立足课内和丰富课外，将课堂延伸到社会，将自然融入课堂，

逐步提升学生核心素养。这六大素养并非独立，它们之间是相互联系、互相补充、相互促进的。每个完整的教学活动都应该完整体现出各方面的核心素养。作为科学教师，我们要怀有一颗爱生之心，不断加强自身的学习，努力培养有益于社会、国家的全面发展的人。

（本文获 2018 年中山市中小学优秀理科实验论文一等奖）

以科研管理为驱动力　推动学校内涵发展

——以《如何培养小学生数学审题能力》课题为例

东区雍景园小学　詹海洲

【摘要】新教改呼唤着学校的内涵式发展，教师走智慧型、研究型发展的道路，教师必须成为新课程的开发者，教育教学的研究者，教育目的的实践者，教学活动的指导者、创造者，教学方法的探索者。而学校的教研、科研工作正是实现新教改这一目标，是走内涵化发展最好的两驾马车，是促使教师成为切实可行的教育研究者的促进力、推动力。本文结合市级课题《如何培养小学生数学审题能力》来谈谈学校的科研管理。

【关键词】科研　内涵发展　审题能力

中山市东区雍景园小学创办以来，正是以新基础课程改革的浪潮为指引，以教研、科研两大主旋律为切入点、突破口，与时俱进、创新进取。我们确定了在新基础课程标准指引下"以科研为驱动力，推动学校内涵发展"的发展战略，并在实践中锲而不舍地进行了探索。

一、积累前期工作，积淀科研基础

学校教师是科研的中坚力量，他们的水平决定了学校的科研水平，决定了学校教育创新力度与教育质量的提升。为了唤醒教师的科研意识，提高教师的科研水平，我们在常规培训教师的基础上，采用"引进来"或"走出去"多种模式营造科研氛围，积淀科研基础。

1. 刘城安主任多次培训扶差工作

2008—2015 年，刘城安主任坚持聘请刘主任作为雍景园小学的数学指导专家。每学期至少一次针对学困生审题能力、解题能力、激励措施等方面的扶差，积累了丰富的经验。

2. 专家引领，提前用先进理念武装队伍

作为教师进修学院附属学校，我们既有得天独厚的优势，也有着别校"无法享有"的压力。也许，正是这一种优势凝聚着这一份压力，更促进了教师进修学院与我校进行的联手教研。教师进修学院多次派骨干教师到我校联合开展教研活动。如：进修学院高科副院长的《在研究的状态下工作》使全体教师意识到教科研要基于校本，在教学的一线用心发现问题，解决问题，做"有心"的教育者，做叙事研究型教师。

还有，我们邀请了中山市教研室刘燕老师讲授关于"头脑风暴"的点子，让教师真正急心中所急，做心中想做，将课题研究真正服务于教学的难点、解决点。让教师从心里认为，课题是服务于我们教育教学的需要，是解决我们的实际问题。从心里认可才能转化成行动指南，心平气和地开展科研。

3. 学生的积分奖励制度

从完成作业、课堂表现、学科竞赛等方面进行奖励，对学生进行适当的倾斜，培育学困生的数学兴趣。

4. 伙伴式研究成长

为了真正促进雍景园小学数学教师共同成长发展，提升教师素质，优化教师队伍，激发教师的工作积极性、主动性和创造性，雍景园小学数学科组从尊重教师个人发展兴趣出发，制定了《学生学习习惯的培养》伙伴式成长研究机构，为教师研究课题的开展积累了一定的实践经验。研究的主要内容有学生学习习惯存在的问题和学生学习习惯的培养方法，并且有一定的验收要求。

前期的伙伴式研究我们还根据对科组不同教师群体的优势与劣势的分析，将我们科组教师群体大致分为三类：专业发展型教师、经验型教师、潜力型教师。针对不同专业层次教师设置不同的研究目标，针对教师对自己的研究目标建设梯队式、互补式合作教研伙伴关系。实行分层培养、合作教研策略，把全校教师分为"专业发展型""稳定潜力型""进步提升型"三个梯队，每个梯队由对应的专家引领，有针对性地进行培养。这种合作教研的开展给我们的教育教学注入了新的活力，也使教师在专业知识及素养方面发生了质的飞跃！

二、凭借校本培训，提高教研水平

"走好漫漫取经路，佛灯照亮我征途"。我们正是通过外出参观学习、校本培训、继续教育等形式，争取一切可以取经、学习的机会，拓宽教师"充电""洗脑"的空间。

1.分期分批选派教师参加了全国、全省、市、区级不同类型的各级培训，强化先进教育教学思想、理念与方法的学习。如新课程改革中的教材培训、新课程实验难点研讨会等培训。每次的外出考察学习归来，外出的教师必须要在全体教师的会议上与全体教师交流分享，使个人的收获变为全体教师的收获，以点触动面。

2.校内教研活动常规化、制度化、实效化

大力开展各科教科研活动，坚持每周的教科研组活动，由备课组长负责，年级组、学科组教师集体备课，相互探讨教法。积极参与区校组织的校内外教科研活动，全方位地提高教师教科研能力。每学期组织学科教师集中听课，开展听课、评课活动，进行骨干教师科研专题讲座、示范课、新课改实验研讨课、观摩课、音体美、社科类课程公开课，以及新教师课堂教学大比武活动，抓教师的课堂教学基本功的培训。

三、聚焦课堂教学，提高教科研实效

以全面实施素质教育为目标，以推进课程改革为重点，从我校实际出发，坚持走"科研兴教，科研兴校，向教育科研要质量"之路，以科研项目《如何培养小学生数学审题能力》为龙头，在教学中发现问题，通过科研解决问题，让教科研真正为教学服务，为教师和学生更好地成长服务，构建我校系统、规范的课题研究制度。以实际的案例研究为创新的突破口，结合年级（个体）

学生实际，分析学生审题能力低下的原因，有针对性地培养学困生的审题能力。将学生审题能力的研究根植到学生思维能力的培养上，改变传统中题海战术、死记硬背扶差的教学方式。以多元的方法体验为创新的立足点，让学生在实际行动中提高自己的审题能力。多维合作为创新的基石。以学校研究为基础，发动家校合作的力量，引导家长重视、共同培育学生的审题能力。

以课改实验为龙头火力，开展教学研究。我们从本校实际出发，选择合适的内容，确立了区级的子课题。如我们要求教师边研究边实践，将研究理念不断落实到课堂教学过程中，把教育科研与教育教学紧密结合起来，将老师推上了自觉参与的教研之路，引导教师走上教研之路。

实行滚动教研，为老师在教学上少走弯路、歧路。即由上一学年任课的教师带动下一学年任课教师进行联合教研，使教研活动既有同年级组的横向联系，也有顺接上下年级的纵向联系，实行"前车之鉴、后事之师"的策略。

四、以课题带动学校研究力的发展

以课题研究为载体，加强科研引领，提升培训和教研活动的水平。依据我校的实际情况，按照轻重缓急、难易程度，明确主攻方向，全校整体布局、统一规划。学校抓好课题管理，课题组长与学科部主任、学科组长一起制定课题研究计划，全体师生都成为科研中的一员，共同推进学生、教师、学校和谐发展的良好局面。为了顺应新课程标准的要求向改革要质量，以改革促发展。紧紧抓住当前素质教育突破口，让我们的教师同学生一起在实践中走出去，走向更广阔的科研空间，推进课程改革。教师在这一阶段要做探险队长、突围队长，打破常规，运用一些具有挑战性的问题来强化学生的创新意识。

五、通过科研提升教师的可持续发展

课题研究培养，锻炼了我们课题组的教师，使我们在课题研究中不断提升教育观念，建立以学生为本的观念，牢固树立教育是为了促进学生发展的观念。变重知识传授为重能力培养，变重成绩为重学生的发展。学习、研究、小结、再学习、再研究，在这良性的循环中我们的理论素养和实践能力增强了，业务水平提高了，教学经验丰富了，课堂灵动着生命的活力。

1. 通过系统的研究过程，促进教师对审题问题的关注

通过这个过程我们积累了很好的一批素材。收集学生在单元测试卷、学习辅导、数学作业本等方面关于审题的一些错误，以拍成相片或是电子记录的形式进行收集，作个人初步的分析，然后以备课组的形式或是科组的形式进行探讨错因分析和对策研究。

然后，以单元为主线整合教材目标和教学效果要求，对审题能力进行综合性分析。最后，生成系统的、具有普遍指导意义的研究方法。针对个别学生进行跟踪研究，建立学生个人档案，形成系统的策略。从零散错题到单元主线到共性的指导方法，我们是层层递进、步步深化。让教师在反思中调整自己的策略，从而更好地培养学生的审题习惯。

从中帮助教师把研究过程作为学习积累的过程，向自己和团队的经历学习，采取更积极有效的教育教学行为，逐步成为学者型教师。

2. 通过多元的研究手段，全面提升教师的研究力

整个过程，我们通过开发课例、微课、论文评比等形式全面提升了教师的研究力。

数学三维体系中，影响最深远、最持久的是情感态度价值观。在没有参考材料、参考课件的同时，我们创造性地开发了一节新的课例，以课堂互动的形式，有针对性地引导孩子如何进行审题。这都得益于课题组教师从平时观察学生的审题方式，积累学生的审题错误加以研究，从如何让学生容易理解，容易接受进行课例设计。强调教师在研究中获得能力的提高，深化了教师的研究，对课题本身的认识也得到深化。另外，我们还以微课的形式自己制作课件，将学生的审题错误从产生原因、对应策略等方面进行研究，并在中山市微课网等平台上进行推广。

我们还积极鼓励课题组将自己的研究以文字的形式记录下来，并且生成论文参与区市的评比。在区组织专家经过查重等多方面评审下，课题组共获得2篇市一等奖，5篇区一等奖，14篇区二等奖的成绩，另有4篇文章在《新课堂》《校园内外》《读与写》等国家、省级刊物上发表。

3. 培养了学生的审题习惯，树立了学习数学的信心

通过这次的课题研究，更让我们深深地体会到：培养学生良好的审题习惯，受益的不仅仅是学生自己，还有我们教师和学校，不仅减轻了教师的教

学负担，而且大大提高了教学效率。同时也极大地调动了教师参与教育科研活动的积极性。这在我市连续两年的五年级教学质量监测中得到了很好的体现。大大高于区内和市内的平均分。

4.学生重视审题习惯，提高了学习的素养

在教师的精心指导下，学生经过不断的训练，原有的一些不良的学习习惯逐步得到了改正，养成了在课上能认真阅读教材，作业、检测都认真审题的习惯。这通过我们的调查问卷得到很好的体现。

六、改进方案与下一阶段研究计划

每一步都是下一步的起点，科研项目也不例外。我们要常走常回头，发现其中的不足，更好地改进，服务于我们教育教学实际。

1.进一步健全、完善各项教研制度，确保研究有序、高效进行

我们开展教育科研就要针对学校教育教学中具有重要影响，迫切需要解决的问题，用理论和科研方法作指导，对自己的教育教学进行反思与研究；解决教育教学实践中遇到的现实问题、具体问题，探索提高教学效率的途径与方法。

2.建立理论学习制度

引导教师学习最新的课程与教学理念，不断完善自己的知识结构和理论素养，养成理论学习和实践反思的习惯，不断提高研究和解决教学实际问题的能力，提高课程开发和建设的能力，使日常教学工作和教学研究、教师专业成长融为一体，形成在研究状态下工作的职业生活方式。

3.建立对话交流制度

多邀请市教研员、教师进修学院等方面的专家与教师就教育教学实践中出现的问题展开互相对话、深度会谈、专题研讨，实现信息交换、经验共享。专家也未必有一套既定的方案告诉教师，但可以用提问、咨询、讨论和发展的策略，与教师共同制定可行的解决问题的方法。教师要根据课程改革的目标，结合学校和个人的教育教学实际，确立研究课题；结合日常教学活动，围绕某一典型案例或教学细节，用新课程的理念和观点进行剖析，使教研不再是简单的备课，而是要成为教研活动的新亮点。

4.建立课题反思更进制度

以教育教学中、迫切需要解决的问题为课题，深入探讨，形成浓厚的学术研究氛围，加强对本校各种课题的过程管理，在实践的摸索与总结中寻找解决问题的途径。

比如：在本课题中培养学生仔细审题的习惯是一项长期而艰巨的工程，需要在研究成果的基础上不断地反思，进一步强化、深化和改进，让良好的审题习惯成为自然，变为学生的自觉行动。在研究中我们深深感到审题能力还有很大的改善空间，也需要我们继续深思，寻找更好的解决办法。我们将虚心听取专家们的意见和建议，落实到日常教学行动中，使培养学生仔细审题的习惯成为教师教学中不可或缺的一环。

思考一：立足常态课，渗透审题习惯

叶圣陶先生说："习惯是从实践中培养出来的，知道一点做一点，知道几点做几点。积累起来，各方面都养成习惯，而且都是好习惯，就差不多了。"因此，在课堂教学中，我们首先要立足于课堂，抓住课堂这个主阵地，牢固确立"以学生为本"的课堂教学理念，结合教学内容有机地进行良好审题习惯的培养。

习惯的培养不是一蹴而就的，不是上几节指导课就能培养成功的。教师要坚持长期指导和训练，学生就能在教师督促与感受中逐渐养成仔细审题的习惯。坚持上好常态课，在知识的传授过程中有机渗透仔细审题的习惯的培养。通过日复一日在教学中的不断强化，让学生在不知不觉中形成习惯。

思考二：读题方法的深化

审题我们研究了多种方法，也尝试了多种。很多学生从中也提高了自己的审题能力，但是我们也在思考另一个问题。对于个别学生我们将审题的注意要点都告诉他们，还是会出现审题的错误，那我们有没有办法继续深化，挖掘更多的、不同的读题方法呢？

思考三：面向学生认知的微课创作

我们已经录制了面向教师或是家长的微课。但是常常在想：能不能录制一些面向学生的微课呢？从学生的认知角度，儿童化的语言，浅显易懂的表达，便于模仿的操作让孩子方便自己观看、学习。

思考四：创设平台，鼓励课题组成员在更高的展示论文研究成果课题组成员的研究热情是很高的，大家也是乐于积累素材，在日常的研究中思索、尝试。几乎每位成员都参与了区组织的论文评选，我们也取得了很好的论文成果。但是，高品质的论文可以向更高平台展示的还是比较少。今后，我们要加强这方面的研讨，更加深化和细化论文的撰写，争取有更高水准的研究成果在市级平台上获奖和国家刊物上发表。

5. 建立教研激励机制

学校先后出台了《雍景园小学教育教学奖励办法》等，并将教师参加教研活动计入继续教育学时，将教研工作情况作为年度考核的主要条件之一，并定期奖励教学研究成果。

总之，学校内涵式发展并不是一朝一夕的事，需要雍景园小学科研团队在长期的坚持探索中前行，在反思中不断地调整改进策略，找到更适合推进教师成长、学生发展的对策，并有一系列完善的措施和制度贯彻下来。相信教师和科研之路会越走越宽，学校就能夯实内涵发展。

参考文献

[1] 戴汝潜，张贡山 . 素质教育教学简论 [M]. 济南：山东教育出版社，2003.

[2] 崔相录 . 学校研究实施方法 [M]. 武汉：湖北教育出版社，2002.

[3] 兰本达等 . 小学教育的探究研讨 [M]. 北京：人民教育出版社，1998：中文版序言 .

（本文 2018 年获中山市教育与体育局、中山市教育教学研究室举办的中山市优秀论文评选一等奖）

剖析牙膏摩擦剂实验设计
了解摩擦剂对牙齿的影响

东区雍景园小学　詹海洲

【摘要】本文从学生发自内心的疑惑出发，从学生的实际需要出发，通过日常生活中最习以为常的牙膏这个素材创设学生研讨环境，让学生经历探究过程，参与观察、思考、讨论，时刻让他们保留成功的欲望，享受成功的乐趣，以获得理智能力和深层次的情感体验，构建知识，形成各方面能力，掌握解决问题的方法，帮助学生认识化学与人类生活的密切关系。这样，既增加了学生的知识，又让学生产生了吸引力和感染力。

【关键字】摩擦剂　实验设计　生活　探究活动

　　生活中的衣食住行各个方面都离不开化学，对 21 世纪公民来说，必须具备基本化学研究素质，应知道在哪里能找到化学，化学能回答生活中的哪些问题，化学能为我们当前生活提供什么，本次雍景园小学精心设计的专题探究正是探索从生活走进化学，从化学走向社会实践的教学理念。

　　这实验设计理念的创设始源于我校一群可爱的"小小化学实验家"，他们手持实验百宝箱，经常沉浸于我们的科学实验室中。在做完实验之后，他们习惯性地用洗洁精来洗手，来回搓动的双手往往荡起一圈圈让人迷惑的七彩泡泡，学生不禁发问："这些泡泡是怎么产生的呢？"

有的学生随着附和："对啊，和我们每天刷牙产生的泡沫是不是一样的呢？"疑惑灵感的激荡下，发自学生内心的探讨呼唤也就应运而生了，随之催化成了越来越强烈的行动指引：我们来研究研究吧！

一、探索应用情境引导、问题探究式学习模式

合适的情景有助于调动学生的潜能，只有被调动了的潜能才有可能发展成为学生的能力。在本次我们专题研究中，我们就是围绕学生对日常生活中牙膏摩擦剂的作用来创设研究情景，引导学生提出猜想、设计实验、验证猜想、得出结论。从而，达到了解其对牙齿影响大小的目的。

科学是一门以实验为基础的学科，实验一直被认为是能帮助学生获得化学知识、掌握实验技能、激发学习兴趣、培养实验能力的一种教学手段，但它必须是在科学原理的指引下有针对性地进行，并且更好地验证科学原理的正确性。

为了让学生更好地开展运用自我探究性的原理来解开自己心中的强烈谜团，我们在针对小学生对相关的化学仪器和实验基本操作都不是很了解的情况下，要让他们先进行探究性实验几乎是不可能的。所以，我们在与他们商量定好了要研究的实验内容后，巧妙地利用我们雍景园小学得天独厚的研究环境和条件——科学电子阅览室和科学资料查阅室。

科学电子阅览室：学生可以方便地利用"小学科学网"等相关的学习网站自我查阅关于牙膏组成和泡沫产生的相关知识。科学资料查阅室：学生可以以小组的形式翻阅关于牙膏组成和泡沫产生的相关知识。

美国牙科协会给牙膏的定义为：牙膏是和牙刷一起用于清洁牙齿表面的物质。中国牙膏工业协会给牙膏的定义为：牙膏是和牙刷一起用于清洁牙齿，保护口腔卫生，对人体安全的一种日用必需品。

根据牙膏的定义，牙膏应该符合以下各项要求：

（1）能够去除牙齿表面的薄膜和菌斑而不损伤牙釉质和牙本质；

（2）具有良好的清洁口腔作用；

（3）无毒性，对口腔黏膜无刺激；

（4）有舒适的香味和口味，使用后有凉爽清新的感觉；

（5）易于使用，挤出时成均匀、光亮、柔软的条状物；

（6）易于从口腔中和牙齿、牙刷上清洗。

（7）具有良好的化学和物理稳定性，仓储期内保证各项指标符合标准要求；

（8）具有合理的性价比。

现在，刷牙已经是人们的普遍卫生习惯了。但要说到对牙膏的选择一般人似乎仍不大在意，殊不知牙膏里也有很多学问。

牙膏是由多种无机物和有机物组成的，它包括摩擦剂、洗涤剂、黏合剂、保湿剂、甜味剂、芳香剂和水分。近几年来，在牙膏中还加入了各种药物，制成多种药物牙膏。摩擦剂是牙膏的主体，它含有不溶于水的物质。常用的摩擦剂有碳酸钙、氢氧化铝、二氧化硅。为了增加去污效果，还需加入2%洗涤泡沫剂。牙膏能洁白牙齿主要靠这两种成分的作用，摩擦剂具有一定的摩擦力，洗涤剂具有洗涤和除污的作用，它同摩擦剂巧妙地结合起来。也就是说，洗涤剂必须在摩擦剂的作用之下，加上牙刷的做功，就可以产生神奇的泡沫，可以把牙齿表面的污垢刷去，使牙齿洁白如玉。

摩擦剂是牙膏的主要成分，有一定的摩擦作用，摩擦剂的好坏可以反映牙膏的档次。当刷牙时，摩擦剂悬浮在泡沫之中，充满了口腔，与牙垢有广泛的接触，在牙刷的摩擦作用下使牙垢容易被刷洗下来，随着漱口水吐出。常用的摩擦剂有：碳酸钙、二氧化硅，它们占牙膏质量的一半以上。

碳酸钙（$CaCO_3$）：碳酸钙有重质和轻质两种，重质碳酸钙是将岩石中的石灰岩和方解石粉碎、研磨、精制而成。轻质碳酸钙是将钙盐溶于盐酸中，再通入二氧化碳，得到碳酸钙沉淀。轻质碳酸钙颗粒细，比重轻，可用于牙膏。

二氧化硅（SiO_2）：水合硅酸是非常细的白色微粒，可用于透明牙膏中，可作牙膏的摩擦剂使用，是牙膏中含量最多的基础成分，可以增加牙膏与牙齿的摩擦，起到清洁牙齿的作用。

下面是牙膏的主体成分摩擦剂的组成示意图（也就是我们研究泡沫产生的一个重要因素）：

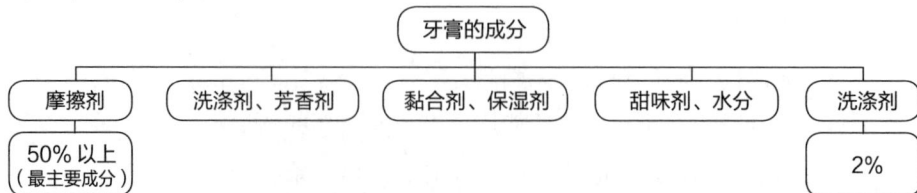

牙膏的成分				
摩擦剂	洗涤剂、芳香剂	黏合剂、保湿剂	甜味剂、水分	洗涤剂
50%以上（最主要成分）				2%

目前，我国居民饮食面临生活水平提高后的甜食增加，患龋率也随之提高。第二次全国口腔健康调查结果显示，我国 5 岁儿童 77% 有虫牙，20 到 70 岁的中国成年人中有接近 30% 的人患有牙齿敏感。因此每天早晚用含氟牙膏刷牙是降低龋齿率的一个简单有效的方法。世界卫生组织将继续推荐使用含氟牙膏预防龋齿。专家推荐我国成人每日最大安全氟摄入量是 3.4 毫克，7 至 15 岁儿童每日最大安全量为 1.9 毫克至 2.1 毫克。

心中的疑惑：

· 为什么含氟的牙膏可以有效地预防龋齿？

· 含氟牙膏与牙膏的主要成分摩擦剂又有什么关系？

· 含氟牙膏与牙膏的主要成分摩擦剂如果有关系，它们又是如何发生作用的呢？

【准备材料】

各种品牌的牙膏、牙刷、烧杯、试管、稀盐酸、氧化硅、光盘多个、显微镜、实验分析表多张

实验分析表

摩擦剂	实验器材	实验现象	实验结果分析
二氧化硅			
碳酸钙			

【方案设计】

实验 1：如何来辨别你使用的牙膏中含有的摩擦剂是碳酸钙（$CaCO_3$）还是二氧化硅（SiO_2）？

提出假设

假设如果使用的牙膏中含有摩擦剂是碳酸钙（$CaCO_3$）或者说是二氧化硅（SiO_2）。那么将如何来辨别？

如何探究你使用的牙膏中摩擦剂是什么？最主要的是它对我们人类的牙齿有什么不同的影响呢？

针对假设，以分小组的方式采取如下以假设法的方法来解决以下问题：

假设法	摩擦剂	操作的可行性	实验可能出现的现象
假设1	二氧化硅		
假设2	碳酸钙		

假设 1：摩擦剂是二氧化硅；假设 2：摩擦剂是碳酸钙。

"假设"讨论结束后每组选一名学生汇报你们组的方案，其他同学补充，各小组在讨论和设计方案时如有不能解决的问题提出交全班解决。

操作方案：

取少量某牙膏于烧杯中，并加入过量的稀盐酸，马上就有大量气泡产生。我们可以确定牙膏中含有的摩擦剂是碳酸钙。

化学反应式：

$CaCO_3+2HCl=CaCl_2+H_2O+CO_2\uparrow$

实验 2：如何来辨别牙膏中含有碳酸钙（$CaCO_3$）的摩擦剂还是含有二氧化硅（SiO_2）的摩擦剂对人类牙齿的影响大？

操作方案 1：利用显微镜来观察区分

在显微镜下仔细观察区分，我们可以清楚地发现高档品牌的二氧化硅摩擦剂颗粒圆滑均匀、硬度适中，而其他采用粗糙的碳酸钙摩擦剂的牙膏中，摩擦剂颗粒却是尖锐的、粗糙和不规则的。

操作方案 2：尝一尝

尝一下牙膏，若感觉粗糙，需要多次漱口的，大多是含粗糙摩擦剂的牙膏，建议立即停用。

操作方案 3：刷一刷

使用牙刷将两种不同的牙膏分别在新的 CD 盒上刷 5—6 下，对比一下刮痕，就知道哪种牙膏会对牙齿表面造成磨损。

二、实验开展过程

1. 证明牙膏确实有不溶物

挤一些牙膏到烧杯里，加水，搅拌。

（确实看到有不溶物质）

既然，两种物质都可作摩擦剂，这种牙膏里含有的是哪种呢？要用什么办法才能知道呢?

2.讨论如何辨别不同牙膏的摩擦剂的成分

讨论后认为:若加入稀盐酸后,虽然氢氧化铝和碳酸钙都会溶解,但后者会放出气泡,SiO_2 不溶于盐酸,可以用加酸的办法来检验。

$CaCO_3+2HCl=CaCl_2+H_2O+CO_2\uparrow$

SiO_2+HCl(没有反应现象)

若加入稀盐酸后,会放出气泡(我们利用"争当小实验家"经常实验和查找资料的知识积累得知 CO_2 会产生气泡),SiO_2 不溶于盐酸,可以用加酸的办法来检验。

在上述装有牙膏的烧杯里倒入盐酸时,马上就有大量气泡产生。"肯定是碳酸钙!"我们的实验小组为自己的发现兴奋地大叫起来。

三、实验操作证明

教师提示:试一试这支水晶牙膏中的摩擦剂是什么?

在上述装有牙膏的烧杯里倒入盐酸时,马上就有大量气泡产生。证明了牙膏摩擦剂的成分肯定是含有碳酸钙。

可是,有的同学挤一些牙膏到烧杯里,加入稀盐酸,发现不溶物没有发生变化。那就说明这种牙膏所含的摩擦剂是 SiO_2。

四、小组实验

教师宣布进行测量,计时,巡视。

五、实验结果的汇报和讨论

作为指导教师,请每位学生说说操作中遇到的问题和实验的结果,并且记录下来。

作为指导教师,请学生就上述问题讨论应对策略。

六、总结归纳

结果表明,采用粗糙摩擦剂的牙膏在 CD 盒表面留下了明显的划痕;而选用软性二氧化硅的牙膏就不会。粗糙摩擦剂外形粗糙、尖锐,颗粒过大、过硬。

如果刷完牙后感觉有沙子似的东西残留在嘴里，那就说明牙膏中使用了粗糙摩擦剂。牙不可以不刷，牙膏不可以不用，但牙齿磨损也一定要避免，关键在于选择含优质摩擦剂的牙膏。

好的摩擦剂是不会损伤牙面及牙周组织的，而长期使用劣质的摩擦剂却会令牙齿缺损。但是，由于采用二氧化硅作摩擦剂的制造成本要明显高于采用碳酸钙作摩擦剂的牙膏，所以目前市场上除了一些知名品牌采用高档硅作摩擦剂之外，仍然有许多厂家还在使用便宜的粗糙碳酸钙做原料。这也从另一个方面提醒了消费者，买牙膏一定要注意牙膏种类。

关键要看牙膏的其他成分与摩擦剂是否相容，如含氟牙膏里的氟化物元素比较活跃，一旦与碳酸钙摩擦剂结合形成氟化钙，便降低了氟的活性，氟的作用也会大打折扣。而二氧化硅摩擦剂则不会损坏氟的活性。一般来说，为孩子选用二氧化硅摩擦剂的牙膏（软性的）比较好。

七、实验建议

实验过程中，出现的困难有：

1. 牙膏不易放入试管中如何应对？

刚开始的时候，我们简单地采用自制的纸槽，也有的同学采用玻璃棒捣下去，但实验时都失败了。因为牙膏全都粘贴在自制的纸槽和玻璃棒上，造成了操作的不方便和极大的浪费。

最后改良成功：用广口瓶代替试管就行。实验，获得成功。也可以采用根据牙膏黏稠的特点，采用口径比较大的烧杯来验证它与盐酸的反应。

2. 第一个实验反应慢如何处理呢？

最后改良成功：可以考虑多放点稀盐酸下去，让它与牙膏尽量地反应。再用玻璃棒搅拌，使固体分散，与溶液充分接触，加快反应速率。实验，获得成功。

八、实验总结

1. 知识层面的总结

通过实验学生认识了或是加强了很多化学知识。比如：摩擦剂是牙膏的主体，它含有不溶于水的物质。常用的摩擦剂有碳酸钙、氢氧化铝、二氧化硅。猜想验证区分三种摩擦剂的方法，特别是二氧化硅不能和酸反应，因为它属于非金属氧化物。还认识了在实验过程中各个方案的比较与优劣性思考，反思方案行不通时的问题所在，以寻求更好的解决途径。

通过"发现问题、提出假设、设计实验、实验验证、分析推论"的实验探究过程，使学生初步建立化学探究的意识，培养化学探究的品质，学习化学探究的基本方法。

培养学生设计实验、观察实验、评价实验等综合实验能力。以牙膏和成分知识为载体，培养学生关注社会，热爱研究的情感。通过实验探究，让学生感受化学探究的乐趣。通过实验探究，培养学生透过现象看本质的化学探究精神，严谨求实的化学作风，善于合作的团队精神。

实验设计的基本原则是：要实事求是，考虑科学性；要操作简明，考虑简约性；要注意实验细节，考虑周密性；要防止空想实验，考虑可操作性。

2. 非知识性方面的总结

本节课通过对不同的实验方案的实验和评价，让学生体会到了各种方案的优缺点，体会了"实战"式实验比"纸上谈兵"式实验更能活跃课堂气氛，更能学到理论中学不到的内容，更能激发人的创造性，更能发挥个性特长，更能全方位地提升人的各种能力。同时让学生体验到了成功的喜悦，鼓舞了学生的斗志，使学生学会了面对困难时，要积极思考，与同学、教师交流，查阅相关资料，寻找方法，利用实验去探讨，体验到理论与实践还有差距，体验到"实践出真知"的真正意境。

参考文献

[1] 许秀峰 . 家庭小实验对初中化学教学的作用 [J]. 中学化学教学参考 .2007（1）.

[2] 袁振国 . 教会学生思维 [M]. 北京：教育科学出版社，2000.

（本文 2018 年获中山市教育与体育局举办的中山市优秀论文评选一等奖）

巧用劣构问题设计实验　培育学生探究能力

——《面粉粉尘爆炸实验》案例设计与反思

东区雍景园小学　詹海洲

【摘要】杜威在 1944 年写的名篇《民主信仰与教育》中指出，把科学"作为一套现成的知识和技能来教"是有问题的，虽然他的论述是从民主主义教育的视角来讨论的，但这句话同样可以用以质疑当下的小学科学教育。良构问题正是把科学作为一套现成的知识和技能来教的，但这种脱离真实情境的教学还难以满足学生解决日常生活问题的需要。本文站在国际教育的视野上，从良构问题、劣构问题加以阐述，并且结合具体课例《面粉粉尘爆炸实验》的研究来论述其转化策略。

【关键词】科学实验　良构问题　劣构问题　探究过程

在科学课堂上，我们经常看到这样的情景：教师创设一个情景，引出需要学生探究的问题；接着组织学生对问题进行思考、提出假设，如果假设比较多，教师一般会记录并认可后续活动将要验证的假设，对后续不会验证的假设，要么置之不理，要么煞有介事地表扬学生很聪明，并告知可以课下研究；然后引导学生针对"老师认可的假设"，制订探究计划，开展观察或实验，收集、整理、分析有关事实、证据，并得出结论；最后，引导学生对探究的过程和结果进行表达和交流。学生经历这样的探究"流程"，往往被描述为"经历了完整的科学探究过程"。

我们不能说这样的科学探究对促进学生的发展没有作用，但作用有多大？许多课堂上"老师认可的假设"往往都被证实，而没有被证伪，探究原本应该是这样的吗？这样被精密设计的"严谨"的探究是真实的吗？这样的探究是不是让人觉得，那些学生就像生产车间流水线上的员工，每个人都在按规定的流程，做着规定的事情？久而久之，学生会对他们的探究活动形成怎样的认识？学生的实践能力和探究精神真的得到有效提升了吗？质疑远不止这些。

一、现今教材设计存在的问题

当前的小学科学教学存在过于注重通过教师严格控制一步一步的实验得出知识结论的倾向。这种倾向的实质是用机械的探究步骤进行知识传授。

造成这种现状的原因是多方面的，但主要有两点：一是受两千年来重传授的教学文化的影响，科学探究学习并没有在实质上内化为教师以学生为探究主体的教学行为；二是教材主要以脱离真实情境的良构问题为主，实验步骤清晰，知识指向明确，按部就班地做就可完成任务，这样的教材设计对教师的教学行为具有隐性的规定作用。

从单元设计上来分析现在使用的教材，几乎每个单元的每个课，均有一或多个包含同一知识结论的、具有确定的实验方法和步骤的实验，但每个课的实验，彼此间较孤立，欠缺能统整这些实验于科学概念的获得和应用的整个环节的真实情境。比如天气单元，每个课被分解为天气观测仪器的使用和天气现象的记录，而学生急切想知道的却是怎样才能准确地预测天气。再比如学习简单机械，分解为杠杆、滑轮、轮轴、斜面等知识的学习，单元内的诸多课并没有把重点放在让学生做出一个巧妙机械的挑战上。这在很大程度上造成了科学课堂中一个实验接着一个实验，学生疲于应付教师安排的任务，匆匆忙忙得出结论，难以有充分的尝试、修正、再尝试的自主探究的时间和空间。

二、什么是良构问题和劣构问题

关于什么是良构问题的一个典型定义是：一般来说，一个良构问题只有一个满意的解决方案。而劣构问题则相反，往往会有多种解决方案，比如让学生做天气预报和做某个巧妙的机械，解决方案将五花八门。对于良构问题的解决，运用一系列在课堂教学中获得的概念、规则、方法和原理就可以了，但课堂中学到的这些"晶体化"的知识，学生还不清楚怎样用到劣构问题解决的过程。只有在遇到类似的问题情境时，解决良构问题的技能才能得到迁移，而解决劣构问题的训练能促进知识技能在新的情境中的迁移。普通人和专家解决良构问题的技能并没有明显的差异，但能力强的和能力弱的学生在这样的问题解决活动中却有明显的差异。

按照这样的核心概念界定来判断，目前的教材设计是以良构问题为主的，其背后的假设是：通过良构问题获得的科学知识和方法，可以迁移到日常生活情境中，去解决复杂的劣构问题。D.H.乔纳森认为，这是相当错误的，学校情境中的良构问题求解和日常生活中的劣构问题求解是两回事，其间的关联性和迁移性相当有限。

三、良构问题与劣构问题的关系

在我们的研究中，原则上，我们把良构问题看做是解决劣构问题的知识基础或支架。

1. 良构问题作为知识基础

这里的知识指布鲁姆学习目标分类 2001 版中所阐述的四类知识：事实性知识、概念性知识、程序性知识和元认知知识。比如要学生设计一个气球小车，关于反冲或作用力与反作用力的概念性知识、关于如何控制反冲力大小和方向的程序性知识等，都是设计气球小车时不可少的知识。

2. 良构问题作为支架

劣构问题的求解往往会包含对若干具体的良构问题的解决，良构问题的解决既提供了知识基础，还提供了解决劣构问题的启发。一次关于斜面的课上，我们准备了一块门板和装满了书的大纸箱，要学生把大纸箱搬到高高的讲台上，学生失败了，因为门板搭的斜面太陡，纸箱太重，推不动。这个时候就产生了研究斜面如何省力的必要，在此情境下通过对斜面的研究获得的知识和经验，就可以作为完成任务的支架——想办法把斜面搭平缓一点才有助于完成任务。后来学生先把门板搭在地面与课桌之间，把纸箱先推上桌面，然后把门板搭在课桌与讲台之间，就相当省力地把纸箱推到了讲台上。

四、良构问题转化为劣构问题的策略

根据上述的认识和多年的实践，我们提出了情境导向的小学科学课程设计模型，即通过对真实情境中劣构问题的长时间探索，在合适的支架支撑下（劣构问题有难度，所以必须为学生提供支架），学生逐步获得求解劣构问题的最佳方案，从而达成发展知识概念、能力和态度的科学教育目标。遵循这个模型，本文以《面粉粉尘爆炸实验》为例，阐述良构问题转化为劣构问题的策略。

问题引入：

问题来源于日常生活或是对真实场景的模拟。真实情境是指来源于日常生活或虚拟世界，包含有劣构问题，能激发学生科学探索热情的情境。真实情境是情境认知理论中一个重要的概念，认为真实情境中的学习有助于学生概念的理解、迁移和获得解决现实问题的能力。要求：主要有两条导入主线。1.和现实生活联系很密切的时事要闻。2.非常具有趣味性或神秘性的小实验、小魔术、小制作等。本课例的导入是采用了第一条主线。

中国淀粉行业著名企业河北省秦皇岛骊骅淀粉股份有限公司淀粉4号车间2012年2月24日16时发生爆炸事故，造成19人死亡49人受伤。

引发问题：为什么会发生爆炸？粉尘爆炸的原理是什么呢？（对问题缺乏明确的界定，问题的构成存在不可知的部分。）

实验设计、探究：

实验器材和装置：一公斤面粉，打火机5个，学生收集带盖的八宝粥易拉罐5个；蜡烛5支，一米长软管5根，10厘米长导管5支，漏斗5只，镊子5个。

（一）在金属罐底部打一个比橡皮管外径略小的小孔。

蜡烛放于小孔一侧，高度约为易拉罐的一半；面粉放于小孔对面，导管插在面粉底下。

（二）橡皮管约为1米长，连接的漏斗便于吹起。学生甲连接好装置放在桌面上，学生乙在金属罐中放入面粉，点燃蜡烛，学生丙从橡皮管一端用漏斗均匀吹入空气，三人同时观察扬尘燃烧情况，选取燃烧较剧烈方式进行下一步实验。

（三）点燃蜡烛，盖上塑料盖形成有限空间，吹气扬起面粉，即产生爆炸。（学生甲连接好装置放在桌面上，学生乙在金属罐中放入面粉，点燃蜡烛，用塑料盖盖住金属罐，学生丙从橡皮管一端用漏斗均匀吹入空气。丙吹气时蹲在地上，甲乙亦离开1米外）。

（四）实验总结

1.结果记录

经过对蜡烛面粉位置的调整（金属罐上小孔为北），并分别实验4次，成功次数如下：

蜡烛	面粉	一组	二组	三组	四组	五组
南	中					
南	北					
北	中					
北	南					
东（西）	南					

2.实验情况分析（难以确定哪些规则和原理是解决问题必需的；难以确定解决问题的方法和步骤，需要通过尝试不同的解决方案去寻找最佳的解决办法，分析总结成败的原因）

失败情况分析：鼓入空气的速度太快有可能将烛火吹灭，扬起的粉尘也太多，可能将烛火扑灭；鼓入空气的速度太慢扬起的粉尘不够，无法剧烈燃烧而爆炸。

成功经验总结：面粉和蜡烛相对放置时（面粉放于小孔对面），缓缓吹入的空气经过罐体的反弹，能将面粉均匀扬起，气流又不影响蜡烛火焰，成功率最高。

原理小贴士：

可燃物在有限空间内，如果空气混合会产生爆炸。明白爆炸的三要素："可燃物""与空气混合""有限空间"。

知识拓展：

粉尘的火灾爆炸事故多发生在煤矿、面粉厂、糖厂、纺织厂、硫黄厂、饲料、塑料、金属加工厂及粮库等厂矿企业。这与粉尘爆炸所需条件有关。

由于粉尘爆炸事故扑救极为困难，因此做好预防工作是尤为重要的。

实验说明及反思：

本次活动是对书本知识的迁移应用，活动来源于生活且富有挑战性，但学生又不会感觉无法完成，容易激发兴趣，维持探索的欲望。

通过实践活动，能够提升学生的动手能力，增强学生的安全意识，激发学生学习的兴趣；通过学生对实验的理解和巩固化学知识，培养学生分析问题和解决问题的能力。学习这些知识时给学生的感觉是为了用于思考和解决问题（良构问题作为知识基础或支架），而不是仅为获取这些知识本身，使学生能感受到科学知识的应用价值。

本实验的特色及创新之处是：选用常见的生活材料为实验器具，装置特别简单，仅需面粉、蜡烛、火柴、易拉罐、塑料管等简单易得材料，具有实用性、普及性，实验成功率高；采用吹气扬尘，操作简单，易于掌握。实验中为了防止蜡烛在罐体振动时翻倒，可用加热法固定蜡烛，不加盖时观察实验还可以直接感受面粉粉尘的燃烧，看到火光冲出罐体。加盖后可听到"嘣"的爆破声，看到罐盖被高高掀起，在观察实验过程中，学生也发现了和预想的实验结果有出入的实验现象，课上通过交流，找到实验现象的原因，并得出科学的结论。

实验若不成功，则需要反复推敲，调整蜡烛高度、位置，调整面粉的量、位置，调整吹气的速率对扬尘的影响。直至面粉在有限的空间里剧烈燃烧而发生爆炸，塑料盖被高高掀起。这样使得学生在实验情境中探究、在合作互动中共进、在亲身体验中感悟、在创新中升华。

劣构问题的设计总结

1. 根据对儿童生活的观察，分析解决劣构问题活动的目标

观察与思考小学生是怎样设计实验的，他们的关注点在哪？比如面粉粉尘爆炸，他们喜欢可以很直接看到结果的设计。他们会想方设法提升动力，他们关注的是爆炸的效果，就会不断提升空间的密闭性能。据此，我们在确

定设计的目标时，可以定在密闭性能的控制上。

2. 寻找容易实施且有大的探究空间的活动

3. 将单元中综合性的问题改造成劣构问题，并贯穿单元活动的始终

这样的设计有如下几个特点：

1. 活动来源于生活且富有挑战性，但学生又不会感觉无法完成，容易激发兴趣，维持探索的欲望。

2. 单元类的每一课内容都是在为研究气球小车而努力，每个活动的目的都是为了最终获得（劣构问题求解的）最佳设计方案。

3. 诸多关于力与运动的知识概念非常自然地穿插其中，学习这些知识时给学生的感觉是为了用于思考和解决问题（良构问题作为知识基础或支架），而不是仅为获取这些知识本身，使学生能感受到科学知识的应用价值。

4. 体现"少就是多"的教学原则。这个原则是课改初期就经常强调的"一英里深"而不是"一英里宽"的思想的体现，即学习得越深入，沉浸其中探究的时间越充分，就越容易迁移。整个单元都集中于气球小车的研究上，就是为了遵循这个较为公认的教育心理学研究成果。

参考文献

[1] 全日制义务教育科学（3–6年级）课程标准（实验稿）．教育科学出版社

[2] 吴向东．劣构问题的设计．湖北教育出版社

[3] 张明达等．小学科学教育的新思维．人民教育出版社，1986：中文版序言．

（本文2018年获中山市教育与体育局举办的中山市优秀论文评选一等奖）

浅谈我校美术特色项目（沥粉画）的开展

东区雍景园小学　许志芳

【摘要】随着新课程改革的不断深入，在市、区美术教研会的带领下，走特色发展之路的策略在东区各间学校推广。我校一贯营造良好的艺术氛围，在艺术活动的形式上鼓励、支持百花齐放，所以学校的美术教育在立足于课堂的基础上，开展丰富的课外活动，拟议打造"学校有特色，学生有特长"的良好局面，把特色教育作为学校美术学科建设的核心工作。

【关键词】特色项目　沥粉画　开展

一、美术特色项目（沥粉画）的确立

沥粉画源于我国古代建筑上的漆艺之一，它以凸出的线条为作画媒介，有非常好看的凹凸浮雕效果，以独特的工艺效果和浓厚的装饰趣味给人以视觉享受，这是一般平面画种不具备的。作为手工和绘画的综合体，在小学阶段，对学生的创新能力、实践能力的培养是其他科目形式所不能替代的。因此，在校领导的支持和专家指引下，根据我校的实际情况，美术科组的教师亲自动手实践，最终确定选取"沥粉画"这个画种作为我校开展的美术特色项目。

1.沥粉画的历史

沥粉工艺的历史最早可以追溯到西汉时期，盛唐时期已广泛被采用，如：

敦煌壁画中菩提树杆，人物身上运用了沥粉、贴金工艺，形成了丰富的装饰艺术效果。山西元代的永乐宫，北京明代的法海寺壁画中，沥粉的运用已经达到了十分精美的地步。明清两代的古建筑继承了沥粉工艺，故宫太和殿中的蟠龙金柱就是运用沥粉贴金工艺制作的。清代建筑中更是把沥粉工艺发扬光大。现代人们运用沥粉工艺绘制成漂亮的装饰画装点美化生活。

2.沥粉画的制作材料：金银色颜料、丙烯颜料、水粉笔、木板（或画框）、立德粉、白乳胶、小水桶、调色盘。

3.沥粉画制作的方法：

（1）构思画稿：人物、静物、花卉、风景图形等，画味感艺术性稍强最好用线表现图形。

（2）过稿：用铅笔或粉笔在木板或油画框上面打草图。

（3）立线：把白乳胶与立得粉按比例调和成浆状，灌入空白的胶袋内，根据立线的粗细，用剪刀剪开胶袋的口，用手挤胶袋，沿着画面的轮廓线立线。

（4）填色：沥完轮廓线后，用笔调丙烯颜料绘制画面。

（5）填涂颜色完成后，根据需要可适当用毛笔调金、银粉，描画线条，完成后画面十分华丽整洁且富有童真。

二、美术特色项目（沥粉画）的开展目标

（一）短期目标：

1.普通学生：培养学生对沥粉画感兴趣。

2.特长生：培养一批熟悉沥粉画制作技巧的美术学科尖子。

（二）长远目标

1.日常训练：创造性地结合各种材料制作沥粉画。

2.作品成果展示：积累一定数量的作品举办校特色项目画展；作品能随时准备参加各项各级赛事。

3.校园文化：学生作品在储备相当数量时，用来装饰学校的教师办公室和教学楼走廊、过道，营造学校的文化氛围，给我校师生提供一个欣赏美、鉴赏美的环境。往后学生创作、制造的作品可作为来校参观的领导、来宾的纪念品，为我校的文化特色项目起到良好的宣传作用。

三、美术特色项目（沥粉画）开展的途径

（一）日常课堂的教学。因为沥粉画是以凸出的线条为作画媒介，所以开始学习的时候，教师可利用上课前的几分钟时间，让学生以线描画的形式画一些熟悉的植物、动物，这样学生容易获得成就感，也为今后对沥粉画的学习打下基础。这一阶段的目的主要是让学生熟悉简单的沥粉画的制作方法。

（二）第二课堂的培训。为了让美术特色项目得以开展，我们首先利用美术第二课堂来开展培训，借以通过美术学科尖子来带动班级以及全校学生学习沥粉画的兴趣。参加美术组的学生已经较为熟练地掌握了沥粉画的技巧，笔者就有针对性地让学生进行一些户外写生，充实学生的表现素材，让学生学会在写生中有意识地取舍画材，让写生为制作沥粉画服务。经过这样的训练、操作，学生在美术组培训课上由对沥粉画的一般性尝试到对不同表现画面的循序渐进的深入认识。一方面锻炼了学生的动手、动脑能力，另一方面让学生能够深入一个未知领域，美术兴趣组学生综合能力得到提高，个别优秀学生可以把自己的经验介绍到其他同学，使得沥粉画得以推广。

四、美术特色项目（沥粉画）的发展

在开展沥粉画研究的过程中，科组的教师对小学生沥粉画的制作认识有了质的飞跃，对培养学生的想象力、创造力、动手实践能力有了较深入的理解。如：在具体的教学过程中，可利用多种不同的表现方法来丰富沥粉画的制作效果，增强沥粉画的艺术感染力，这样可极大地满足学生的好奇心和求知欲。

目前，我校是以沥粉画为主、吹塑版画为辅，来打造我校的美术特色。通过到其他镇区参观活动后，深深体会到一个学校的美术特色创建是一个集体性的活动，需要师生的积极参与，并不是仅仅美术小组的同学制作而已。既要要求全体教师都了解、全体学生会制作，又要美术组的学生能出精品。美术特色项目的开展涉及全校的校园文化，这是一个长期的文化特色路线。

（本文 2012 年获中山市教育局教研室举办的中山市美术教育教学论文评选一等奖）

师生牵手，共建班级自主管理新常态

——关于如何构建小学班级自主管理模式的几点思考

东区雍景园小学　陈莹

【摘要】伴随新课程改革的不断深入、素质教育深度的进一步延伸，人才早已延伸为衡量国家实力的关键要素。人才得以培养的主要渠道源自教育，教学目的有无完成，学生有无得到主体性教育、健康成长，这在一定程度上取决于班级管理。班级是学校展开教学、教育的关键场所，同时是学生积极成长、健康全面发展的主要环境。素质教育创新变革的起点为小学，而小学班级自主化管理，则是积极倡导素质教育的重中之重。

【关键词】班级管理　小学　自主

现阶段，我国小学班级管理存有诸多弊端，不利于小学生的健康成长。例如，部分班主任推崇"权威型管理"，认为学生只有从小面对严厉的体罚或管教，才可以保证听话、懂事、认真学习。尽管该现状长期面临来自专家的质疑与反对，但依然有部分家长认可这一管理模式。部分班主任则采取"保姆式管理"，学生仅需好好学习即可，其余日常班级事务则由班主任一手包办并完成。此类方式严重抑制了小学生自主性、创造性思维的迸发与能力提升，同样对教师自身的教学创新与管理创新产生了负面影响。新课改下强调尊重学生在课堂中的主体地位，应秉承"以人为本"的管理理念，发挥教师主导效应，尊重学生的主体地位，打造出有益于小学生身心和谐发展的自主管理的班级氛围。这样有利于培养学生的自主、创造管理能力，培养其形成团体意识，树立积极向上的价值观。同时，也有助于创新其教育观念，构建和谐健康的教学氛围。结合当前小学班级管理的现状以及平日的教学经历，本文将针对如何构建小学班级的自主管理模式，从以下几方面提出一些思考。

一、明确班级管理理念

班级管理理念，为教学过程中的核心与精华所在。优秀的管理理念，是班主任综合素养、学术态度、教学严谨性的整体反映，针对小学生发挥科学规范、引导，加大班级向心力的积极影响，对班级整体目标制订、发展起决定性作用。明确班级管理理念，需要班主任结合创新教育思想与理论，并应用到现实班级管理工作中。班级管理理念应激励小学生主动参与到班级管理中，基于合理层面减弱班主任权威化管理的不足之处（如高高在上、无所顾忌、枯燥乏味等）。科学调动班主任、学生两大主体的积极价值，在管理管理中明确管理理念，进而丰富管理模式，推动管理工作的科学化、规范化、自主化、创新化运作。

（一）坚持"以人为本"

班级管理理念的创新，应当将"以人为本"作为核心。学生与班主任在班级管理中均是独立存在的个体，具备个性、情感、自尊、思维模式、活动等各方面的独立性。创新班级管理理念，建议做到"因材施教""因人施教"，全方位展现每一个体的最大化价值。学者魏书生提过，其班级内实现每一个体都有事可做，每一事项都有人完成，无论学生、班干部或班主任均可一同努力，完成任务。这一自主化管理模式、管理理念与思维模式需得到班主任的正视，并对一切管理活动的进行加以引导，方可秉承自主化、规范化、合理化的管理思路，完善并创新管理工作。

（二）明确目标管理

目标管理，指的是个体在从事每一事项过程中所持有的主观愿景，并期待基于不断奋斗而实现。考虑到小学生正处于健康成长需积极引导的重要阶段，以及心理、生理等发育特征。建议在班级管理过程中，明确目标管理。

如此一来，有助于健全小学生的心理机能，培养其个性特征、独立自主能力与主观能动意识，进而形成积极健康的价值观与对学习的求知欲。

本文建议，在实践目标管理理念的阶段，需重视下述几方面：

首先，制定班级管理目标。这一目标需具备一定展望性，符合小学素质教育发展方向，并契合于学校综合发展目标。做到相辅相成、承前启后、由表及里、知行合一，以此为出发点进一步具体化。

然后，目标管理理念的运用，需以全方位调研、深入探索为出发点。发挥教师、家长与学生的积极价值，将教师的统筹兼顾、家长的一致赞同、学生的积极接受定为终极目标，进而达到社会教育、班级教育和家庭教育的高效综合。

此外，保证所制定目标贴合现实，联系生活，针对性强、可行性高。例如，可在班级学生行为规范目标的设定中，设定 10 个指标，即珍惜时间、举止文明、勤俭节约、遵守纪律、保护卫生、强身健体、诚实守信、热爱实践、知恩图报、尊重自重。同时，各指标再次细分为几项小规范。通过目标的具象化、细分化，方便执行且简单易懂，易于落实、检验。

（三）明确班主任的引导作用

"以人为本""目标管理"等理念在班级管理中的运用，前提在于班主任、学生均要明确自身的地位、作用，此为理念得以实践、贯彻的一大保障。

管理质量得以提高的前提，在于学生的良好教育；而教育学生的前提在于，班主任要做到革故鼎新，不断创新自身思维模式与教学理念，适当转变管理形式，发挥指导、参与、协作的积极作用，将班级打造为师生良性互动、一同进步的优秀环境。

二、正视学生主体地位

小学自主班级管理的主旨在于保证小学生得到全面发展。班级内教师、所有学生均是独立存在的个体，故管理侧重点在于自主、创新意识的培育。要求班主任在日常管理环节，可以做到全方位正视学生的主体地位，积极激发学生自主参加班级管理工作的热情，保证所有成员在班级日常学习、生活中都能够得到全面尊重，使其不仅要接受管理，还要扮演决策角色。所以，建议小学班主任在班级管理工作中，要积极打破传统教学思维模式的束缚，适当放开严厉的管束。

（一）学生参与制订班级管理内容

在班级管理工作中，班主任扮演引导角色，以高度的责任意识保证自我思路的方向性。正视一切可以发挥并呈现学生自主创造能力的课下活动，提高其自信。例如，可适当让学生参与到规划班级管理内容的工作中，便于履行平时生活、学习中需尊重并付诸实践的约定。在班级中，学生是独立个体，不仅了解班级内所有状况，更在怎样遵守班级纪律，强化管理力度方面独具发言权。通过让学生自主参加管理工作，进一步了解到在自主管理下必须担负的相关义务与责任。制定班级管理内容，需要注意以下两方面：

1. 班主任需对学生做出积极指导

根据学校方面针对班级管理理念制订的综合标准，契合班级具体状况，切合学生实际，整体规划班级管理内容。

2. 班级管理内容的设计要保证衔接与细分性

各项管理内容的设计均要保证丰富性、可行性与可操作性，防止内容趋于表面。例如，管理班级卫生，包括清扫工作以及日常的维持、检查工作。还可以树立学生榜样，引导学生展开组织竞赛，以保证各管理内容切合实际与常规性，以保证管理内容的严谨性与权威性。班级管理制度的规划设计，是班主任积极指导学生实现自主管理、自我提升的关键，最大程度发挥学生个人价值。

（二）打造学生自我管理平台

为了引导学生学会自我约束与进步，在打造班级自主管理平台方面，建议可从以下两方面去考虑：

1. 打造班委会

学生的管理团体主要为班委会，可将选举、自荐方式等作为任用班干部的主要方式。以班委会为核心，带动全体学生自主投入到班级管理工作中。班主任在其中需发挥引导、重视作用，充当参谋角色。而班干部在日常管理工作中，需负责处理班级内具体工作的问题，切实履行权利、义务。班级内所有学生均有权监督班委会日常工作状况，并加以评价，指出其中存在问题并提出创新建议。

2.制订值周制度

班级自主管理工作的开展，离不开平稳、高效的自治团体，以保证每一学生均有锻炼自我的条件与职务。其中，值周班长需定期轮换，轮换频率可定为一周。通过值周班长来处理当周班级工作，有利于实现对学生交际能力、管理水平的锻炼。

三、创新班级管理方式

在当前新课程改革、素质教育时代的倡导下，建议学校、班主任等方面均需强力打破传统班级管理手段的束缚，契合新型教育时代下的教学要求，有助于保护小学生在日常班级学习、生活中健康成长。故要进一步创新小学班级管理模式，打造自主化班级。结合当前教育大环境，建议班级管理手段可从下述几点作切入点加以创新变革。

（一）全面发挥班主任主导价值

在班级管理中，班主任占据举足轻重的地位。尤其是其价值观、世界观在平时班级管理工作中发挥言传身教的作用，对学生带来耳濡目染的影响，是班级组织、管理、学习中的主体，是家庭、学校、社会互动的衔接点，发挥着毋庸置疑的主体作用。

1.班主任自我素养的提升

优秀的班主任在学生健康成长方面发挥积极影响。在熟练运用教育、心理与管理理论的同时，统筹兼顾班级建设工作，以保证班级管理工作的正常开展。此外，班主任在具体工作过程中，需严格结合班级具体状况，以保证全体成员均可积极投入到班级管理工作中，学会自主性发挥优势。

2.班主任自身魅力的升华

班级管理工作的创新发展，需要班主任持续学习，优化自我，并付诸积极实践。学会在失败中归纳教学，在成功中总结经验。要求班主任在管理工作中学会运用专业技能，保持对学生的足够尊重与关爱，实现自我魅力的升华，打造良好师生关系。

（二）创新班级管理手段

管理手段，指的是管理阶段管理人员所运用的相关设施、媒体与工具，同样还有管理人员的言行举止、行为习惯。除了传统的肢体语言、口头语言与书面语言，建议班主任可通过微信、邮箱等手段与学生、家长保持及时、定期互动。还可成立微信群、班级主页等实现群体交流，在一定程度上增加了班主任管理、教学工作的便利性，契合现代教育标准。

（三）营造班级文化氛围

班级文化，能在一定层面折射出班级学生的生活与学习状况。在班级管理中，班级文化是主要内容，是学生日常生活、学习的调和剂，凭借自身丰富多元化充分调动学生的学习及其他方面的积极性。建议班级文化氛围的营造，可从下述几方面开始：

首先，保证班级环境的良好性。如环境设置，充分运用所有有效资源、因素开展教学口号；包括四周墙面张贴的名人语录、教室后墙的宣传报等。班主任可以与学生一起设计班级环境的布置，有利于拉近师生关系。

其次，可适当开展班级墙壁设计、板报设计小竞赛，充分发掘每一成员的潜能，激发其自主创造力。通过集思广益，来选择最佳设计思路，共同美化班级环境、营造班级文化氛围。

此外，人际交往在良好班级文化环境建构中同等重要，优秀人际关系有助于打造民主、友爱的班级文化环境。建议班主任、任课教师方面适当弱化权威形象，积极融入学生群体中。了解其学习需求、心理诉求等，一同面对并处理困境，从而强化集体向心凝聚力。可举办各类主题交流会、班会，通过实时沟通、良性互动，打造学生之间、师生之间、班级之间的和谐、民主交流。小学生长期置身于集中智育、德育的班级文化氛围下，自然会在潜移默化中得到健康成长。

（四）强化班级向心力

首先，科学指导班级内存在的小组织。有计划性地展开以学生为参与中心的班级管理活动，有利于增进师生感情与同学感情。培养学生形成团体精神，达到进一步强化班级向心力的目的，使所有学生均对所属班级形成强烈归属感与信任。

其次，班级内可不定期举办课外活动或亲子活动。通过活动内容的适当延伸、丰富，达到集中小学生注意力的目的。从而将其兴趣逐渐转到富有教育意义的班级活动中，使其享受到参与班级活动的趣味性，有助于培养其团体精神的形成。

最后，可任用小组织内重点成员为班干部。经过一定时期的观察分析，任用小组织内具有相应影响力的学生。如此一来，学生不仅收获了成就感，而且实现了班风的有力建设。

四、加强家校联系

家庭是小学生赖以生活的主要场所，同时，家庭教育是推动学生身心健康发展的关键要素。建议班主任方面加强与家长的互动联系，有助于班主任进一步熟悉学生，家长进一步熟悉学生在学校的不同表现，进而培养学生形成良好行为习惯。班主任与家长互动的方式较多，包括传统形式下的家长会、家访等，还可结合现代教育时代下短信互动、邮件收发、微信沟通等手段进行互动。已安装了校讯通的小学，建议班主任适当发挥校讯通平台优势，把学生在日常班级生活、学习过程中不断衍生的问题或现象高效反馈至家长处，从而拧成一股教育合力，保护学生得到全面发展。

其中，家访是班主任和家长互动的最佳形式，有助于优化班级管理质量。班主任可结合自身、家长时间，规划家访时间。借助于科学高效的家访，有助于进一步熟悉学生的家庭环境、家庭文化与生活习惯，从而了解其性格特征、心理诉求。同时，家长通过家访可及时了解学生在学校课堂中的表现，并联合班主任一块帮助学生改正不良习惯，逐渐树立积极向上的价值观与人生观。

五、结论

本文结合现代教育发展需求，以及素质教育要求、现代小学班级管理下的特征、概况，提出创新班级管理模式的一些意见，以期契合新课改、素质教育标准与小学生发展的特征。在学校、学生个体发展过程中，班级管理占举足轻重的地位。通过调查发现，国内小学班级管理还存在一定问题，通过问题与原因分析，对自主班级管理模式的创新加以探究，并提出建设性意见。无论班级管理理念有多丰富、管理手段如何多元化、管理体系如何创新，均要结合学校、班级与学生发展实际来创新丰富。只有做到结合实际，才可以真正意义上突显小学自主班级管理模式的特色性。

参考文献

[1] 张艳娟. 小学班级管理中惩戒教育的实施条件与应用对策研究 [D]. 曲阜师范大学，2013.

[2] 于英新. 小学班级管理中的教育惩罚研究 [D]. 山东师范大学，2011.

[3] 陈佳峰. 小学班级管理效果发展性评价研究——以上海市 JD 小学为例 [D]. 上海师范大学，2015.

[4] 康恩黎. 绩效工资条件下小学班级管理的困惑考察——以眉山师范附属小学为例 [D]. 四川师范大学，2012.

[5] 韩静. 小学班级管理问题及对策研究 [D]. 河北大学，2013.

[6] 王焱. 海勃湾区小学班级管理中存在的问题及对策 [D]. 内蒙古师范大学，2012.

（本文 2017 年获中山市教育教学研究室、中山市教育学会举办的中山市学术论文评选一等奖）

基于实践能力的培养，
把握小学数学综合与实践教学的四个"点"
——以"包装中的数学"为例

水云轩小学　于庆江

【摘要】在教学中，教师应基于综合与实践课程的性质，结合生活实践找准学生的兴趣点、符合实际需要挖掘问题的价值点、根据学生认知水平综合运用知识点，关注课堂生成肯定学生的创新点，在学生的自主活动中培养应用意识和创新意识。

【关键词】综合与实践课程　应用意识　创新意识

　　综合与实践课程是以问题为载体、以学生自主参与为学习形式、注重知识的综合运用。在综合与实践课上学生可以积累丰富的数学活动经验，应用意识和创新意识得到很好的培养。那么在综合与实践课程的流程设置中，更应注重让综合与实践课程的选题与学生生活实践相结合、研究问题更符合实际、活动过程更体现综合性和实践性、培养学生创新意识。接下来就以"包装中的数学"为例，具体阐述对小学数学综合与实践课程设计的一些想法。

一、结合生活实践找准学生的兴趣点

从自己学校开发的几个综合与实践课例中发现，实践的题材都是教师直接给学生的，教师并没有考虑这个题材学生是否感兴趣，是否有生活需要，最终导致学生研究问题比较被动，积极性不高，参与意识不强。如果能够从学生生活实践中找到研究的题材，就会提高学生的学习兴趣，对课题的研究也会更加投入。

在选择"包装中的数学"这一课程之前，六年级的学生已经进入毕业总复习阶段，小学生活即将结束，学生开始互相赠送自己制作的礼品，现在的学生都喜欢自己设计包装，觉得这样更有心意，更有创意。此时，教师准确把握学生的兴趣点，设计下面的活动任务：

实践一：上网搜索资源，了解包装的知识，研究物体包装应该考虑哪些实际问题？

【作品一】

实践二：走进商场，寻找各种包装的例子，并根据你的理解，说说这些包装都是从哪些方面解决了实际问题？

【作品二】

学生在查找资料的过程中，了解到很多关于包装的问题，通过对比全班同学的任务单，发现有接近半数的同学说到包装的节约问题，大家都很关注节能环保，产生了极大的兴趣，很愿意去探究。学生感兴趣的课题才会更有意义，后续的活动开展也会更加顺畅。

二、符合实际需要挖掘问题的价值点

综合与实践课程是以问题为载体，确定研究问题是非常重要的一个环节，如果研究的问题太多，研究效果就会很差。如果研究的问题很简单，又没有现实意义，研究的价值就会大打折扣。所以要对所选题材进行认真研究，挖掘出有意义、有价值的问题，才能更好地达成综合实践课的目标。

在"包装中的数学"开题时，学生已经初步了解了包装过程中要关注的问题，如包装要考虑节约材料、美观新颖、广告宣传、方便携带等，这些问题其实都很有意义，此时教师设计下面开题环节：

教师：同学们，PPT展示的是同学们通过查找资料，了解到的物体包装时要关注的问题，但是这些问题不可能都拿来研究，同学们要选取其中的一个问题来深入研究，所选问题最好是同学们能用所学的知识去解决、有价值的。请各小组开始讨论，选择一个问题。

最终结果统计：9个小组中，有1个小组选择"广告宣传"方面，有2个小组选择"美丽新颖"方面，有6个小组选择"节约材料"方面。

在开题过程中，教师结合学生的实践报告，将学生关注的问题一一展示，然后和学生共同分析包装过程中要关注的问题，教师组织小组讨论，将各小组的问题进行统计，最终确定从怎样"节约材料"这一问题展开研究，教师肯定学生所选择的问题，并向学生介绍现在物流非常发达，生活中像这样包装物体的问题太常见了，包装过程中浪费现象也非常的严重，如果在包装过程中能够尽量节省包装纸，那就是节约能源，这个问题很有研究价值，也非常有意义。只有学生发现问题很有研究价值的时候，研究才会更有意义。

三、根据学生认知水平综合运用知识点

"综合与实践"课程的教学，一是要"重实践"，二是要"重综合"。在开展课题研究的过程中，要充分体现数学"数与代数""图形与几何""统计与概率"等知识的综合应用，教师在学生开展活动的过程中要鼓励学生综合所学的知识点去解决新问题。

在"包装中的数学"开展活动的过程中，教师注重学生综合运用所学的

知识点分析问题和解决问题，注重培养学生探究意识和动手能力。如下面教学环节：

【片段一】

师：同学们！老师去超市买两块独立包装的透明皂用来洗衣服，就在老师临走的时候，老师发现还有这样两块一起包装的，我就产生了一个问题，都是两块透明皂，为什么要合起来包装呢？难道这有什么好处吗？

生1：这样会节省包装材料。

师：要研究的问题和我们学过的什么知识有关？

生2：表面积，因为表面积发生了变化。

师：今天这节课我们就会用到所学的"表面积"的知识去解决问题。

【片段二】

教师让同学们用多个正方体摆成一排，填表并发现规律。

正方体的个数	2	3	4	5	……
原来正方体一共有几个面	12	18	24	30	
接口数	1	2	3	4	
拼成后减少了原来几个面的面积	2	4	6	8	

汇报交流环节抽选对话：

师：接口数比正方体个数少1，这个规律有点像我们学过的哪个知识呢？

生1：和"植树问题"的规律是一样的。

师：刚才老师看到有同学还用到了用字母公式表示拼接后减少的面数。

生2：我用的是 2（n-1）。

师：你们理解他意思吗？这是我们学过的什么知识呢？

生（齐）："用字母表示数"的知识。

师：同学们能用以前所学的知识解决今天的新问题了，很棒！

【片段三】

PPT展示：

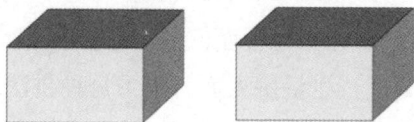

活动要求：

①用两个长方体拼一拼，拼成一个大长方体。

②想想自己的拼接过程，说说你有什么发现？

汇报交流环节抽选对话：

师：老师明白你的意思，你是说拼法一减少两个大面，拼法三减少两个小面。是这样吗？请同学们拿出尺子量一量，算一算每种情况表面积都减少了多少？

生1：测量出长20厘米，宽15厘米，高10厘米，分别减少了600平方厘米，400平方厘米和300平方厘米。

以上选取了"包装中的数学"课上的三个教学环节，第一环节学生知道本节课要用到所学的"表面积"方面的知识解决问题，第二环节学生调用所学的"植树问题"和"用字母表示数"两方面的知识去探索规律，第三环节学生通过"测量"和"计算"来确定减少面的大小。其实在整节活动课中，学生一直都在综合运用所学的各个领域的知识去解决新问题，综合性很强，课上学生经历拼一拼、数一数、量一量、算一算、说一说等过程，将所学的知识进行综合应用，应用意识得到了很好的培养。

四、关注课堂生成肯定学生的创新点

新课标一直强调，要培养学生的创新意识，但是在数学课堂教学中，教师在学生创新意识培养方面关注得比较少。教师必须有这样的意识，在学生有创新点的时候，能够积极肯定学生，经常鼓励学生，长此以往就会为学生的创新意识发展提供肥沃的土壤，让他们的创新能力生根发芽，开花结果。

【片段四】

问题：把10盒纸巾装成一包，可以怎样包装？怎样包装更节省包装纸？

汇报交流环节抽选对话：

师：回顾刚才我们所学的知识，你觉得要想更节省包装纸，我们应该尽量怎样拼？

生1：尽量拼接大面，在考虑中面，最后考虑小面。

师：那我们就来试试，尽量拼大面，记录每种拼法减少的面，看看你们小组有几种拼法？

在汇报展示环节，大部分学生都是有序地拼接，并拼接出了最节省包装纸的拼接方式，力求小组间不重复。

认真分析这两种情况，虽然减少的面是相同的，表面积也是相同的，但是拼接的方法就很有创意，说明这名学生比较敢创新，教师这时候也抓住时机，肯定这名同学敢于创新，同时也鼓励全班同学要大胆创新，只有这样在日常生活中抓住学生的每一个创新点，积极地去关注，经常地去鼓励学生大胆创新，学生的创新意识就会得到很好的培养。

在"包装中的数学"中，教师就把握住结合生活实践找准学生的兴趣点、符合实际需要挖掘问题的价值点、根据学生认知水平综合运用知识点，关注课堂生成肯定学生的创新点，这四个点来开展综合实践活动课，收到了很好的效果。在活动过程中，教师还注重数学思想方法的渗透，注重让学生展现思考的过程，关注学生的发展，挖掘学生创新的潜能，培养学生科学研究的态度和方法，为今后学习和生活打下良好的基础。

参考文献

[1] 杨豫晖. 义务教育课程标准（2011 年版）案例式解读丛书 [M]. 教育科学出版社 .177-178.

[2] 吴正宪，刘劲苓，刘克臣 . 小学数学教学基本概念解读 [M]. 教育科学出版社 .400-401.

（本文获中山市教育教学研究室举办的中山市 2018 年小学数学教学论文评比活动一等奖）

如何有效开展词汇教学的思考与实践

东区水云轩小学　黄凤英

【摘要】本文依据新课程标准对小学英语词汇教学的目标和要求，结合自己和其他教师在词汇教学上的真实课例，对词汇教学上一些要注意的问题进行了思考，并探讨有效的词汇教学的方法。

【关键词】词汇教学　语境　语篇

词汇是构成语言的三大要素之一，是语言的建筑材料。《新课程标准》规定了小学阶段小学生应熟练掌握二级目标所规定的词汇，做到发音准确，拼写无误，使用得当。本学期，笔者有幸参加中山市的小学英语课堂教学比赛，内容是词汇和句型的教学。从开始比赛到市决赛，笔者对教案进行了多次修改，每次的修改都是对"如何才能有效开展词汇教学"进行深刻思考和探讨的过程。比赛结束后，笔者反思了自己平时的词汇教学和这次比赛中有关词汇教学的一些课例，总结出一些有效的词汇教学策略。

一、从易到难，在联系已有语言知识基础上呈现新单词

许多学生认为单词不容易学，读音和意义都容易忘记。但是，实际上，许多难的单词都是由不同的两个或三个可能已学过的单词组成的，它们的意义一般也是几个组成的单词合在一起的意义。在教授新单词的过程中，如果

我们能够帮助学生联系已学过的单词，组合并发现语言的组合规律，学生学起来就容易多了。比如，这学期的英语课堂比赛中，一位教师教《开心学英语》Book 6 Unit 7 What's the matter。在这课，有几个新单词很长，发音也不容易学，如 stomachache 和 toothache 等关于疾病的单词。这位教师是这样处理的：他先用几张纸画了 stomach、 tooth 和 head 等图片，然后折成纸飞机，抛给学生。在学生兴奋地拿到纸张后，教师问他们：What's that？ 学生回答："It's a stomach/head."之后，教师拿出自己的图片，说："Hello！ My name is Ache. When I close to you， you'll be sick."之后教师让拿着身体部位的图片轮流站到讲台，教师拿着写着"ache"的图片跟学生站在一起，让下面的学生读出新单词。学生通过观察，都能正确地读出了新单词：stomachache， toothache， headache。本来比较难的单词就让教师的巧妙设计轻而易举地解决了。

二、创设语境，在模拟真实的语境中学习单词

我们说在英语课堂上创设语境，是指在英语课堂上通过一定的多媒体手段，模拟真实的语言环境，创设英语学习的语言氛围，能够真正激发学生学习英语的兴趣和潜能，有效地高学生的综合语言运用能力。在英语单词教学中，如果不在语境下学习，单词的练习也就成了无意义的机械操练，难以激发学生的学习兴趣。反之， 能激发学生学习兴趣，提高学生语言运用能力。

笔者在教 Book 7 Unit 5 It's a magic hat 的 forty、fifty 等表示数字的单词时，创设了一个赛马的情景。先用英语介绍赛马的马匹，引出有关数字的新单词，如：Look, this is number forty。之后，让学生观察参赛的马的图片，并猜猜哪匹马会赢得比赛。最后让学生边看赛马视频边喊出自己支持的马匹的号码，进一步练习所学的数字的单词。整个过程模拟真实参与赛马的过程，学生兴趣很浓，在快乐中学习了本课有关数字的单词。如果没有设置这个赛马的情景，只是单纯让学生读数字，那么学生就不知道自己为什么要读，没法运用数字来表达自己的真实想法。

三、结合语篇，在语篇中呈现及理解单词

许多教师善于结合语篇教授新单词。在语篇中学习单词能培养学生结合上下文对具体语境中的生词的词义作出合理推断的能力。学生通过理解上下

文推断出单词的意义和用法，培养学生在学习英语过程中用英语思维，避免了传统的英译中，用中文思维学习英语的弊端。

在英语单词教学中，我们除了自己创设一些语篇外，也可以利用课本中 Conversation，Target 或者 Song 等语篇材料。比如，笔者在教 Book 7 Unit 5 It's a magic hat 中 dollar, yuan, expensive 和 cheap 等单词时，结合了本课中的 Target 来教。Target 内容如下：How much is the guitar? It's $85. Wow! That's expensive！让学生听了对话的录音后问："How much is the guitar？"在学生回答后，笔者在 PPT 上出示 one dollar 和 two dollars 的图片，让学生练习。接着出示 one yuan 和 two yuan 的图片，让学生看读。这样不仅让学生在语篇中理解了 dollar 和 yuan 的意义，也让学生了解了两者的用法区别。总之，在单词教学上，要真正做到"词不离句，句不离篇"。

四、开拓思维，在与生活有关的教学活动中操练单词

《新课程标准》指出英语课程的学习是学生开发思维的过程。我们的学生对英语学习感到厌烦，一个很重要的原因是学生英语知识水平远远跟不上他们的思维水平。比如四年级的学生在学习 eyes，ears 等描述他们身体语言的单词，而他们在幼儿时期就已经能运用相关的中文词汇描述他们身体部位了，所以学生觉得在学习这些相关英语单词时会觉得无趣。怎么办呢？笔者发现很多很简单的英语词汇都能与生活建立联系。教师也能设计出一些能跟学生思维水平发展同步的一些教学活动。

在教《开心学英语》Book3 Unit 10 This is his body 这个单元的有关身体部位的词汇"eyes，ears，legs，mouth，nose…"时，笔者把有关身体部分的单词跟动物的一些特征联系起来，让学生观察动物的特征并填空。练习如下：

A   B   C   D

A. An elephant has a long _____.   B. A giraffe has a long _____.

C. A hippo has a big _____.   D. A crane has long _____.

之后，让学生开拓思维，思考其他动物还有哪些明显的特征并说出来。学生的思维一下子就激活了，纷纷思考动物的特征并说出来，许多回答都让笔者不能不佩服学生的观察力和思维能力，如有的学生说："A snake has a long body."有的说："A frog has big eyes."学生的思维很活跃，他们为自己能用所学英语词汇描述生活中的动物特征感到高兴。这样的活动既让学生应用了所学词汇表达出自己的真实意见，也培养了学生的思维能力。

五、抛砖引玉，在完成目标单词的基础上适当拓展

单词是英语学习中的砖瓦，丰富的词汇促进成功的英语学习。随着学生年级的上升，要求学生懂得的词汇量应不断地增加。如果学生掌握的相对词汇量少，往往在运用英语进行交际时显得无话可说，总觉得无法用英语表达自己的思想和情感，学生的英语交际能力得不到很好的发展。因此，笔者认为在平时的教学中要适当进行单词的拓展教学，以提供给学生更多的信息量。

比如在教 Book 7 Unit 5 It's a magic hat 这课中，最后一个活动是让学生扮演广告模特，用英语介绍自己喜欢的物品的价格和特征，吸引顾客来购买。在做示范时，笔者在 PPT 上呈现明星蔡依林代言手机的照片，并让学生听和看她的广告语：Look at my mobile phone. It's ￥600. It's cheap and nice. Come and buy it！

在这个广告语中，出现了一个学生陌生的单词 mobile phone，但学生对手机并不陌生，因此通过图片和录音很快掌握了这个新单词。之后，让学生介绍他们喜欢的物品。一些学生对新的科技产品很感兴趣，用纸画了 iPhone 4S 的图片，并用英语介绍。在这里，他们运用了课本上没有的单词 iPhone 4S。一些学生由于想介绍一些自己很喜欢但不懂用英语说的物品，于是笔者就建议他们查字典或者向老师或同学请教。最后，学生都能用英语介绍自己喜欢的物品。在这个学习过程中，由于教师的示范呈现的单词是学生没学过但可以理解的，而且教师给出的任务是他们感兴趣的，所以他们能有热情通过各种途径学习新的单词。

在英语词汇教学中，我们要多思考：为什么学生要学这些单词？怎样让学生在交际中自然运用这些单词？怎样进一步激发学生学习更多相关单词的欲望？只要多思考，多探索，开拓思维，相信词汇教学会焕发出旺盛的生命力！

参考文献

[1] 陈琳 . 小学英语新课程标准 . 外语教学与研究出版社，2008.

[2] 袁光环 . 小学英语词汇教学策略研究 // 中小学外语教学 . 人民教育出版社，2008.

[3] 赵淑红 . 新课程课堂教学技能与学科教学 小学英语 . 世界知识出版社，2007.

（本文获 2012 年中山市教育学会中小学英语教学专业委员会七届一次年会论文评选一等奖）

开发学校体育隐性课程对开展中小学校园足球的意义

——以中山市东区朗晴小学校园足球开展为例

东区朗晴小学　陈速

【摘要】随着校园足球如火如荼地开展，越来越多的问题也逐渐出现。发展校园足球紧缺的师资、场地、经费如何解决？如何做到安全踢球，解除家长的顾虑？如何做到学校、家庭、社会形成合力？针对这些问题，合理开发学校体育隐性课程是一种很好的解决办法，对于目前开展校园足球具有积极意义。本文以中山市东区朗晴小学为例，阐述了开发学校体育隐性课程对发展中小学校园足球的积极意义，并讨论了有益于校园足球开展的体育隐性课程的开发策略。

【关键词】体育隐性课程　校园足球

近年来，随着全国青少年校园足球工作电视电话会议的召开，标志着教育部主导的校园足球工作全面启动。虽然校园足球已经开展了5年，但是总体来说都是处在停滞状态或是初步摸索的阶段，师资、场地、经费没有得到很好的解决，更谈不上形成常态化的发展模式。学校体育隐性课程对学生运动参与动机和锻炼习惯有良好的影响，如何利用好这种积极的作用，使其能够服务于校园足球的开展，是值得我们深入思考的一项课题。

一、体育隐性课程的界定

学校体育显性课程是指正式列入教学计划中的教学活动，是有形的、具体的、看得见的教学活动，如教师的讲解示范、学生的练习等 [1]。学校体育隐性课程则是指在学校范围内，按照体育教育目的和学校体育目标，以相对的、内隐的方式呈现的，在主次的基础上可经过部分直接规范设计的体育文化要素的总和 [2]。跟体育显性课程有明确的计划、目标、方式、对象等相比，隐性课程最大的特点就是无形的、间接的、内隐的 [3]。实际上，体育隐性课程中的"课程"并不是平常我们所指的具体课程内容，而是指学校、家庭以及社会环境中存在的、无形中对学生产生影响却又无法控制的教育因素，是教学计划之外的内容给学生所带来的各种影响 [4]。学校体育隐性课程不仅包含于校园精神文化，也包含于校园物质文化，涉及面非常广泛，它既存在于学校的教学环境和氛围之中，也存在于学校的发展和教育理念，甚至存在于学生家庭及所在社区的人文环境。例如，学校的体育场馆设施、校园体育文化、课外体育活动的开展、体育社团的管理以及家校合作的方式等都属于体育隐性课程。

二、体育隐性课程对学生运动参与的影响

学生的体育运动参与主要与他们的体育动机和兴趣有关，这也是学生养成良好体育锻炼习惯的主要因素。体育动机是指人们在置身于体育活动之前就产生的、根据自身需要并在这种需要的推动下参加体育活动的内部动力 [5]。所以，要想提高学生的运动参与，首先我们要做的就是提高他们的体育动机，激发运动兴趣。中小学生所处的年龄阶段，体育动机主要表现在以好奇心驱使、在体育活动中获得胜利感、喜欢体育运动和体验体育活动带来的积极性情感体验为主 [6]。而学校体育隐性课程往往会在无形中引发学生的好奇心，让他们获得胜利和被认同感等，比如，举行体育知识竞赛、开展班级足球赛等都会很大程度提高他们的体育动机，从而促进他们的运动参与。而运动参与的提高，是任何校园运动项目开展的强心剂。

三、体育隐性课程对开展校园足球的促进作用实例分析

1. 硬件设施方面

中山市东区朗晴小学占地面积 26000 平方米，建筑面积 23417.6 平方米，绿化面积 9400 平方米，具有天然草 7 人制足球场一个，7 人足球门一副、五人足球门一副、小球门 8 副、足球 70 个、标志盘 100、标志锥各 50 个。这些硬件设施方面的隐性课程解决了开展校园足球项目所需的最基本的场地器材问题。换个说法，也只有具备这样的基本条件才有可能让学生来参与足球运动，无形之中这就是一种促进作用。

2. 发展理念方面

朗晴小学校领导都十分重视和支持足球项目的发展，成立以校领导牵头的学校足球特色领导小组和各班主任为主的足球项目实施小组，统筹规划学校足球特色发展思路。此外，建立健全《学校足球特色管理制度》，严格按照制度进行足球项目工作的实施和管理。在这种发展理念下，校园足球项目就有了一个比较宽松的环境，教师和学生才能真正去开展足球项目。否则，没有正确的领导决策，上下意见不统一，就根本难以开展起来。正是在这种宽松的环境中，朗晴小学校园足球得到了很好的发展。广东省教育厅厅长罗伟其、中山市委书记薛晓峰、中山市教体局局长李良等都来校进行过校园足球专题调研，包括新华社、南方日报、羊城晚报、广东体育频道等多家国内主流媒体都来校进行过实地采访和报导。

3. 校园文化方面

朗晴小学是中山市主城区唯一坚持开展足球项目的小学，并且具有 10 年的校园足球开展经验，有了一定足球文化基础。此外，朗晴小学是中山市足球传统项目学校、中山市体校足球项目训练点。朗晴小学以坚持健康第一为指导思想，以让老师和学生生活得更加健康、更加自信、更加阳光为宗旨，将足球文化落实在课堂，体现在活动中，渗透在音、体、美等各个学科，对校园足球的发展起了很大的推动作用。朗晴小学不仅有校足球队，而且每个班都有足球社团和球队，分别由校足球老师和班主任负责，每年定期开展的比赛有市足球杯赛、区足球联赛以及校园足球联赛，一、二年级为射门比赛，三、四年级为三人制足球赛，五、六年级为五人制足球赛，让学生在比赛的

氛围中感受足球的魅力。同时通过足球联赛还衍生出了足球啦啦操和足球宝贝，由学校健美操队和舞蹈队负责组织管理。美术课上，足球画报、足球绘画比赛等充分描绘出了学生的足球之梦。音乐课上，学习足球歌曲、创编足球队歌等也将足球与音乐联系在了一起。语文课上，关于足球的作文、足球比赛的观后感等也充分表达出了他们对于足球的热情。通过班级手抄报、板报、宣传栏、广播站各种信息传递，为学生介绍了有关足球的各种信息，使更多的同学了解足球、熟悉足球、热爱足球。学生正是在这样的环境中，耳濡目染，享受着足球带给他们的快乐和精彩。通过这种无形的、间接的体育隐性课程，使每一个学生逐渐了解和熟悉足球，起到了"润物细无声"的效果。

4. 资源整合方面

朗晴小学现有两名专职足球教师、一名校外足球教练、多位家长足球指导员。通过家庭、学校和社会三方的努力，成立了足球亲子社团，有组织有计划地开展足球运动。在每天下午放学以及周末，家长们都会带着自己的孩子在教师和校外教练的组织下开展足球活动，有训练、有比赛、还有看球等。训练和比赛不仅是在学校足球场，还充分利用了周边社区、公园等公共场合进行外训，充分利用了校外资源。通过家委会的组织还到现场观看过广州恒大等中超的比赛。在这过程中，教师愿意组织，校外教练愿意出力，家长愿意支持，这些都充分体现了体育隐性课程开发中的一体化原则，家庭、学校和社会的一体化，充分发挥了每一个因子的教育能力，并将这三者紧密地结合在一起，使三者共同作用于一体，形成一个合力，产生1+1+1＞3的效力，做到三者并重，三位一体[7]。起初家长们担心孩子踢球时受伤的顾虑，在他们参与亲子足球社团后完全消失了，因为足球不但能增强孩子体质，更能锻炼孩子的意志品质。

5. 校园足球开展体育隐性课程的开发策略

体育隐性课程的开发是指有目的、有计划地选择和教育目标相关的信息进行编制、加工和安排，并且根据反馈原理分析和处理受控系统实现对体育隐性课程系统的调节和控制[2]。

四、隐性体育课程开发建议

1. 解决场地器材问题

解决场地问题的原则，第一是因陋就简、因地制宜，不一定建设标准足球场；第二是逐步改善，新建、改建和扩建要成为学校体育设施建设里很重要的一块；第三，盘活存量，社会、社区体育场馆和学校共享，新建的体育设施在建设时的管理体制上也要做一些改革[8]。器材则可通过家庭、学校共同提供或是和附近学校、体育场馆等共享来解决。

2. 加强学校领导人的重视

学校领导人应重视校园足球项目的开展，首先要树立健康第一的正确理念引领；其次，要有科学合理的统筹和规划；再次，要成立专门小组，建立健全制度，并严格按照制度进行实施和管理，最后，要有开展好校园足球的信心和决心，并把这种信心和决心传递到学校每一位教师和学生。

3. 丰富校园足球文化

用文化来引领校园足球的开展，既是不知不觉的，又是十分有效的。首先，要营造良好校园足球风气，包括课堂、课外活动、社团等；其次，要结合各个学科并渗透到课堂；最后，要定期举办足球知识竞赛、足球画报比赛、校园足球联赛、足球啦啦操比赛等活动。

4. 实现校内外资源整合

加强学校、家庭和社会的联系，发挥学生所处环境的潜在影响力。首先，学校应起带头作用，充当三方合力的发起点，发动和组织家庭和社会力量对校园足球的开展提供全面的支持。其次，家庭除了提供孩子足球训练的物质资源外，还应该给予其足够的精神支持和表扬。最后，充分利用好校外社会师资力量和各种比赛锻炼的机会。

5. 结论与建议

学校体育隐性课程能有效提高学生运动参与，在无形之中培养孩子的锻炼习惯，通过对其正确合理的开发和引导，能够有效地在校园普及足球基本知识，提升足球在学校体育中的影响力，激发学生参与足球运动的热情。

建议从场地器材、领导重视、校园文化和资源整合四个方面合理开发体育隐性课程，充分发挥其易接受性、持久性、多样性等特点，使其更好地服务于中小学校园足球的开展。

参考文献

[1] 刘坤 . 中小学体育隐性课程开发与应用研究 . 黑河教育，2013：71.

[2] 王建 . 学校体育隐性课程的开发策略研究 [J]. 科技资讯，2013：181-182.

[3] 王晖，季浏 . 体育隐性课程内容身心健康效应个案研究报告 [J]. 山东体育学院学报，2013，29（3）：92-97.

[4] 高丽 . 隐性课程在体育教学中的应用 [J]. 教学与管理，2013：192-194.

[5] 祝蓓里，季浏 . 体育心理学新编 [M]. 上海：华东师范大学出版社，1995：19.

[6] 蔡赓，季浏，汪晓赞 . 竞争性体育活动对中小学生体育运动动机的影响 [J]. 上海体育学院学报，2003，27（4）：67-71.

[7] 张祝平 . 开发体育隐性课程全面推进体育课程改革 [J]. 当代体育科技，2012，13（2）：88-90.

[8] 公兵 . 教育部体卫艺司司长王登峰谈校园足球改革 . 新华网 [EB/OL].http：//news.xinhuanet.com/sports/2014-12-05/c_127280960.htm，2014-12-05/2014-12-14.

（本文获 2014 年中山市教育教学教研室举办的中山市中小学体育教学论文评选活动一等奖）

"书法教育与养成教育相融合"
班集体创建研究

东区朗晴小学　王彩阁

【摘要】"书法教育与养成教育相融合"班集体建设缘起于中国古代"学书养心"之说。其核心思想是通过发挥书法的特殊教育功能，教会学生写好字、做好人，促进学生良好行为规范的养成和内化。当今关于养成教育的研究比较成熟，关于书法教育改革方面的研究也如火如荼，但是将书法教育与养成教育相融合作为一种新的模式进行研究的还为数尚少。因此，笔者将从角色转化、方法策略、意义分析三个方面着手，探讨融合的可行性方法。

【关键词】角色转化　方法策略　意义分析

教育理论家马卡连柯曾经说过："不管用什么样的劝说也做不到一个真正组织起来的、自豪的班集体所能做到的一切。"可见，在一个优秀的班集体里，学生能受到感染和熏陶，表现出积极向上的精神和力量，提高自我教育的能力，更加具有组织性和纪律性。而优秀班集体的形成发展需要班主任的精心组织和培养。一个优秀的、有特色的班集体既是班主任的教育思想和价值取向的外现，也是自身工作能力和行为风格的体现。班主任的能力与素养，直接影响着班集体教与学互动过程最大效能的发挥及学生身心的全面发展。

"书法教育与养成教育相融合"班集体建设缘起于中国古代"学书养心"之说。其核心思想是通过发挥书法的特殊教育功能,教会学生写好字、做好人,促进学生良好行为规范的养成和内化。当今关于养成教育的研究比较成熟,关于书法教育改革方面的研究也如火如荼,但是将书法教育与养成教育相融合作为一种新的模式进行研究的还为数尚少。

丹青写意,翰墨育人。那么,班主任应注意哪些方面,才能更好、更有力地促进"书法教育和养成教育相融合"班集体创建工作呢?

一、角色转换

在传统的"以班主任为中心"的班级管理模式中,班主任更多地担任了"家长""保姆""裁判"和"消防队员"的角色。在"书法教育和养成教育相融合"班集体创建背景下,班主任应找准自身定位,完成角色转换。

1. 借书法和谐之理,向民主型转换

中国书法艺术的最高审美规范是和谐。书法是一个充满了线条矛盾的有机统一的和谐世界,无论是单体组合还是章法的整体构成,都使矛盾的双方如润燥、徐疾、呼应、主次、方圆、长短等取得相生相安的和谐境界。好的作品都极力把这些对立因素和谐地统一在一起,即书法追求儒家的"中和"之境:"无过无不及""无乖无决"。

在班集体日常事务的管理中,班主任应借书法的和谐之理充分发扬民主,积极营造一种以真诚接受和理解为特征的班级气氛,以"对话型"角色,与学生平等相处,为学生创设一种宽松、安适、愉悦的学习环境,使学生在班集体中自由表达、自由参与,充分肯定自己存在的意义及价值。

2. 借书法辩证之趣,向智慧型转换

书法蕴涵着中国几千年来形成的朴素的哲学思想,其中充满着辩证法。如书法讲究阴阳、藏露、轻重、黑白相间、计白当黑等。对这些原理的学习,毫无疑问可以开发人的智力,使人的思维更具有灵活性。这样把逻辑思维与形象思维、科学思维与艺术思维有机结合起来,从而形成高质量、高素质的健全的思维习惯,这对学生自身能力的发展是大有裨益的。

传统教育意义上的班主任在班级管理中经常用规章制度去限制学生。这些做法对于学生形成良好行为,矫正不良习惯固然起到一定的积极作用,然

而现代教育意义上的班主任则不能满足于此，应着眼于发展、挖掘学生的潜能，用辩证的眼光审视学生行为，与学生一起商讨如何改进与发展，进而去创造。

3. 借书法美学之道，向内涵型转换

书法欣赏是心里体会揣摩书写之乐的过程。这是一种极好的调节，能对学习其他科学知识产生促进作用。所以说，书法教学可以培养人的健康情感和心理，调节情绪，促进身心健康。

班主任是班集体的组织者、指导者和领导者，他的思想道德面貌，他的世界观、人生观和价值观，他对教育的信念与追求，他对学生的期望，他对传统文化与外来文化的认同与取舍等，无不渗透在他对班集体的要求中。班主任能不能在班级工作中凸显自己的教育理念，运用恰当的领导艺术和人格魅力扩展自己的教育理念并向内涵型转换，是班集体能不能走向成熟、走向成功的关键。

二、方法策略

1. 从无到有的创生——让学生浸润其中

美化班级环境，营造融合氛围。养成教育和书法融合的终极目标是充分发掘学生的个性潜能优势，而书法训练这种实践过程，正是学生不断创新、不断实现自我价值的成长过程。班级环境育人是一种效果显著的无声教育，在优美、文化气息浓郁的环境之中生活学习，可以于潜移默化中陶冶情操，美化心灵，激发灵感，启迪智慧。

令墙壁活起来。通过板报、书法展示栏、过道两壁等，加大宣传力度，让学生了解书法，喜欢书法。这样不仅可以继承中华民族的优秀文化，增强对祖国语言文字的热爱与理解，也能陶冶自己的良好道德情操，培养严谨认真的学习态度和持之以恒的个性品质。

令图书多起来。在班级的书架上，放置丰富的书籍，关于文学，关于道德修养，关于书法的作品欣赏，名家字帖等。

令学生静下来。班级的文化氛围，应给人宁静平和之感，浸润其中，让学生沉稳而不浮躁，踏实而不浮华，认真而不浮浅。

2. 从点到面的壮大——让学生活跃其中

专业教师指导，师生共练提高。请既有雄厚的专业知识和创作经验，又有循循善诱机智组织教学的能力的专业教师指导。在具体书法教学中，从纠正学生坐姿、握笔开始，到基本笔画和架构的学习，再过渡到整个字的练习，由易到难、循序渐进，注重于对学生良好书写习惯的培养，力求强化学生"意在笔先"和"提笔即是练字"的意识。在写字过程中，正确的写字姿势，书写认真仔细，规范整洁，会促进学生良好品格和意志力的发展。此外，用生动形象的教学方法来帮助学生发现书写美的规律，体会汉字的形体美，从而培养和提高学生的审美能力。

确保写字时间，持之以恒训练。在书法教育中，坚持开展"五个一"活动，即"每日一练，每周一展，每月一评，每学期一赛，每学年一会"。每天早晨8点10分准时练字，学生先观看全国著名书法家胡一帆老师的教学视频，然后书写配套习字册；每周评出最好的书法习作，张贴在班级文化墙上；每月推选出5至10人的书法作品，教师写上评语，展示在板报里；每学期搞一次书法比赛；每学年由书法老师或校外书法名家作指导和讲座。此外，采用交流欣赏、评比展览、物质奖励等形式，促使学生提高兴趣，激励学生坚持不懈地练习书法。还可使用"纵向比较法"，把学生的部分优秀作业保存起来，过段时间再展示出来，引导学生在不知不觉中书写水平得到进步和提高。在每次较大规模的语文测验中，按学生答卷的书写规范程度给予卷面分，促使学生把练字与应用结合起来。

巧树榜样人物，你追我赶互促。书法教学可以为养成教育提供丰富的素材，古往今来，灿如星辰的书法作品在历史的星河中熠熠生辉，许多著名书法家的生平故事也一直被人们津津乐道：张芝临池学书，池水尽墨；钟繇入山练字十年，石木皆黑；智永登楼练字四十年，退笔成冢……让学生更多地接触这种书法当中的励志内容，既能陶冶学生的情操，拓展学生的知识面，又能帮助学生培养勤奋刻苦、乐观向上的精神。来自学生中的榜样同样具有说服力。每隔一段时间，可公布近期练字有进步的学生，在这样的激励下，一大批的写字新秀就诞生了，适时给这些学生颁发小奖状，其他学生也会从中受到潜移默化的影响，不断鞭策自己更加努力。

综合活动引领，丰富内容方式。为了打造特色品牌，可采用"综合性活动"的形式，使学生进一步受到文化浸染。如"墨香文化研究"，让学生体验：汉字之源——汉字是这样产生的、汉字字体的演变、"福"和"寿"的字形变化；

汉字之美——我眼中的书法艺术、书法名家例谈、汉字艺术作品欣赏；汉字之趣——搜集编写字谜、汉字谐音及其妙用、外国人与汉字的故事；汉字之法——汉字识记好办法、错别字危害大、街道不规范用字调查、学生作业常见错别字及对策。此外，还可成立"汉字综合实践活动兴趣小组"，分别开展书法艺术欣赏、情趣"对对子"、巧接"歇后语"、我看"象形字"等活动，实效显著。

调动家长热情，参与合力共建。调动广大家长的积极性，建立家委会专项基金，专款专用于书法进步者及在书法比赛中获奖的学生。同时，开展家长问卷调查、向家长汇报书法练习的成果。组织家长参观学生的书法作品展、优秀作业展等。调动家长的练字热情，家长学生同练，并把家长的作品在班级展示，鼓励家长写练字心得，对学生练字起到很好的示范引领作用。

3. 从术到德的升华——让学生雅致其中

在学生中进行书法教学和养成教育，其意义和价值远远超过书写本身。小学生作为社会的一员，尚未定型的思想方式、思维方式难免受到当今社会不良因素的影响，在这种情势下，加强书法养成教育，是矫正浮躁心态、调整处事行为、锻炼身体、提高整体素质的一剂良方。学生静写以生智，善书而秉德，会逐步展示出研习书法与养成教育相融合的状态。刚开始的时候，有些学生可能心浮气躁，注意力无法集中，坚持一段时间之后，便会在一笔一画中渐渐培养认真踏实、一丝不苟的精神，克服马虎草率、杂乱无章的坏习惯，更从笔画的形态与笔法中体会"芒不露，锋不偏，形不滑，姿不媚"等做人的道理，表现出大度、谦让、恭谨和团结的品质。

三、意义分析

作为小学一线班主任，笔者认为探索现代"书法教育和养成教育相融合"的班集体创建模式是十分必要和紧迫的。

必要性体现在小学高年级学生的自觉性，虽持续发展但仍处于较低水平，心理发展中的独立性与幼稚性的矛盾日益突出，难免出现片面、冲动、草率和情绪化。书法将汉字的表意功能和造型艺术融为一体，充分体现了中华文化内涵的博大精深。认真学习书法艺术可以使学生养成高雅的审美情趣，增强对中华文化的理解，提高学生的综合素质，促进学生在性格、气质、态度、情怀等内在方面的提高。鉴赏、练习书法的过程，实际上就是培养学生良好的观察力和注意力，以及养成耐心、细致的习惯的过程。

紧迫性体现在九年制义务教育《语文课程标准》中明确指出：写字是一项重要的语文基本功，是巩固识字的手段，对于提高小学生的文化素养起着重要的作用，必须从小打好写字的基础。然而，现实是中小学生书写技能的缺失严重，某些教师对书法教育功能的冷漠和对书法教育功能的了解十分有限。通过开展书法教学与养成教育融合的探究，使书法教学中蕴藏的一些能促使学生良好行为习惯养成的因素发挥作用，这对培养学生良好的意志品质，健全的人格及陶冶高尚的情操，提高审美能力有积极作用。

练字，就是练心，就是写志。在"书法教育和养成教育相融合"班集体创建中，班主任只要注意角色转换及方法策略，并持之以恒，就定能为学生开一扇书法艺术之门，开一扇德行之窗。

参考文献

[1] 牛海彬 . 赏识教育研究 [D]. 东北师范大学，2006.

[2] 骆舒洪，周卫红 . 中小学班级管理现状的调查研究 [J]. 教学与管理，2001（11）.

（本文 2017 年获中山市教育教学研究室、中山市教育学会举办的中山市 2016 年学术论文评比一等奖）

学校柔性管理的思考与实践

东区教育事务指导中心　许岚

【摘要】核心素养背景下，柔性管理日益显示其重要性。将柔性管理应用于现代学校管理，是社会文明程度提高和学校管理科学自身发展的需要。它不仅有利于提高学校管理者的管理艺术，激发教师工作的主动性和创造性，而且有利于学校管理者与教师之间心灵的沟通，促进学校管理目标的实现。

【关键词】学校　柔性管理　思考　实践

何谓"柔性管理"？

"柔性管理"是相对于"刚性管理"提出来的。柔性管理是一种"以人为本"的人格化管理，它是在研究人的心理和行为规律的基础上，重视人的情感、个性、欲望、能力等因素的作用，采取非强制控制方式，通过非权力影响力的作用，激发员工的主动性、内在潜力和创造精神，从而把组织意志变为个人的自觉行动的管理方式。

在学校管理中，柔性管理和刚性管理孰优孰劣？笔者先后担任小学校长、初中校长近二十年，对此两种管理模式均有所思考和实践。在多个层面的对比中，笔者发现，随着学校师生主体意识的苏醒，传统的刚性管理明显表现出不足，柔性管理的优势则日益凸显。下面简要阐述笔者对学校柔性管理的思考与实践。

一、顺势而为，摸清教育规律

学校的教育、学校的管理应该是"顺应自然、顺乎人心"，亦可称为"自然而然"。因为，第一，自然是最美的，来自天然的东西，最能契合万事万物的节律。第二，只有自然生发的东西，它的根才是深的。如果说"自然"是本能的话，学校的管理就要在"而然"里面做文章。怎么样的学校管理才能引领教师达到"而然"的境界？笔者认为是价值引领。管理者要树立正确的职业价值观，把工作当做事业来做，讲大局、讲责任、讲服务、讲奉献，兢兢业业、精益求精、超越自我地工作，终究会获得努力耕耘的快乐果实。管理者和师生之间更要学会互相尊重、换位思维，多看别人身上的闪光点，不用放大镜看别人的缺点。遵循教育规律，改变"管卡压"模式，实现管之有道、管之有理，形成管理者与师生之间和谐共生的发展环境。

二、以人为本，推行学校决策的民主化

在学校管理中，对命令式的管理无论是学生还是教师都不喜欢，同时，对于管理者以行政命令方式来实现学校管理目标的行为也是较为反感的，而柔性管理模式注重对人内心和情感的激励，增强教师进行民主参与的意识。

如我们把绩效工资方案的制订过程当做全校教师思想交流的良机。方案制定前，不同层次、不同岗位教师的座谈会开了十几次，各个方面的不同声音和需求都了解到，并以此作为方案制定的重要依据。方案反复研究推敲，前前后后出了将近30稿，目的就是要最大限度地体现公平。

然后，学校召开党支部大会，倡导党员要树立两个一是：淡化个人利益，强化理想信念；淡化局部利益，强化全局意识。通过学习与讨论，党员树立了在利益面前党员要做群众表率的利益观。

最后，我们召开了教职工代表大会，把它作为一个统一思想、凝聚人心、促进和谐的重要载体。会上，大家各抒己见，但却统一了认识，那就是每个岗位都很重要，每个人都不容易，因此在看中个人绩效的同时，我们更要珍惜整个团队的绩效。

因为大家都参与了绩效工资方案的制订过程，所以方案全票通过，由"被动遵守学校制度"到"学校制度大家定"，再潜移默化为"大家定的规矩大

家来遵守"。而且由于学校的发展方向与教师的个人价值追求达成了一致，教师主动发展的内驱力也更强大了。

三、以情感人，激活教师发展的内驱力

1. 营造和谐环境，让学校成为"教师之家"

营造和谐的工作环境，必须要让教师的人格得到尊重，工作得到认可，合理的需求得到满足。让教师深刻认识到：一个和谐、宽松、相互尊重和信任的工作环境是对教师最大的激励。

为此，我校搭建了"五大平台"，通过这些平台活动提升教师的团队凝聚力，营造和谐的环境。以表达个人意愿为主线的建言献策活动平台，鼓励教师为学校发展建言献策，对教师提出的有价值意见和建议定期进行专题研究，拿出具体解决办法。当教师的意愿得到尊重时，教师参与学校管理的积极性和主动性会得到充分发挥。以班主任交流为主线的年级组活动平台，定期举行班主任沙龙，解决班主任工作中的困惑，提升班主任的工作能力；以教学研究为主线的教研组、备课组活动平台，定期进行教学研讨，分享智慧，共同成长；以健康休闲为主线的俱乐部活动平台，成立了 9 个教师社团，教师利用周末进行健康休闲活动；以关爱教职工为主线的职工慰问活动平台，给生病的教职工及直系亲属及时送去慰问等；以温馨趣味为主线的节日活动平台等。这些活动既锻炼了身体，又让教师在平凡的工作中享受到职业的幸福。

2. 从己做起，植根底层，与教师苦乐共担

作为校长，应清楚地认识到自身形象和工作作风所起到的示范作用。孔子曰：其身正，不令则行；其身不正，虽令不从。

笔者认为，校长不是一个职务，而是一个职业，如果是一个职业，就必须具备这个职业所需要的一切素质，必须有更多的知识和能力，必须把握各方面的信息，使自己保持对新事物的敏锐感觉，必须使自己的思想观念常新，才能领导这所学校不被激烈的竞争淘汰。于是，笔者积极参加省、市教育主管部门组织的各项培训，不断反思，不懈地吸取哲学、历史、教育、文学艺术等方面的新知识、新思想、新观念，让自己的学识更博学，情趣更高雅，从而得到师生们的尊重；同时，运用读书、学习成果指导学校管理实践，并形成了较系统的个人见解。而这种领导自身的示范作用不同于权力，权力是

外在的，刚性的，而榜样是内在的，柔性的，作用持久，潜移默化。

3.搭台设岗，让教师找到职业的尊严感和幸福感

在和谐的工作环境中，教师追求个人发展的心理需求更为迫切。为此，我们十分注重教师的专业发展，尽最大可能给教师专业发展创造空间、创设条件、搭建平台。我们要求每位教师制订个人学年发展计划，并进行考核，这是一种压力，更是一种鞭策。通过"优质化工程"，通过与教师进修学院的合作，通过走出去、请进来等转变教师的教育观、教学观和质量观，借助外力加速教师专业成长。我们充分利用校内优质教育资源开展形式多样的校本研修，比如集体备课、命题比赛、同课异构、班主任论坛、教学论坛、骨干教师论坛、名师工作室、师徒结对、教学比武、读书心得交流会、青年教师发展共同体等，营造了一个相互学习、共同成长的团队学习氛围。如今，学习已成为我校教师的一种责任，发展成为教师的自觉追求。当教师的专业水平得到了发展，执教能力得到了提升，教师就有了自信和力量，这份自信和力量便是新的生长点。

4.刚柔相济，追求学校管理的最优化

笔者所在的学校已有20多年的建校时间，已经形成了一套完善而严格的管理制度，这为学校的发展壮大起到了不可磨灭的作用，已经成为每一位教师自觉自愿遵循的行为准则。但是，随着社会的发展，传统学校制度在促进学校发展上的力量越来越薄弱，这些传统的学校制度强调的是按部就班地推行领导的意图，是下级对上级的服从，缺少现代教育对学校管理的要求；而规范的管理，也并不是都能带来积极的效能，只看重管理的刚性，会忽略组织应有的柔性，就可能出现偏差。

于是，我们将刚性的管理制度与学校文化管理融合在一起。教务处、德育处、总务处在原有的基础上制定了更细致的管理细则，做到每一个人、每一个岗位、每一个部门有明确的权力和责任，都有清晰的工作目标和工作计划；每一项工作都有明确的工作程序和明确的制度约束，都有明确的考核和激励；个人和个人、岗位和岗位、部门和部门之间通过建立科学合理的机制和明确的制度，协同有序运作。

在刚性的制度背后，我们还出台了温情的约定——《为美好而约定》，我们传承并倡导"责任、奉献、服务、和谐"的团队精神，让教师清楚地知道：

服务他人，服务学校，就是服务自己，并付诸实践。

实践证明：刚性的制度与温情的约定共同实行的结果，是营造了一个既严谨又宽松的氛围。

不管是刚性的制度还是温情的约定，都不能忽略教师幸福的感受。于是，我校与时俱进，拿出了许多"时尚"的招数来提升教师的幸福感，如成立各种各样的教师社团，建立行政的家访制度，请专家为教师上幸福课，开展我的教育故事、我和我的学生、我和我的班级、我和我的同事等演讲活动，努力让教师在幸福的空气中呼吸，感受到幸福的教师一定会用欣赏的眼光看学生，发现学生身上闪光的地方，让每一个学生都感受到教师的关注，感受到教师的宽容和信任……

总之，学校实施柔性管理能够实现从制度管理到自我约束，部分教师还实现了从自我约束到主动创造的转变，柔性管理改变着学校的精神面貌，促进着学校的可持续发展。

参考文献

[1] 郑其绪. 柔性管理 [M]. 东营：中国石油大学出版社，2006.

[2] 陈君玉. 柔性管理及其现实应用 [J]. 上海企业，2002（1）：20—22.

[3] 张欣予. 浅谈柔性管理在中国的发展趋势 [J]. 中国管理信息化，2012（12）.

[4] 李波. 中学教育管理人性化革新刍议 [J]. 江西教育，2014（6）：8—9.

[5] 王升才. "以人为本"加强初中教育管理 [J]. 中国科教创新导刊，2010.

[6] 温洁. 柔性管理与中学理想教育探讨 [J]. 学术论坛，2010（7）：268.

[7] 郭敏娜. 浅谈柔性管理在学生教育管理中的运用 [J]. 长春理工大学学报（社会科学报），2012.

[8] 弗兰克·戈布尔. 第三思潮：马斯洛心理学 [M]. 上海译文出版社

（本文 2017 年获中山市教育教学研究室、中山市教育学会举办的中山市学术论文评选一等奖）

儿童游戏在小学科学课堂教学中的
探索与研究

东区柏苑小学　张黎

【摘要】随着时代的发展，儿童游戏正受到手机、电脑、电视、游戏机等电子产品和虚拟网络的侵蚀。怎样避免儿童沉迷虚拟网络，怎样避免儿童游戏逐渐流失，怎样让儿童在游戏中获取科学知识……这都是教育工作中亟待解决的问题。本文拟采用分析研究、实际操作、经验总结相结合的综合研究方法，以功能游戏、建构游戏、扮演游戏、规则游戏等性质的儿童游戏为切入点，甄别筛选出与科学知识相关的游戏引入科学课堂，多样化教学方式，开辟出游戏与知识、玩与学兼顾的新教学手段，培养学生用科学的方法来思考问题，提高学生的探究意识和学习兴趣，最终形成一系列切实可行的教学方案，为以后的推广普及建立理论基础和实践依据。

【关键词】儿童游戏　科学探索　课堂教学

一、问题的提出

小学儿童年龄在 6-11 周岁，正处在对自然现象的好奇心和求知欲最旺盛的时期，此时儿童游戏也占据着儿童大部分的日常生活。儿童游戏以非物质文化的形式存在于世，具有强大的生命力和深厚的文化底蕴，但随着时代的发展，儿童游戏正受到手机、电脑、电视、游戏机等电子产品和虚拟网络的侵蚀。怎样避免儿童沉迷虚拟网络，怎样避免儿童游戏逐渐流失，怎样让儿童在游戏中获取科学知识……这都是教育工作中亟待解决的问题，也将是教育工作者持之以恒的目标。

本文拟从儿童游戏入手，甄别筛选出与科学知识相关的游戏引入科学课堂，多样化教学方式，开辟出游戏与知识、玩与学兼顾的新教学手段，培养学生用科学的方法来思考问题，提高学生的探究意识和学习兴趣。

二、研究背景及意义

1. 概念界定

儿童游戏是儿童运用一定的知识和语言，借助各种物品，通过身体运动和心智活动，反映并探索周围世界的活动[1]。

儿童游戏的内容、种类和玩法受社会历史、地理、习俗、文化、道德等因素的影响[2]。以色列心理学家萨拉·斯米兰斯基根据游戏的描述性特征将游戏分为四个阶段：功能游戏、建构游戏、扮演游戏、规则游戏。根据儿童游戏的内容、种类、玩法等不同方向进行分类，本文主要以萨拉·斯米兰斯基分类为依据来进行研究。

儿童游戏进入科学课堂，也就是将蕴含着科学原理的儿童游戏经过筛选和加工，按照教学大纲融入进小学科学课堂活动以起到辅助教学的目的。

2. 研究背景

小学科学课程是一门以培养学生科学素质为宗旨的义务教育阶段的核心课程，在小学课程设置中与其他主要学科一样，具有十分重要的位置。科学素质的形成是长期的。早期的科学教育将对一个人科学素质的形成具有决定性的作用。小学科学课程是一门具有活动性质的课程，能够最大限度地将科学探究活动过程呈现在课程内容中[3]。儿童游戏既满足小学科学的课程需要，又满足小学科学课程的活动性质。故将儿童游戏与科学课堂整合在一起是必要的、可行的、有价值的[4]。

3. 研究价值

（1）理论价值

儿童游戏进入科学课堂的探索与研究，不仅为科学课堂教学提供了丰富的资源，而且也是小学科学教学发展的一个重要手段。这一手段具有深刻的现实意义，在它的探索与研究过程中将会逐步促进科学教学的多元化利用和优化发展，在理论价值上这一课题的研究也紧扣新课标的理念，体现教无定法，以新颖、有效的科学教学手段拓展科学教学和提高学生的科学素养。

（2）实践意义

对儿童游戏进入科学课堂的探索与研究，在现实中具有积极深远的意义。首先，通过对儿童的访谈等形式搜集到各式各样的儿童游戏，并整理归类，最大限度地将这种儿童自发创造的活动保留下来，而非淹没在历史的长河中[5]。其次，儿童游戏整理归类后再融入科学课堂，将零散的小游戏系统化，由科学理论知识做指导，与科学课堂教学相辅相成。再者，儿童游戏进入课堂，改变了传统的教师单方面传授的教学模式，让学生在"玩中学"，更大地激起学生学习科学知识的兴趣。最后，儿童游戏融入科学课堂教学，也是对现有科学教材实验部分极好的补充。小学科学有别于其他科目，本就是个让学生"动"起来的学科，让学生在动手实践中求得真知。

4. 国内外同类课题的研究现状

长期以来，优化教学方式都是教育工作者研究发展的重、难点，传统教学观念不仅制约教师自身发展，而且有悖于学生思维的开拓，使学生难以提高学习兴趣，限制了学生的个性[6]。近年来，伴随着素质教育的发展和课堂教学改革实践的深化，针对教学问题，国内教育界积极探索并提出了种种新的教学方法。本文也利用现有资源，以儿童游戏为突破点，克服小学科学课堂活动呆板、不能很好地引起学生兴趣的问题，提升学生的综合能力和科学素养，并借助与外校手牵手交流活动、外出学习、开展实验活动课等，进行交流与拓展。"儿童游戏"取材便捷、操作容易、交流空间广、普及性强，专职科学老师的素质逐渐提升等都决定了《儿童游戏进入科学课堂》的研究与探索具有可行性和拓展空间。

通过对中国知网（CNKI）数据库的检索，在文献检索（包括硕博论文和全文期刊）中，检索栏为"关键词"，检索条件为"儿童游戏""小学科学课堂"，搜索结果为 0 篇。目前为止，将儿童游戏进行系统的整理归类后引入小学科学课堂，这种新型的教学手段和方法还是比较大胆的尝试。通过详尽细致地查阅，未见国内外关于此方面的专项文献材料。

三、 儿童游戏在小学科学课堂教学中实践探索的思路及措施

1. 研究思路及方法

思路：

（1）实践证明：兴趣是最好的老师。激发学生学习兴趣，提高教学实效是教学整体发展的一个重要方面，通过将有趣的儿童游戏融入传统的科学课题，提高学生学习科学的兴趣。

（2）教师要紧扣科学新课标的理念，放眼全体学生，进行深入细致地研究，结合学生科学课堂的表现，选取适合进入课堂的儿童游戏，设计一系列切实可行的方案。

（3）根据儿童游戏的特征、科学课堂的教学方式、不同年龄段儿童的心理特征等多个方面，分项做重点研究。

方法：

本文采用分析研究、实际操作、经验总结相结合的综合研究方法，以儿童游戏为切入点，以提高学生学习科学的兴趣为研究手段，通过采取各种有效措施来达到教与学双赢局面。具体的方法有：实践法，是对研究对象作分析建档和进行实践教学。除此之外还有调查法、观察法、文献法、行动研究法、经验总结法、个案研究法、案例分析法等，这些方法共同作用，针对每个不同的内容采用各自不同的方法，做到方法的有效运用，达到良好的效果。

2. 主要措施

（1）制定研究目标、方案、措施。学生学习科学现状分析、建档，明确目标，有针对性、系统、细致地工作。

（2）展开儿童游戏进入科学课堂的教学尝试。

（3）建立"讲科学、学科学、爱科学、用科学"的校园文化氛围，举行丰富多彩的科技活动。

（4）利用家校合作平台，整合家长资源，联系儿童玩具厂商开展活动。

3. 儿童游戏在小学科学课堂教学中应用的成果及建议

（1）部分儿童游戏与粤教版小学科学知识点联系

表1：儿童游戏与粤教版小学科学知识点联系列举

游戏类别	游戏名称	对应章节	对应课题	备注
功能性儿童游戏	大风吹	四册下第8课	人体的司令部	
	牡丹花开	四册下第8课	人体的司令部	
建构性儿童游戏	牙签搭建筑物	三册下第7课	身边的材料	
	手工制作小排箫、风向标	四册上第11课、四册上第9课	声音的产生、小小气象员	课本已有活动
扮演性儿童游戏	老鹰抓小鸡	四册下第8课	人体的司令部	
	石头人	四册下第8课	人体的司令部	
规则性儿童游戏	纸牌承重	四册下第11课	力的现象	
	纸飞机比赛	四册下第13课	大气压力	

游戏有智力游戏和活动性游戏之分，有的游戏活动是课本内已有活动，如制作小排箫、制作风向标、揉面团等；有的游戏涉及多个知识点，如纸牌承重既要对纸牌材料有所了解，又要对力的平衡有个笼统的概念；有的游戏分属多个类别，如纸飞机比赛中的折纸飞机属于建构性儿童游戏，而纸飞机竞赛有飞行时间和距离要求，属于规则性儿童游戏；有的游戏对能力的提升多于对知识概念的学习，如牙签搭建筑物、翻绳等。

总而言之，游戏是个广泛的定义，包含范围大而难以界定。只要是能够引起学生学习科学兴趣的游戏活动，都可以组织学生进行尝试，但是若要融入课堂成为科学课堂教学的重要辅助手段，则需要选择适合学生年龄段，符合本堂课教学内容的游戏活动了。

（2）初步成果

通过常见儿童游戏进入科学课堂的实践活动，提高学生合作能力、实践能力和创新意识，培养学生学习科学的兴趣和科学的思维习惯，帮助学生将科学探究的基本过程和方法应用于力所能及的科学探究活动，使学生掌握关键的基础科学知识和技能。

①学生、教师进行访谈，搜集儿童游戏。

②整理归类儿童游戏，了解儿童游戏进入小学科学课堂的可行性和可操作性。

③在小学三至六年级科学课堂开展儿童游戏进课堂的教学实践活动。

④在教学实践活动基础上，组织区科学教师分别对儿童游戏活动制定目

标、选择内容和组织、编排、实施、评价等多方面展开研讨。

（3）展望

本文已完成对儿童游戏进行搜集整理和将儿童游戏融入科学课堂教学的实践活动部分。后期将进一步对儿童游戏与教材理论知识的关联性、儿童游戏在科学课堂的可操控性做深入性研究，根据搜集到的资料和已完成的教学实践部分，以教育学和儿童心理学等研究理论为基础，对儿童游戏的教育价值和科学活动的内在联系进行分析，为儿童游戏进入科学课堂的实践活动提供理论依据。

参考文献

[1] 小学科学新课程标准 [S/OL]. http：//blog.luohuedu.net/Blog/117438.aspx.

[2] 杨静 . 游戏的自主性特征与指导策略探究 [J]. 青海师范大学学报（哲学社会科学版）：2007（1），134-137.

[3] 王德刚 . 传统民间游戏的源流、价值和保护 [J]. 齐鲁学刊，2005（3）.

[4] 宋亚玲 . 土家族民间游戏在幼儿园教育活动中的应用研究 [D]. 西南大学硕士论文，2012：119-121.

[5] 廖军 . 舟山市民间体育游戏作为新课程的资源若干问题研究 [D].2009（4）：149-154.

（本文 2014 年获中山市教学论文评选一等奖）

小学科学自主合作探究"六步教学模式"的实践探索

——以《水的浮力》一课为例

东区紫岭小学　李余仙

【摘要】　"积极倡导自主、合作、探究的学习方式"是《小学科学课程标准》提出的基本理念之一，《基础教育课程改革纲要（试行）》也提出"强调形成积极主动的学习态度""关注学生的学习兴趣和经验""倡导学生主动参与、乐于探究、勤于动手"等要求。为此，本人在多年的教学实践中大胆尝试，探索并总结出小学科学自主合作探究"六步教学模式"，本文正以《水的浮力》一课为例进行阐述，以飨大家。

【关键词】　小学科学　自主合作　六步教学模式　实践探索

过去传统的小学科学课堂上教师"话语霸权"，一问一答——"单纯、一线"的教学模式，忽视了学生自主合作探究科学能力的培养，压抑了学生的主动性、积极性和创新性；新一轮的基础教育课程改革倡导的是动手实践、自主探索、合作交流的新型学习方式。为改变传统小学科学课堂的不足，贯彻落实新课改的指示精神，做到以学生的发展为本，以培养学生的科学核心素养为目标，本人认为自主合作探究的"六步教学模式"就是很好"法宝"。

一、精心创设情境，激发学生自主合作学习的欲望

兴趣是最好的老师，兴趣是人认知需要的情绪表现，在学习过程中起着极大的推动作用。为了激发学生的兴趣，增强他们学习的自主性，笔者精心创设了"乒乓球"掉进窟窿的情境。

师："听说我们四（1）班的同学都很聪明，现在请你们帮老师解决一个难题。昨天，我跟梁焕荣老师在楼下的室外乒乓球台打乒乓球，他的水平实在厉害，一个扣球，让我无法抵挡，球从我眼前飞过滚到了身后。这时，我连忙转身去捡球，奇怪，球找不着了。原来滚到了一个小窟窿里，该怎么办呢？你们说。"（创设情景，设置悬念，目的在于充分激发学生的学习兴趣。）

学生面对此事件，思维活跃，纷纷展开讨论，想出了很多把"乒乓球"取出来的办法跟大家分享。此时，笔者又拿出一个里面装着乒乓球的量筒，用以模拟乒乓球掉进了小窟窿，并邀请一名学生上台演示智取乒乓球的过程——往量筒灌水，利用水的浮力把乒乓球取出来，从而引出"浮力"这一概念，进一步激发了学生学习的浓厚兴趣，调动了他们学习的激情。

二、目标驱动，吸引学生进入教学情境

无论采用怎样的教学策略，课堂上每一个环节都必须要让学生做到心中有明确的目标。学生如果对所学的内容没有目的性，就算激情万分，也势必造成学习过程中的盲目性。因此，在激发了学生的求知欲望后，趁热打铁，让学生自主设疑提出学习目标。过程如下：

师："这位同学真聪明，懂得利用水的一种神奇的力量把球给我要了回来！你们知道这是一种什么力量吗？（学生：浮力）对，就是浮力。（教师板书：浮力）同学们对浮力感兴趣吗？想深入了解浮力吗？好，你们说说想了解它的什么？"

生1："老师，浮力怎么来的呢？"

生2："老师，浮力有什么特点？"

……

（通过学生的种种设疑后，教师对所有提出的问题作归纳，列举出有价值的疑问，也就充分地明确了本节的学习目标，为下一步进行"自主合作探

究性"实验、学习指明了方向。）

紧接着，教师鼓励学生："看来同学们真会提问题，科学家巴甫洛夫说过：'问号是开启任何一门科学的钥匙'，看来，今天你们已经拿到了这把钥匙，就请我们进入科学的大门，体验快乐的实验之旅吧。（利用名言过渡下一环节的学习，有利于激发学生的实验及探究欲望。）

三、献出"宝典"，为学生进行"自主合作探究性"学习带来便利

所谓的"宝典"是指教师为方便学生进行自主探究性学习提示的必要手段和相关的资源。在学生进行自主合作探究性学习之前，提示学生充分利用如下三种"宝典"辅助学习。

1."宝典一"——《实验要求歌》。

师：首先，让我们一起来学习《实验要求歌》（ppt 演示，学生齐读）

> 我是小小实验家，一起实验讲办法。
> 小组分工又合作，讨论起来声音小。
> 老师叫停必须停，老师让动马上行。
> 观察仔细又认真，开口之前有思考。
> 操作实验不霸道，动笔记录须准确。
> 汇报发言要倾听，意见不同再补充。
> 我是小小实验家，集体争光靠大家。

（学习《实验要求歌》，为接下来学生能按要求做好实验打下了基础。）

师：相信各位小实验家都明确了做实验的规矩，现在我们就把全班分成两队，老师这里有两个装着乒乓球的量筒分别代表两个队，看哪队能够最好地遵守实验要求，我就往里罐水，表示奖励。看哪一队的球能浮得最高！（利用水的浮力来作为表扬学生的激励机制，对于本节课来说恰到好处。）

2."宝典二"——学生。在进行"自主探究性"实验、学习的过程中，"人力资源"的运用——通过小组合作性学习，不仅能更好地完成学习任务，从中也培养了学生的团体协作精神和集体主义观念。

3. "宝典三"——教师。在学生进行"自主探索性"实验、学习的过程，教师不容忽视巡堂了解学生的学习情况，更应该鼓励学生对自学不会的问题可以问老师，并给以适当引导，但不能让学生养成过多的依赖性。

四、放手实践，培养学生自主合作探究的能力

构建主义学习理论认为，"学生自主探究"过程中教师只是指导者、组织者；学生是认知活动的主体，是学习的主人，他们的学习活动应该是主动而富有个性的。笔者认为如果把学生的学习欲望比作是"旅游观光"的一种想法，那么教师为学生所提供的"宝典"就是"旅游观光"所需要的"车"和"交通手册"。具备了动机及实现动机所需要的条件，接下来放手给学生，让他们自由而又有目的性地"驾车"去"旅游观光"，从而为学生的大胆实践、勇于创新营造了一个民主的、生动活泼的学习环境，使他们以非常愉快的心情投入到自主探究知识的活动中。与此同时，我还巡堂辅导，循循善诱，对个别组提出的问题耐心地指导和启发。过程如下：

实验一：研究什么物体在水里浮或沉？

师："首先我们来做第一个实验：什么物体在水里沉或浮？同学们，牛顿说过，没有大胆的猜测就做不出伟大的发现。（利用名言激励学生大胆猜想）请看我们桌面上放着的实验材料，请大家大胆地猜想，如果把它们一一放入水中，哪些能浮上来，哪些会沉下去？请小组讨论后，并要做好猜想记录，马上行动！"（猜想是为了让学生分享生活中关于"浮力"的经验。）

师："现在就让我们亲自动手试一试，看看我们猜得对不对？并做好实验记录。在实验前温馨提示：要注意安全，不要让水溅出去，实验后用毛巾擦干手再举手提示老师实验已完成，马上行动！"（小组内学生开展操作，小组长作操作结果记录，后请代表上台演示结果，各组校对，通过教师的提示，学生验证了先前猜想的结果。）

师："同学们，通过刚才的亲身实验，大家知道了老师所提供给你们的物体中哪些能在水中浮起来，哪些会沉下去，现在就请大家给这些物体进行简单地分类吧，把能浮的都放在水中，不能浮的放回原处。"（分类，一来是为了进一步加深学生对先前实验的印象，二来是为了给下一实验作准备。）

实验二：研究浮在水面上的物体所受到的浮力。

师："接下来我们进行第二个实验：研究浮在水面上的物体所受到的浮力。首先请大家用手向下压一压浮在水面的物品，看看有什么感觉？"（明确实验目的。）

接着，学生自主实验，然后讨论、交流，并派一代表上台说说。（板书：浮在水面的物体受到浮力。通过这一实验，让学生充分感知到浮在水面上的物体都受到一股向上的力——浮力。）

实验三：研究下沉物体是否受到浮力？

师："那么沉下去的物体是否也受到水的浮力呢？接下来，让我们马上进行第三个实验。这个实验老师提供了一个好工具，就在每小组某个同学的抽屉里，请你们拿出来。请每小组讨论利用测量计去实验证明沉下去的物体是否受到浮力的办法。"（让学生先想出实验证明的办法，充分调动了他们的思维能力。）

接着让学生利用测力计做实验。（提示做好记录，充分发挥了他们主体作用。）

最后，请代表上台汇报实验发现。（代表上台演示结果，教师板书：沉在水里的物体受到浮力。通过汇报，各组校对实验发现，得出正确结论。）

师小结：从刚才的两个实验，你们能得出一个什么结论？（学生：在水中的物体都受到水的浮力）同学们非常棒，这就是我们这节课所要知道的，并是通过自主合作探究得出的最有价值的知识。（小结是两个实验结论的进一步提升，培养了学生的概括能力。）

五、拓展延伸，学以致用

学生学习科学知识，如果只懂得原理而不会运用，那跟没学没什么区别。为此，拓展延伸，验证学生学以致用的能力尤为重要。在这个环节笔者设计了一个实践活动，让学生动手实践如何将沉在水中的橡皮泥通过改变形状使之浮上来，并思考为什么改变形状后的橡皮泥会由沉变浮？

六、完美"收工"

一堂完美的课，讲求的是首尾呼应。为此，通过三个实验的自主合作探究及拓展延伸后，笔者以提问式总结："同学们，这一节课，通过大家的自主实验与探究，你们学到了什么？"（学生回答，回归目标）此举，摒弃了由教师"包办"的做法，也是发挥学生自主能动性的充分体现。最后，以名言激励学生："在科学上没有平坦的大道，只有不畏劳苦沿着陡峭山路攀登的人，才有希望达到光辉的顶点（马克思）"，达到了完美"收工"的效果。

"一个坏教师奉送真理，一个好教师则教人发现真理。"引导学生自行探究科学知识，是每一个教师应该做的。当下，"六步教学模式"让笔者如鱼得水，科学教育之花已开放，让我们翘首以盼，等待硕果累累之日吧。

参考文献

[1] 王芳著. 小学科学自主探究式教学模式的实践与探索 [J]. 长春教育学院学报，2011，27（4）：17-19.

[2] 刘艳国. 加强小学科学实验教学，引导学生自主探究创新 [J]. 中小学实验与装备，2008，19（5）：11.

[3] 兰本大、P.E. 布莱克伍德、P.F. 布兰德温. 小学科学教育的"探究—探讨"教学法 [M]. 北京：人民教育出版社，2008：1-245.

[4] 任长松著. 探究式学习：学生知识的自主建构 [M]. 北京：教育科学出版社，2005：1-313.

[5] 北京桂馨慈善基金会. 走向探究的科学课 [M]. 杭州：浙江教育出版社，2012：2-30.

（本文 2016 年获中山市"教材教法"主题征文评选一等奖）

如何打造儿童版画教学特色的研究与探索

东区教育事务指导中心　　赵海宾

【摘要】儿童版画教育已受到世界各国儿童美术教育家的重视和广大儿童的喜爱，很多国家都相继在幼儿园、中小学开设版画课。经过多年的研究与探索，本人在如何打造版画教学特色这一问题归纳了如下几点：一、构建版画特色项目；二、儿童版画普及实行阶梯教学；三、儿童版画的课外教学；四、将版画文化纳入学校文化建设。

【关键词】儿童版画　教学特色

儿童版画教育已受到世界各国儿童美术教育家的重视和广大儿童的喜爱，很多国家都相继在幼儿园、中小学开设版画课。作为世界性的绘画艺术，它也是实施素质教育的一个重要手段，我国也十分重视儿童版画教育。随着美术新课程改革的逐步深入，很多学校还把版画教学作为美术校本课程开发。但是如何打造版画教学特色呢？经过多年的研究与探索，笔者归纳了如下几点：

一、构建版画特色项目

"特色项目"是学校在办学中找出的优势和潜能所在，并使其科学发挥，合理利用而形成的若干单项性特色，它在同类学校中有明显的优势。

以我校为例，通过对学校资源的研究发现，版画这种独特的艺术表现形式获得了广大学生的喜爱。同时，学校美术教师就是版画艺术的爱好者，内部条件十分成熟。同时，融民族性、时代性、艺术性、趣味性、创造性于一体的版画，不受年龄限制，入门容易，学生初学就可在版画创作中获得成功的喜悦，有利于促进学生个性的健康发展。在版画的创作过程中，学生可以自由、充分地发挥自己的想象力、创造力和表现力。而版画创造过程的情趣性、实践性、表现内容的自由性和评价标准的多样性，则能提供学生创造活动最适宜的环境，有利于培养学生的创新精神和实践能力。基于这样的良好条件及对于学生发展的优越性，学校开发了版画这一艺术教育特色项目。

在构建特色项目的过程中，我们一是根据本校的文化积淀，从素质教育的实践中认真剖析了"人无我有，人有我优，人优我精"的特色底蕴；二是从本校的发展与传统、师资（教师的能力水平、特长状况等）、生源（学生的兴趣爱好、智力水平、经济水平等）、办学条件（场地设施、教学设备等）等方面综合分析确定了特色项目——版画，并制订了版画特色发展规划。在选定项目后，即进行全员发动，引导全员参与，让全体师生员工理解、认同学校的特色办学目标，逐步形成共识，而后积极参与，共同建设。

二、儿童版画普及实行阶梯教学

版画是一种制作性、操作性比较强的艺术形式，有一定的制作技术要求。小学生的身心都处于发展阶段，在版画教学过程中，技法难度、操作方法的要求应该要适合他们的年龄特征，在制作工具和材料的选择上，也应该根据不同的年龄阶段循序渐进，实施"阶梯"教学。

"阶梯"教学即根据学生年龄分五级阶梯，分别为一、二年级阶梯段、三年级阶梯段、四年级阶梯段、五年级阶梯段、六年级阶梯段。每个阶梯段制定相应的教学目标、教学要求、教学内容等。具体如下表：

阶梯段	教学目标	技法要求	教学内容
一、二年级	认识版画 培养兴趣	撕、贴、印	通过游戏，初步学习制版、拓印的基本方法，欣赏和了解版画。
三年级	纸质制版 油墨拓印	剪、贴、印	学习各类纸版画的制作方法。

（续上表）

阶梯段	教学目标	技法要求	教学内容
四年级	软材刻版 水粉涂印	刻、剪、印	学习粉印吹塑版画的制作方法。
五年级	软版雕刻 单色拓印	画、刻、印	学习胶版、铝塑版等单色版画制作方法。
六年级	软版雕刻 多色拓印	画、刻、印	学习一版多色版画制作方法。

三、儿童版画的课外教学

在普及的基础上，根据学生个性特长和美术的兴趣爱好，按学生身心发展和年龄阶段设课，在学校开展各种版画的课外教学。

1. 完善版画兴趣小组

完善版画兴趣小组，辅导学生进行各种版画创作活动。通过对各种美术媒材、技巧和制作过程的探索及实验，发展艺术感知能力和造型能力。课外教学活动是课堂教学的继续和补充，为一部分有特长的学生提供展示个性才华的机会和空间，满足他们的兴趣爱好需求，使他们的一技之长，得到充分发挥，以点带面，为学生树典范，促进全校的版画教学。

2. 全面坚持组织开展课外儿童版画创作活动

要坚持组织开展课外儿童版画创作活动，每个月要有计划有步骤地辅导学生分阶段进行纸版画、木刻、套色版画、填彩版画、藏书票、吹塑纸版画等的创作。在辅导学生进行版画创作过程中，将教师放在导演的位置上，引导启发学生，只作必要的基本知识和基本技能的辅导，让学生当演员、做主角，成为教学中的主体，开拓学生的眼界和思维，提高审美能力。

3. 丰富制作效果，使儿童对版画保持持久的兴趣

儿童作画本无定法，但教学指导儿童作画是应有一定的方法，教学过程中，可利用多种不同的表现方法来丰富版画的制作效果，增强版画的艺术感染。在具体的教学过程中，可利用多种不同的表现方法（如摹仿壁画、蜡染、砖刻、木刻的效果）来达到一些特殊效果。这样可极大地满足学生的好奇心和求知欲。独特的作品效果增强了儿童版画的艺术感染力，使儿童对版画保持了持久的

兴趣。

要有效地培养学生的艺术素质，提高他们的创作能力又不增加他们的负担，让他们学得开心、愉快、充实，是笔者追求的目标。

四、将版画文化纳入学校文化建设

有理论家说，艺术起源于游戏。而这儿童版画的制作，从行为学上的确可以定位为游戏。儿童天性就喜欢做游戏。喜欢堆砌泥房的小手，将来很可能是建筑师的手；爱到处涂抹的小手，在将来就可能是画家之手。所以，我们在启动了儿童刻画的兴趣后，就要将他们引导进入版画的制作快乐之中。版画教学不只是一时的手段，要把它作为一种"文化"来认识并进行传承，赋予它恒久的影响力，就像认识文字和语言一样，应该从小抓起，使它真正成为素质教育的可行手段。

学校应当把版画文化全方位渗透于校园文化建设全过程，在加大校园文化设施投入的同时，精心设计高雅的版画文化情景，开掘校园版画文化底蕴，使学校各种物化的文化载体都能体现出版画的个性和精神，为学生禀赋和潜能的充分开发创造出一种更加宽松、富有活力的教育环境，使全体师生都有展示自己特长和风采的机会，营造出品位高、特色明、形式多的校园版画文化氛围。

在进行儿童版画教学实践的过程中，笔者深深地感受到学生萌动而与众不同的创造性和他们对版画表现的独特性。儿童版画教学既锻炼了他们的动手能力，又丰富了他们的思维，培养了他们坚韧的毅力，激发了他们学习的兴趣，也培养了他们健康的人格，树立了他们的自信心。版画既可以培养孩子的观察能力、创造能力和动手能力，又能让学生经过手、眼、脑的相互协调，提高学生对物体的感知认识，使学生产生审美联想，有助于学生综合能力的提高。版画这种粗犷大、强烈、明快的视觉效果给学生带来了无穷的创作乐趣，学生用他们独特的审美视角和创作才能将版画的材质、特性以及独具风貌的艺术魅力发挥得淋漓尽致。

在儿童版画教学中，不仅要强调全体学生的参与性，还要提倡以学生为主体的活动式教学。在学中玩，玩中学，很好地做到了寓教于乐，使学生通过参加一系列的版画制作过程，接受艺术的熏陶，挖掘学生的学习创造潜力和自信心，促进学生自身多种能力的综合发展。只要学生一旦有良好、自信的心态，他们就会把这种创作的欲望迁移到别的学科领域，增强他们继续探讨和创造的信心，有利于学生全面发展。

（本文 2012 年获中山市美术教育教学论文评选一等奖）

开发儿童版画校本课程与丰富校园
文化内涵的实践探索

东区朗晴小学　赵海宾

【摘要】本文以全国艺术教育与本校办学的背景为起点，以本校儿童版画的教学探索为对象，通过本校儿童版画教学的实践，以及儿童版画课程的建设，提出利用儿童版画改进美育教学，营造和丰富校园文化的建议。通过儿童版画课程的建设，提高了学生的审美和人文素养，提升了本校的文化内涵，加强了本校师生对学校文化的认同感，凝聚了师生的向心力，提高了儿童的美术素养，为本校树立了良好的文化品牌形象，凸显了美术教育在学校中的效能。本文认为，本校在以儿童版画在深化校园文化上能够取得一定的成绩，是这个艺术教育活动的实施主体与外在客观环境双向作用的结果。

【关键词】版画　校本课程　校园文化　内涵

　　2007 年，教育部颁布《关于加强和改进中小学艺术教育活动的意见》，指出小学艺术教育活动是校园文化建设的重要载体，对丰富小学生的精神文化生活，提高小学生的艺术修养和审美素质等具有重要作用。2008 年，教育部颁布《关于进一步加强中小学艺术教育的意见》，再一次强调了上述内容，建议学校以艺术活动营造良好校园文化艺术环境。

　　在国家艺术教育的这一背景下，本校把特色当做学校发展的生命，将版画教育放在学生特长培养，特色办学的重心。自办学以来，配备了高水准的版画教学设备，将儿童版画作为学校美术教育的特色。利用特有的条件和师资，以开发儿童版画校本课程为突破口，在丰富本校校园文化内涵上做了一定的探索。

一、儿童版画校本课程开发的实践探索

本校自创办伊始，结合本校实际情况，确定了以儿童版画教学为发展方向的美术特色发展之路。本校首先成立了版画社团小组，在社团小组开展儿童版画教学，循序渐进，最后逐渐向全校普及版画课程。本校儿童版画教学在表现历史重大题材、岭南特色题材和学生生活题材上找到了突破口，并在三者之间发现了一定的契合点，在儿童黑白木刻、胶版套色、综合版画和粉印版画等版画上形成了自己的特色，引起社会关注。学校作品先后多次受邀参展，并在本市美术馆举办儿童版画专场展览，还多次策划和承办了国际、省内的儿童版画交流活动，取得了较大的影响。2008 年 12 月，刊印了版画校本教材，分类依次介绍了多种小学生容易掌握版画制作的材料、工具、程序和方法，并在本校整体规划了儿童版画课程与教学的具体实施方案和步骤，建立了比较系统的儿童版画教育教学格局。

本校现有五间美术室一间版画工作室，配备了六台专业版画机，每年拥有版画教学专项经费。学校委派教师参加各级版画培训，邀请了著名版画家和国家美术课程改革专家指导本校儿童版画课程建设与教学，以确保课程建设的科学性和系统性。课程是在实践中不断成长的，校本美术课程重在改进美育教学，提高学生审美与人文素养，开发儿童艺术潜质，完善儿童综合素质，让儿童终身受益，达到以美育人。同时，也带动了学校美术及其校园文化的发展。学校成立了多个版画社团，利用早晚课余、第二课堂和美术课堂中版画教学的时间，辅导学生分阶段、分层次地进行版画的学习与创作。低年级学生主要学习线描写生与临摹、画面的黑白处理，版画的工具材料及其使用时的方法和注意事项。有趣的版画故事，吸引儿童潜移默化地喜欢版画并学会一些版画基本的创作知识与能力。中年级学生开始学习刻纸版画、剪纸版画、软版画等技术难度较小，完成尺寸不大的作品，比较熟练地掌握基本的刀法，能用版画表达自己的创作意图。进入高年级，学生学习绝版套色、综合版画

等版画课程，进行主题创作。与此同时，积极在美术课堂教学中开展版画校本课程的教学，低年级学生以欣赏、体验为主，中年级和高年级的学生开展不同版种的版画藏书票制作活动。

本校开展儿童版画校本课程开发与教学，以点带面，以普及促提高，总结经验，请专家指点提升师资素养，建设与逐步完善儿童版画课程教学的模式与方法，并在全校范围内普及儿童版画课程，开展儿童版画课堂教学实践。通过各种展览、普及活动等，让本校更多的师生了解了版画艺术，锻炼了学生的版画艺术欣赏与表现能力。

二、以儿童版画艺术提升本校校园文化内涵的探索

本校开办初，就被寄予"让每一位学生都成为艺术教育的受益者"和"以美育人"等的厚望。本校设置专门的版画展览区域，不定期举办各类版画作品展览，作品涵盖了多种版画门类，全面展现了本校的版画艺术教学的深度内涵，受到本校师生和学生家长的欢迎，课余参观者络绎不绝，欣赏时津津乐道，会心地体会到版画艺术的趣味，让全校师生时时都能赏析到同学和自己的优秀版画作品，增强了本校师生的自信与荣耀，凝聚了本校师生的心灵，促进了美育教学，使本校儿童版画课程及其艺术和校园文化产生了质的飞跃。

在本校的厅阁与走廊间的墙上，四处展示着低、中、高年级学生的表现传统文化、地域文化、科幻、日常生活题材的儿童版画作品，作品比较全面地展示了本校的儿童版画特色，彰显本校儿童版画艺术文化的魅力与内涵，进一步将版画艺术与学校整体文化的内涵进行融合。版画作品的大量展示，不仅装扮了学校的环境，也让儿童版画艺术融进本校师生的心田，让本校儿童版画校园文化特色外有名声，内有实质。

通过儿童版画校本课程的开发与教学，提升了本校的文化品牌，增强了本校师生的自豪感和凝聚力，丰富与深化了本校的文化内涵，培育了一批批儿童版画艺术的创作者和欣赏者，创造了数百幅优秀的儿童版画作品。通过展示，让更多人通过儿童版画艺术感受、了解和理解本校的文化及其形象。以儿童版画艺术特有的视觉艺术形式，改进了美育教学，提高了学生的审美与人文素养，产生了整体的校园乃至区域文化辐射效应，培养了学生，美化了校园，让学校对美术教育教学更为重视和加大投入力度，突出了美术教育

及其地方文化的特色，彰显了美术教育在学校中的效能。这些效益的取得，离不开本校师生的理解、认同和努力，也离不开国家对艺术课程应有地位的强调，对地方和校本课程与校园文化建设的倡议，省、市艺术教育部门对儿童版画特色教育教学的推动，也离不开本区教育部门和学校决策层面对艺术教育的理解和远瞻。在内外环境的双向驱动下，藏书票与阅读文化的校本课程又已经启动。以儿童版画为核心，为"新""雅""韧""合"的本校校园文化内涵的深度挖掘而继续努力。

（本文 2017 年获中山市美术教育教学论文评选一等奖）